フルカラー

# メディチ家の至宝

驚異の工芸コレクション

# はじめに

ルネサンス発祥の地フィレンツェ。そのフィレンツェを支配したメディチ家といえば、ルネサンス美術（建築、彫刻、絵画）のパトロンとしてあまりに有名である。しかしコレクターとしての側面はそれほど知られていないうえに、美術品ではなく工芸品のコレクターとなると、さらに知られていないのが実情である。

世界遺産都市フィレンツェを訪れる観光客も有名絵画の前では人だかりだが、工芸品のある部屋は素通りするか、そもそも工芸品の展示してある博物館にさえ足を運ばない。有名芸術家の美術品と無名職人の工芸品は明暗を分けた。工芸品がわが国に紹介されてこなかったのだから、いたしかたないことである。

ところがルネサンスからバロックの時代にかけて、美術品と工芸品の評価は現在とはまったく逆だった。たとえば一五世紀末のメディチ家が所有していたボッティチェッリの大作《ヴィーナスの誕生》は一五フィオリーノほどの評価額しかないのに対して、直径二二センチのカメオ

《ファルネーゼの皿》（図24参照）はおよそ七〇〇倍の一万フィオリーノという驚異的な評価額がつけられていた。稀少な天然素材に熟練の職人が超絶技巧を駆使する工芸品こそが宝物だったのだ。メディチ家の人びとが秘かに愛玩し、あるいは他国の君主、貴族、外交官、知識人、芸術家、有力市民などを自宅に招き、こっそりと、かつ得意満面に見せびらかしていたのは、美術品ではなく工芸品すなわち宝物のほうである。

　メディチ家は工芸品のコレクターとしてネットワークを広げ、ときには贈答品のやりとりをともなう王族との婚姻政策をとおして国際的な地位を上昇させていった。工芸品は驚異品だった。近年、ヨーロッパ王侯貴族の諸宮廷に開花した「驚異の部屋《ヴンダーカンマー》」の研究が盛んになってきたが、そうした「驚異の部屋」の源流のひとつが、メディチ家の宝物室にほかならない。

　本書では華麗なる一族メディチ家が所有した珠玉のコレクションを厳選して紹介していくことにしたい。「驚異の部屋」の黒檀《こくたん》製キャビネットの扉をそっと開けてみよう。そこには歴史の深い闇の底に忘れられてきた名宝の数々が、妖しい輝きを放ちながら眠っているはずである。

目次

# 第II部 超絶するマニエリスム 1537-1609

## 第Ⅲ部 バロック繚乱 1609-1743

# メディチ家の人びと

## §メディチ家兄脈の人びと

メディチ家がフィレンツェの公文書に初出するのは一三世紀初頭のこと。それまではフィレンツェ北東約三〇キロの田園地帯ムジェッロ地方に暮らしていたものと想像される。ムジェッロ出身という記録はないが、一三世紀後半からムジェッロに不動産を大量に購入した記録がある。一旗あげるために都市に出て、成功すると不動産を買い故郷に錦を飾る、そして都市の事業と地方の農業経営を並立させるというのがフィレンツェ上層市民の一般的慣行であったことから、メディチ家がムジェッロ出身だと推測しうるのである。

フィレンツェに出てから急速に力をつけるが、繁栄の基礎を築いたのは、一三九七年一〇月一日にメディチ銀行を創業したジョヴァンニ・ディ・ビッチである。彼はフィレンツェ第三位の金持ちに成りあがったが、その長男コジモ・イル・ヴェッキオ[図1]はフィレンツェで第一位、ヨーロッパでも屈指の大富豪になり、一四三四年に市政を掌握した。その長男ピエロ・イル・ゴットーゾ、その長男ロレンツォ・イル・マニフィコと三代にわたりフィレンツェ・ルネサンスの「黄金時代」の栄耀栄華を

［図1］右：筆者撮影…カメオのショーケース。フィレンツェ、銀器博物館。
左：フィレンツェの工房《コジモ・イル・ヴェッキオの肖像》。貝殻製カメオ。銀縁付き。一五世紀後半。縦三・二㎝。フィレンツェ、銀器博物館。

築きあげる。

この時期の宝物室は、コジモ・イル・ヴェッキオが建てたメディチ邸二階のマギ礼拝堂に隣接する、約四メートル×約五メートルの、窓のない小部屋「スクリットイオ（書斎）」である。「スクリットイオ」は文字どおりに豪華な彩色写本も収納していたが、むしろおびただしい数の宝物の収納展示に力点がおかれていたので、一六世紀以降のヨーロッパ諸宮廷における「驚異の部屋」のプロトタイプのひとつになるものである。どんなにすごいコレクションだったかは、建築家フィラレーテ（一四〇〇～六九年）が、じっくり鑑賞するには一カ月かけても足りないほどだ、と賛嘆していることからもわかるが、残念ながら現在は跡形もない。部屋を飾っていたルカ・デッラ・ロッビアの円形テラコッタ製《月暦》一二点なども、ロンドンのヴィクトリア&アルバート美術館に移されている。

ロレンツォの長男ピエロ・イル・ファトゥオは一四九四年、フランス王の侵攻を機にフィレンツェから追放される。メディチ家は一五一二年に復帰、一五二七年に再追放、一五三一年に再復帰。この激動の時代にメディチ家から二人の教皇が輩出する。ルターと対立した教皇レオ一〇（在位：一五一三～二一年）[図2]、イングランド王ヘンリ八世と対立した教皇クレメンス七世（在位：一五二三～三四年）である。

[図2] ピエル・マリア・セルバルディ・ダ・ペッシャ《レオ一〇世の肖像》。斑岩。一五一六～二一年頃。直径四・五cm。フィレンツェ、銀器博物館。

# メディチ家系図
（—は嫡子 ……は庶子）

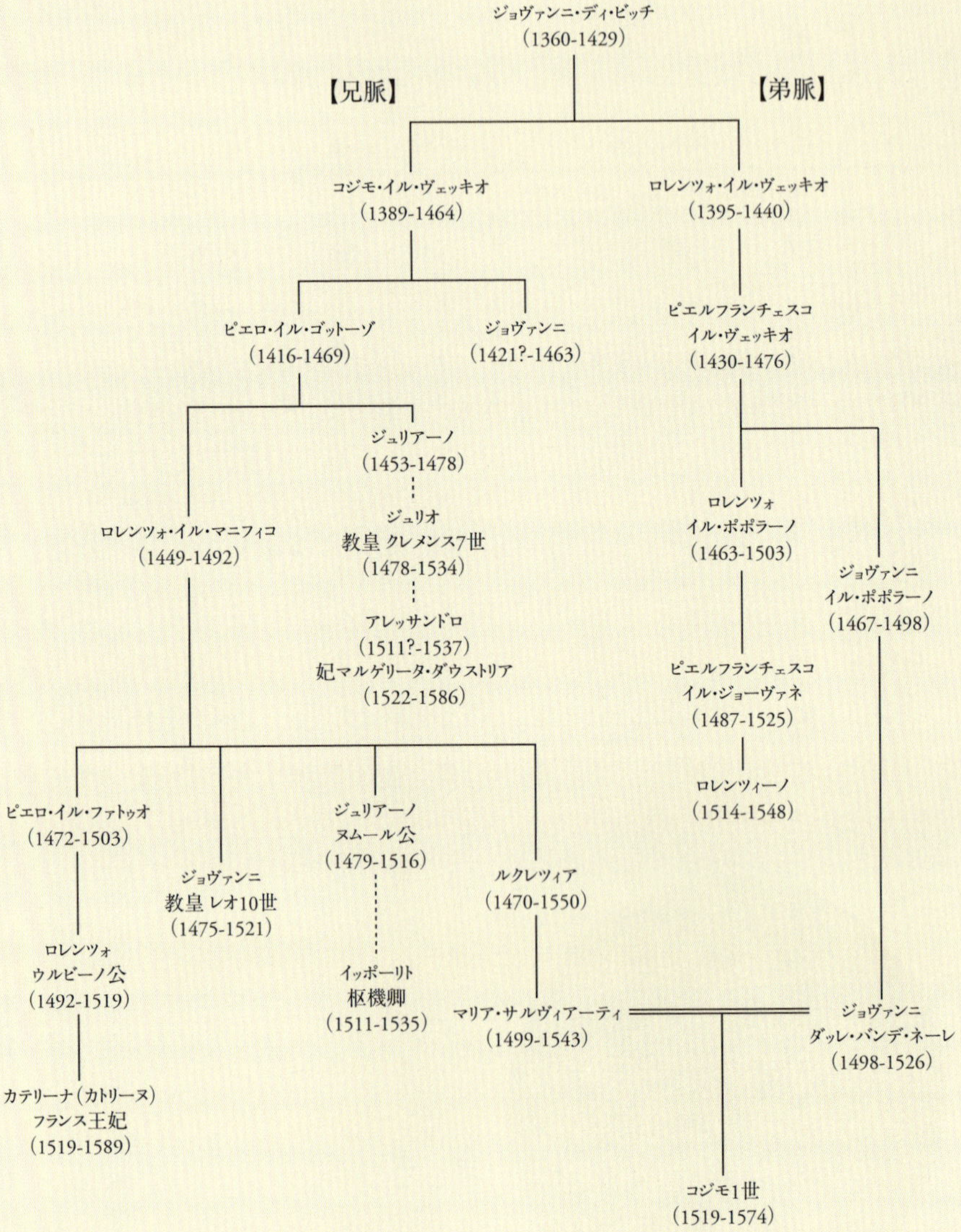

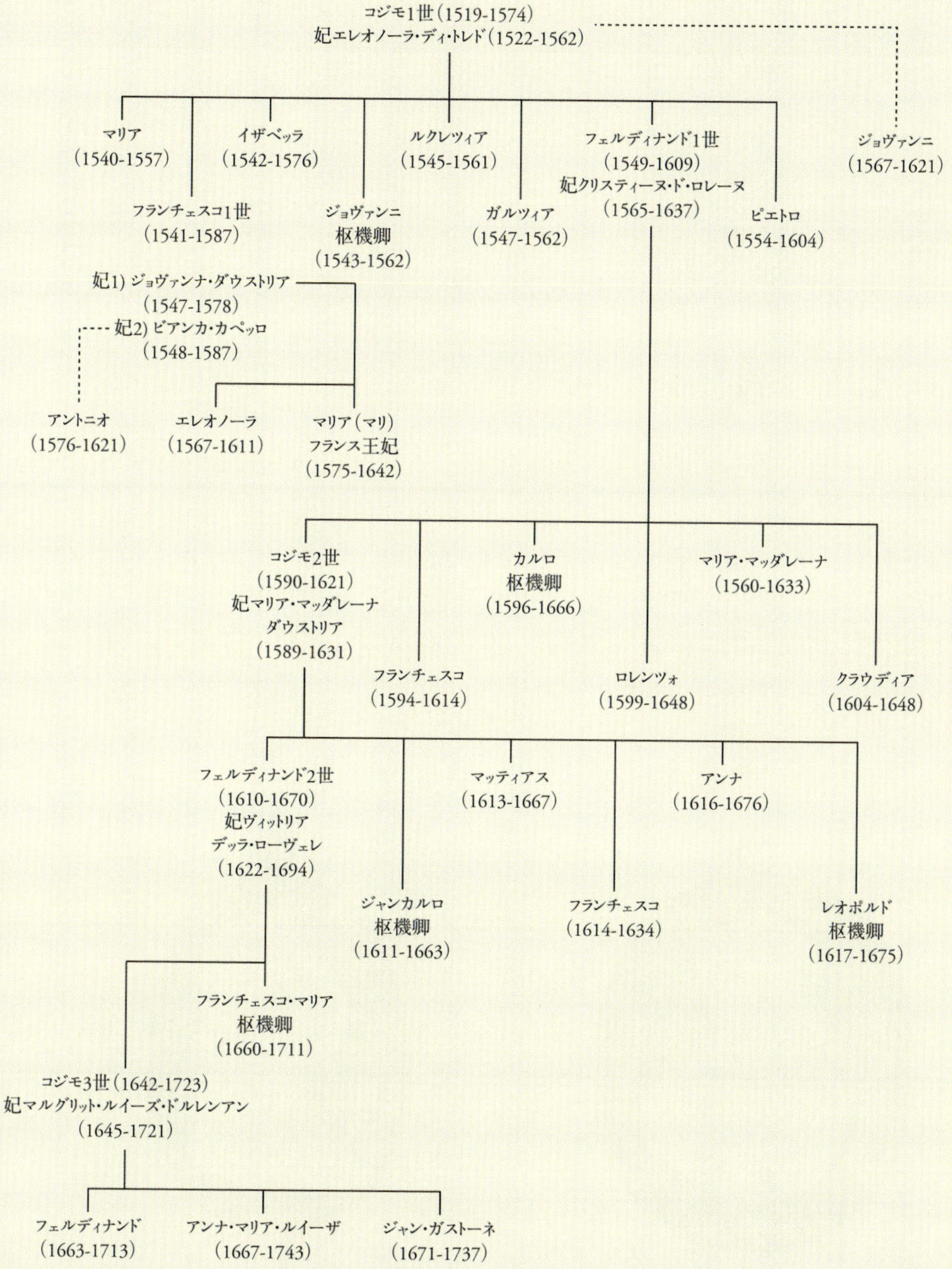

コジモ1世（1519-1574）
妃エレオノーラ・ディ・トレド（1522-1562）
マリア（1540-1557）
フランチェスコ1世（1541-1587）
イザベッラ（1542-1576）
ジョヴァンニ 枢機卿（1543-1562）
ルクレツィア（1545-1561）
ガルツィア（1547-1562）
フェルディナンド1世（1549-1609）
妃クリスティーヌ・ド・ロレーヌ（1565-1637）
ピエトロ（1554-1604）
ジョヴァンニ（1567-1621）
妃1）ジョヴァンナ・ダウストリア（1547-1578）
妃2）ビアンカ・カペッロ（1548-1587）
アントニオ（1576-1621）
エレオノーラ（1567-1611）
マリア（マリ）フランス王妃（1575-1642）
コジモ2世（1590-1621）
妃マリア・マッダレーナ ダウストリア（1589-1631）
フランチェスコ（1594-1614）
カルロ 枢機卿（1596-1666）
ロレンツォ（1599-1648）
マリア・マッダレーナ（1560-1633）
クラウディア（1604-1648）
フェルディナンド2世（1610-1670）
妃ヴィットリア デッラ・ローヴェレ（1622-1694）
ジャンカルロ 枢機卿（1611-1663）
マッティアス（1613-1667）
フランチェスコ（1614-1634）
アンナ（1616-1676）
レオポルド 枢機卿（1617-1675）
フランチェスコ・マリア 枢機卿（1660-1711）
コジモ3世（1642-1723）
妃マルグリット・ルイーズ・ドルレンアン（1645-1721）
フェルディナンド（1663-1713）
アンナ・マリア・ルイーザ（1667-1743）
ジャン・ガストーネ（1671-1737）

教皇クレメンス七世は庶子のアレッサンドロをハプスブルク家の神聖ローマ皇帝カール五世（在位：一五一九〜五六年）の庶出の娘と結婚させる一方、ピエロ・イル・ファトゥオの孫娘カテリーナをヴァロワ家のフランス王フランソワ一世（在位：一五一五〜四七年）の息子と結婚させる。銀行家という「商人階級」の出身者が教皇の国際的地位を利用して皇族や王族と姻戚関係を結んだのだから、メディチ家の国際的な地位はいよいよ高まった。

一五三一年、アレッサンドロ［図3］は皇帝カール五世の肝煎りで初代フィレンツェ公になったが、一五三七年に同じメディチ家の一員によって暗殺され、残る直系子孫はフランスに嫁いだカテリーナ（カトリーヌ・ド・メディシス）［図4］だけとなる。以上が本書第Ⅰ部の範囲である。

## 財産目録

コレクション研究の一次史料はフィレンツェ国立文書館に保存されている複数の財産目録である。一五世紀のメディチ家兄脈の主要な財産目録は、一四一七年、一四五六年、一四六五年（評価額記載あり）、一四九二年（評価額記載あり）の四点。いちばん重要なのは四番目のもので、これは一四九二年にロレンツォが死去した直後に作成されたが、一四九二年のオリジナルは紛失し、一五一二年の写しだけが現存する。

［図3］ドメニコ・ディ・ポーロ作カメオ《アレッサンドロ・デ・メディチの肖像》。玉髄。金縁付き。一五三二〜三七年頃。縦三・四㎝。フィレンツェ、銀器博物館。

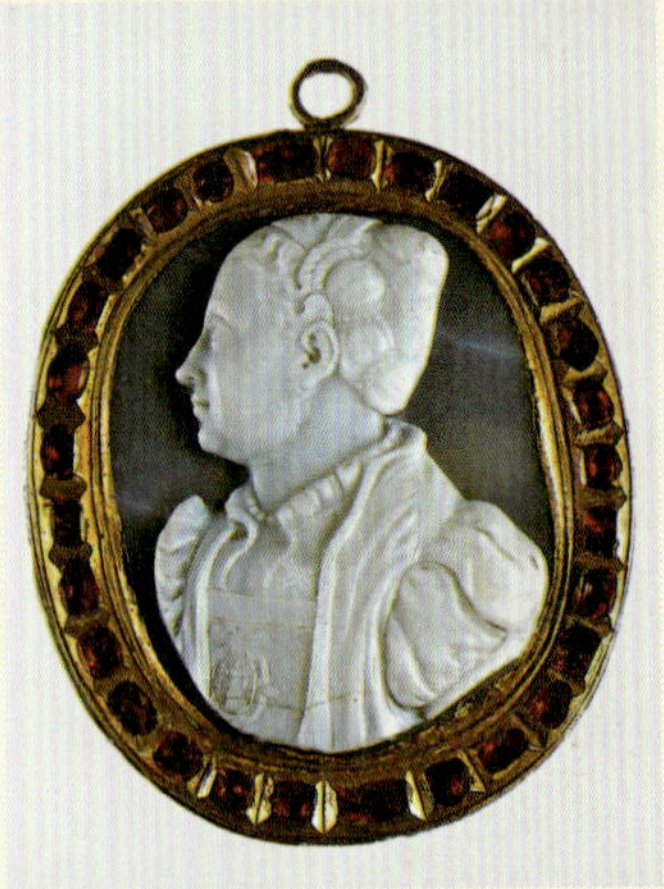

［図4］フランスの工房作カメオ《カテリーナ・デ・メディチの肖像》。玉髄。ルビーをちりばめた縁飾り付き。一五四〇年頃。縦三・〇㎝。フィレンツェ、銀器博物館。

この写しは、ピエロ・イル・ファトゥオの長男ウルビーノ公ロレンツォが司祭シモーネ・ディ・スタジオ・ダッレ・ポッツォに一五一二年一二月二三日に作成させたものである。一五一二年はメディチ家復帰の年であり、すでに四散していた財産を記録にとどめておく必要が痛感されたのだ。これには重量と評価額が記されている。

重量単位の一リッブラは三三九・五四グラム。一リッブラ＝一二オンチャで、一オンチャは二八・二九グラム。貨幣単位の一フィオリーノは三・五三六グラムの純金のフィオリーノ金貨一枚分である。一フィオリーノ＝二〇ソルド。一ソルド＝一二デナーロ。したがって評価額が「f. 1. 10」と書いてある場合には、「一フィオリーノ一〇ソルド」の意味になる。金が現代よりも稀少な時代なので、円との換算は単純には計算できないが、目安としてあげておくと、一フィオリーノで買える品物は、女性用の優雅なミンクのロング・ドレス一着、または男性用の腰にさげる剣一振りである。ちなみに、フィオリーノ金貨は、鋳型に金属を流し込む鋳造貨ではなく、打ち型のあいだにはさんで槌で打ち出す打刻貨なので、鋳造という言葉を使うのは正しくない。

財産目録は別邸や別荘、また邸宅のいくつかの部屋の記述が欠けているうえに、略記や誤記も少なからずある。政治的変遷のなかで四散したり湮滅したりした宝物は数知れない。致命的だったのは一四九四年と一五二七年のメディチ家追放、一八世紀半ばのメディチ家断絶、そして一九世紀初頭のナポレオン軍の略奪である。

現存する宝物も数世紀にわたって手が加えられたり保管場所を転々としたりした結果、目の前の現存作例と財産目録の無味乾燥な文字の羅列とを照合するのは、まことに困難をきわめる作業といわざるをえない。

## 8 前期三代トスカーナ大公

一五三七年に初代フィレンツェ公アレッサンドロの跡を継いだのは、コジモ・イル・ヴェッキオの弟ロレンツォ・イル・ヴェッキオから数えて五代目の子孫コジモ一世[図5]である。彼は一五三七年に第二代フィレンツェ公、一五六九年に初代トスカーナ大公となる。その長男フランチェスコ一世が第二代トスカーナ大公、その弟フェルディナンド一世が第三代トスカーナ大公である。

コジモ一世妃エレオノーラ・ディ・トレドもフェルディナンド一世妃クリスティーヌ・ド・ロレーヌ[図6]もメディチ・コレクションの増大に多大な貢献をすることになる。以上が本書第Ⅱ部の範囲である。

メディチ家の娘が国外に嫁ぐ際には花婿側に贈り物をしたので、メディチ家の宝物が国外に広まるきっかけとなった。一六〇〇年、フランチェスコ一世の娘マリア（マリ・ド・メディシス）がフランス王アンリ四

［図5］ドメニコ・ポーロ（?-）作インタリオ《コジモ一世の肖像》。水晶。一五三七年頃。縦三・四㎝。フィレンツェ、銀器博物館。

世（カトリーヌ・ド・メディシスの娘マルグリット愛称マルゴとは一五九九年に正式離婚）と結婚した際にも花婿に贈り物をしているが、宝物以上の後世への最大の贈り物はなんといってもオペラである。結婚祝典の一環として一六〇〇年一〇月六日、ピッティ宮殿でヤコポ・ペーリ作曲のオペラ『エウリディーチェ』が上演された。ギリシア神話では竪琴の名手オルフェウスは亡き妻エウリュディケを冥界から連れ戻すことに失敗するが、オペラでは婚礼にふさわしく夫婦はそろって生還をはたすハッピーエンドに変更された。これがスコアの残る最初のオペラである。

この時期の代表的な宝物室は、コジモ一世時代がパラッツォ・ヴェッキオ内の「グァルダローバ」「スクリットイオ・ディ・カリオペ」「地図の間」、フランチェスコ一世時代がサン・マルコ修道院隣の「カジーノ・ディ・サン・マルコ」とパラッツォ・ヴェッキオ内の「ストゥディオーロ」。そしてフランチェスコ一世の構想を継承してフェルディナンド一世時代に整備されたウフィツィ宮殿内の「トリブーナ」である。このトリブーナが一六世紀から一八世紀まで「驚異の部屋」の中核となる。

この時期のもっとも重要な財産目録は、コジモ一世時代の一五五三年の「グァルダローバ」の財産目録、フェルディナンド一世時代の一五八九年の「トリブーナ」の財産目録である。

一五世紀が古代という時間の発見の世紀だったとするならば、一六世

［図6］フランチェスコ・フェルッチョ・デル・タッカ作カメオ《フェルディナンド一世とクリスティーヌ・ド・ロレーヌ》。斑岩と蛇紋石。フィレンツェ、バルジェッロ国立博物館。

紀は世界という空間の発見の世紀である。新大陸アメリカの外来物がヨーロッパに流入する大航海時代の幕開けだ。

## §後期四代トスカーナ大公

大公フェルディナンド一世の没後、トスカーナ大公国の政治と経済は急速な下降線をたどっていく。交易の中心が地中海から大西洋とインド洋に移ったからである。しかし凋落する小国にとっては高い文化力すなわちソフト・パワーこそが大国に伍していくために必要不可欠な外交手段だったので、文化には特別に精力が傾注された。周辺諸国に尊敬されることが生き残りの唯一の方策だったのだ。

この時期、増大するメディチ・コレクションはウフィツィ宮殿の収納展示と並行し、増築なったピッティ宮殿の秘蔵にしだいに比重が移っていく。宝物の分散化傾向にそって、財産目録も総合的なものから各個人各部屋の小分けになっていく。

第四代トスカーナ大公は、フェルディナンド一世の長男コジモ二世である。その長男の第五代トスカーナ大公フェルディナンド二世の時代は、三十年戦争がヨーロッパを荒廃させ、ペストがトスカーナを襲ったが、暗い世相と反比例するように、大公自身も弟のマッティアスもレオポルド枢機卿もコレクションの増大に血道をあげる。

次の第六代トスカーナ大公コジモ三世［図7］は、フランス王ルイ一四世の従妹にしてマリ・ド・メディシスの孫娘でもあるマルグリット・ルイーズ・ドルレアンを妃に迎えた。この関係はフェルディナンド一世がカトリーヌ・ド・メディシスの孫娘を妃に迎えたのと相似形である。大公コジモ三世と長男の大公子フェルディナンドの時代は、フィレンツェ・バロックが黄金の黄昏のように最後の輝きを放った時代である。

コジモ一世の息子フェルディナンド一世以後、コジモ（二世）、フェルディナンド（二世）、コジモ（三世）と続いた大公には、大公子フェルディナンドが三世となるはずだったが、第七代トスカーナ大公に即位したのは、その弟ジャン・ガストーネである。彼には継嗣がなかったため、一七三七年の死没によってメディチ家統治時代に幕が降ろされる。

二人の教皇以後、一六世紀から一八世紀までメディチ家がヨーロッパの国際関係で隠然たる権勢を保ちつづけることができたのは、枢機卿が輩出したからでもある。コジモ一世の一七歳の息子ジョヴァンニは一五六〇年に枢機卿になったが、彼が亡くなった翌年には一四歳の弟フェルディナンドが枢機卿になった。フェルディナンド枢機卿は兄フランチェスコ一世没後、大公位を継承した。コジモ二世の一九歳の弟カルロとコジモ二世の四歳（！）の息子ジャンカルロは同じ一六一五年に枢機卿になったが、ジャンカルロ没後三年目にカルロが跡を追うと、翌年

［図7］金製メダル《コジモ三世の肖像》。一六七〇年。直径五・六㎝。フィレンツェ、バルジェッロ国立博物館。

の一六六七年にはジャンカルロの五〇歳（！）の弟レオポルドが枢機卿になった。レオポルド枢機卿が亡くなると、一六八六年、コジモ三世の二六歳の弟フランチェスコ・マリアが枢機卿になったが、コジモ三世に孫ができそうな気配がないために、フランチェスコ・マリアは一七〇八年に四八歳で還俗してグァスタッラ領主の娘エレオノーラ・ゴンザーガと結婚するのが死没の三年前。こうしてみると大公位と枢機卿位を守ろうと必死の努力していることが理解できるだろう。枢機卿位の威光は、あなどりがたい力をいまだ有していたのだ。

ジャン・ガストーネの姉アンナ・マリア・ルイーザ［図8］が亡くなり、メディチ家が断絶するのは一七四三年。死後作成された彼女の財産目録が貴重な史料となる。以上が本書第Ⅲ部の範囲である。

だがメディチ・コレクションの運命を理解するために、メディチ家以後についても触れておかねばならない。

## §メディチ家以後

スペイン継承戦争後の国際関係はブルボン家のスペイン王フェリペ五世（ルイ一四世の孫）とハプスブルク家の神聖ローマ皇帝カール六世（マリア・テレジアの父）の覇権争いにあったが、両者のパワー・ゲームのなかで、メディチ家のあとにはロートリンゲン家のフランツ・シュテファ

［図8］ドイツ製カメオ《アンナ・マリア・ルイーザの肖像》《プファルツ選帝侯ヨハン・ヴィルヘルムの肖像》。赤縞瑪瑙、縞瑪瑙、鍍金ブロンズ。一七世紀末から一八世紀初頭。縦七・六cm。フィレンツェ、銀器博物館。

ンが第八代トスカーナ大公（在位：一七三七〜六五年）として即位する。彼はマリア・テレジアと結婚していた関係で、皇帝フランツ一世となる人物であり、フィレンツェではなくウィーンに居を定めた。夫妻は一六人の子宝に恵まれたが、末娘がフランス王妃となるマリ・アントワネットであることは、周知のとおりである。

大公フランツ・シュテファン＝皇帝フランツ一世が死去すると、長男ヨーゼフ二世が皇帝に、次男ピエトロ・レオポルドが第九代トスカーナ大公（在位：一七六五〜九〇年）に即位する。兄弟ともにフランス啓蒙思想の影響をうけて改革にとりくんだ「啓蒙専制君主」である。

流暢なトスカーナ語を話し、トスカーナ事情に精通し、フィレンツェに暮らした大公ピエトロ・レオポルドの時代に、ウフィッツィ美術館の一般公開（一七六九年）からヨーロッパ最初の死刑と拷問の廃止（一七八六年）まで「レオポルド改革」と総称される一連の啓蒙主義的諸改革が断行された。さらに一七七〇年四月二日には一四歳のモーツァルトがポッジョ・インペリアーレの別荘に招かれて御前演奏をしている。

兄ヨーゼフ二世の没後、ピエトロ・レオポルドはウィーンへ去り皇帝レオポルト二世として即位する。プラハにおける彼のベーメン王戴冠式に際し、一七九一年九月六日に初演されたのが、モーツァルトの作曲と指揮による祝典オペラ『皇帝ティートの慈悲』である。これは三五歳のモーツァルトが『魔笛』や『レクイエム』を作曲した生涯最後の年のことだった。

ピエトロ・レオポルドの次男フェルディナンド三世が第一〇代トスカーナ大公（在位：一七九〇～九九年、一八一四～二四年）に即位するが、マリ・アントワネットの甥である関係からフランス革命に巻き込まれる。一七九九年にフランス軍がフィレンツェに侵攻すると、国外脱出を余儀なくされ、帰還はナポレオンの没落をまたねばならなかった。

二七歳の若いレオポルド二世が第一一代トスカーナ大公（在位：一八二四～五九年）に即位するが、今度は約三〇〇年つづいたトスカーナ大公国じたいが住民投票によりサルデーニャ王国に併合され、統一イタリア王国が誕生する（一八六一年）。

ロンドンの大英博物館の開館は一七五九年、パリのルーヴル美術館の開館は一七九三年。一八世紀後半は合理精神につらぬかれた啓蒙主義の影響下で知の体系化がすすみ、さまざまな博物館や美術館が整備されていく時代であるとともに、博物学でいえば、ビュフォン伯の浩瀚な『博物誌』（一七四九～七八年）から幻想動物が姿を消した時代でもある。

したがって最後のメディチ家統治時代は啓蒙主義以前という括りになる。

# メディチ家略年表

| | |
|---|---|
| 1397 | ジョヴァンニ・ディ・ビッチ、フィレンツェにメディチ銀行創設 |
| 1434 | コジモ・イル・ヴェッキオ、市政掌握 |
| 1436 | サンタ・マリア・デル・フィオーレ大聖堂献堂式 |
| 1444 | コジモ・イル・ヴェッキオ、ラルガ通りのメディチ邸着工 |
| 1464 | ピエロ・イル・ゴットーゾ、フランス王ルイ 11 世より百合の紋章の使用許可 |
| 1471 | ロレンツォ・イル・マニフィコ、教皇シクストゥス 4 世の即位式に出席 |
| 1492 | ロレンツォ・イル・マニフィコ死去。コロンブス西航 |
| 1494 | フランス王シャルル 8 世、イタリア侵攻。イタリア戦争開始（～ 1559）。メディチ家追放。サヴォナローラの神権政治（～ 1498） |
| 1512 | メディチ家復帰 |
| 1513 | 教皇レオ 10 世即位（～ 1521） |
| 1523 | 教皇クレメンス 7 世即位（～ 1534） |
| 1527 | 皇帝軍によるローマ劫略。メディチ家追放 |
| 1529 | メディチ＝皇帝軍によるフィレンツェ包囲戦（～ 1530） |
| 1531 | 初代フィレンツェ公アレッサンドロ、フィレンツェ復帰 |
| 1533 | カトリーヌ・ド・メディシス、のちのフランス王アンリ 2 世と結婚 |
| 1537 | アレッサンドロ公暗殺。コジモ 1 世、第 2 代フィレンツェ公になる |
| 1540 | コジモ 1 世、メディチ邸からパラッツォ・ヴェッキオに居を移す |
| 1549 | コジモ 1 世妃エレオノーラ、ピッティ邸を購入 |
| 1559 | カトー・カンブレジの和によりイタリア戦争終結 |
| 1565 | フランチェスコ 1 世、ジョヴァンナ・ダウストリアと結婚 |
| 1568 | ヴァザーリ、『美術家列伝』第 2 版刊行 |
| 1569 | コジモ 1 世、教皇ピウス 5 世よりトスカーナ大公位を授与される |
| 1585 | 天正遣欧使節、フランチェスコ 1 世とビアンカ・カペッロに謁見 |
| 1588 | フェルディナンド 1 世、ウフィツィ宮殿内に大公直轄工房を組織 |
| 1589 | フェルディナンド 1 世、クリスティーヌ・ド・ロレーヌと結婚 |
| 1600 | マリ・ド・メディシス、フランス王アンリ 4 世と結婚 |
| 1604 | フェルディナンド 1 世、プリンチピ礼拝堂の建設を開始 |
| 1610 | ガリレオ・ガリレイ、『星界の報告』と望遠鏡をコジモ 2 世に献呈 |
| 1616 | 慶長遣欧使節、コジモ 2 世とマリア・マッダレーナ・ダウストリアに謁見 |
| 1632 | マッティアス、三十年戦争に参戦 |
| 1633 | ガリレオ・ガリレイ、ローマの裁判で有罪判決 |
| 1637 | フェディナンド 2 世、ヴィットリア・デッラ・ローヴェレと結婚 |
| 1659 | フェディナンド 2 世、メディチ邸をリッカルディ家に売却 |
| 1661 | コジモ 3 世、マルグリット・ルイーズ・ドルレアンと結婚 |
| 1737 | ジャン・ガストーネ死去。アンナ・マリア・ルイーザ、新大公フランツ・シュテファンと「家族協定」を結ぶ |
| 1743 | アンナ・マリア・ルイーザ死去 |

第Ⅰ部

# ルネサンスの黄金時代

1434-1537

1

# コジモ・イル・ヴェッキオの古代趣味と意外な豪華趣味

## §古代への情熱

一五世紀のルネサンスはキリスト教以前の古典古代を発見した時代である。それは時間の発見であり、時間的に離れたモノほど稀少価値があった。人びとは古代の「驚異」を求め、古代ローマ最盛期の五賢帝のひとりハドリアヌス帝のコレクションを理想とあおいだ。王侯貴顕や上層市民はこぞって古代遺物を蒐集することに熱狂し、修道院にねむる古典写本、遺跡から発掘される古代のコインやメダル、さらには貴石製の容器や彫玉が蒐集の対象となった。中世の清貧の思想に対して、古代の豪華趣味がしだいに復活していくのである。

一五世紀初頭のフィレンツェでは古代品にかこまれて「古代の美しい器で食事」をとり、古代人のように閑雅に暮らした人文学者ニッコロ・ニッコリ（一三六四〜一四三七年）の存在がよく知られている。彼のまわりにはたくさんの人文学者や芸術家が集まって美術工芸品を鑑賞したり、会話を楽しんだりした。彼の親友コジモ・イル・ヴェッキオは二五歳年下だったが、古写本や古代遺物の蒐集のために資金を融通する仲であり、融資の担保にモノを受け取ることも少なくなかっただろう。実際、ニッコロ・ニッコリは借金のカタに約八〇〇冊の蔵書をコジモに遺贈し、コジモは写本を収蔵するためにサン・マルコ図書館を開設した。

古代品の蒐集にはまずもって古典の教養が必要であり、メディチ家のなかで最初に古典の教養を身につけたのがコジモ・イル・ヴェッキオだった。一四一八年、五八歳の父ジョヴァンニ・ディ・ビッチがわずか三冊の宗教書しか所有していなかったのに対して、二九歳のコジモはすでに七〇冊以上の書物を所有していた。もちろんグーテンベルクの印刷術発明以前のことであり、書物が目の飛び出るほど高価だった時代の話である。一五世紀初頭のフィレンツェには共和国書記官長を中心にした人文学サークルがあって、古代熱狂が勃興しつつあった。一四二六年のローマ旅行もコジモのコレクションを増やしたはずである。銀行家としての堅実さ、政治家としての老獪さ、人文学者としての聡明さについては、一五世紀フィレンツェの工房で製作された貝殻製カメオ《コジモ・イル・ヴェッキオの肖像》（銀器博物館）［図1］が如実に示しているだろう。

コジモが所有していた可能性のある最初の彫玉の一点は、紅玉髄《べにぎょくずい》製のインタリオ《アポロンとマルシュアスとオリュンポス》通称《ネロの印璽》である。これが《ネロの印璽》と通称されるのは、ロレンツォ・

ギベルティが『コンメンターリ』のなかで、一四二八年頃にコジモのために「ドラゴン」の形をした金製縁飾りに「ネロ」の名前を刻んだと記したことに由来する。現在、ギベルティの縁飾りは失われたが、インタリオを再現したブロンズ製浮彫が数点存在しており、ギベルティが言及した縁飾りのラテン語銘文と一致することから、これらは原作に忠実な複製だと考えることができる。ジョルジョ・ヴァザーリは所有者としてコジモの次男ジョヴァンニの名をあげているが、一四二八年頃にジョヴァンニは八歳前後なので、ジョヴァンニ説は無理がある。のちにロレンツォ・イル・マニフィコが所有したことは確実なので、これについては後述することにしたい。

ほかにコジモが所有していたカメオには《月桂冠を戴くネロの肖像》などが知られている。

## §ラルガ通りのメディチ邸

ラルガ通り（現、カヴール通り）にメディチ邸が着工されたのは、コジモが市政を掌握した一四三四年からちょうど一〇年目の一四四四年。コジモ五五歳、長男ピエロ二八歳のときである。コジモは邸宅の建築費として、（同時代の書籍商ヴェスパシアーノ・ダ・ビスティッチが見積もった六万フィオリーノよりも高い）一〇万フィオリーノを投じた。

一般にコジモは質素で禁欲的な人物と思われてきたし、彼自身、そう思われるように慎重にふるまったフシはあるが、建築家フィラレーテによれば、彼の建てた豪邸は乳白色に輝く雪花《せっか》石膏《せっこう》の屋根をもち、赤色の斑岩と緑色の蛇紋石でおおわれていた。アルベルト・アヴォガドロもコジモの建てたフィエーゾレのバディアを雪花石膏と斑岩と蛇紋石の「建築的ファンタジア」と表現している。斑岩と蛇紋石は、古代の皇帝を象徴する石材であり、見る者に畏敬の念を起こさせたはずである。

一四五九年四月（邸宅の建設が終わり、礼拝堂の壁画装飾がはじまる直前）、コジモは新築のメディチ邸に教皇ピウス二世（在位：一四五八〜六四年）とミラノ公フランチェスコ・スフォルツァの息子ガレアッツォ・マリア・スフォルツァを迎えた。一五歳のガレアッツォ・マリアは邸宅の豪華さに感激して手紙に次のように書いている。

「書斎、礼拝堂、客間、寝室、庭園、すべてが驚くべき技量で建設され装飾されています。金やみごとな大理石、彫刻や浮彫、最高の匠が遠近法を駆使した絵画や象嵌《ぞうがん》細工で、邸宅の長椅子や床にいたるまで、全面が美しく飾り立てられています。タペストリー、金や絹を使った調度品、銀器、書棚、と数えあげればきりがありません」

このときコジモは二人を歓待するために、シニョリーア広場で動物の戦いを開催した。一〇歳のロレンツォ・イル・マニフィコも並んで観戦している。雄豚、馬、雄牛、水牛、山羊、雌牛、子牛につづいて、コジモ自身が私費で都市から借り出した二六頭のライオン（フィレンツェの守護神である軍神マルスにちなみ「マルゾッコ」と呼ばれた）が大歓声のなかを入場した。だが飼育されたライオンは生け贄になるはずの動物に興味を示さないばかりか、居眠りまでする始末。観衆のふくれあがった期待は落胆に終ったが、コジモが「パンとサーカス」を提供した古代ローマ皇帝の血なまぐさい見世物を再現しようとしたことは明白である。

## § サン・ロレンツォ聖堂の墓標

コジモが埋葬された場所は、コジモの指示どおり、メディチ邸の向かいにあるサン・ロレンツォ聖堂の身廊と翼廊が交わる交差部の真下であるが、墓所を示す円形の墓標にもやはり白大理石と赤色斑岩と緑色蛇紋石が使用されている［図9］。墓標のデザインはイスタンブルのハギア・ソフィア大聖堂の床のデザインによく似ているが、その交差部という場所は歴代皇帝が戴冠式をあげる場所だったことは示唆的である。墓標は一四六四年から翌年にかけてヴェロッキオが制作した。コジモ・イル・ヴェッキオの古代趣味と意外な豪華趣味が垣間見られるのではなかろうか。

［図9］筆者撮影…アンドレア・デル・ヴェロッキオ《コジモ・イル・ヴェッキオの墓標》。一四六四〜六五年。フィレンツェ、サン・ロレンツォ聖堂。

# ②ピエロ・イル・ゴッツォーゾの聖遺物容器

## 大聖堂献堂式の聖遺物

一五世紀の驚異品は古代遺物だけではない。一五世紀は厳然たるキリスト教社会であり、そうした社会にあっては中世以来の聖遺物が聖性を有する何よりの驚異品であった。

ブルネッレスキがクーポラを完成したルネサンスのシンボルともいうべきサンタ・マリア・デル・フィオーレ大聖堂の献堂式が挙行されたのは、一四三六年三月二五日のこと。当時は受胎告知の祝日である三月二五日がフィレンツェ暦の元日だった。ブルネッレスキ五九歳。市政を掌握して二年目のコジモ・イル・ヴェッキオ四七歳。その長男ピエロ・イル・ゴットーゾ二〇歳。フィレンツェ滞在中の教皇エウゲニウス四世（在位：一四三一～四七年）が、中央祭壇に洗礼者聖ヨハネの指の骨と聖ゼノビウスの頭蓋骨を陳列してミサを執り行った。洗礼者聖ヨハネはフィレンツェの守護聖人、聖ゼノビウスは初代フィレンツェ司教である。

現在、洗礼者聖ヨハネの指は大聖堂付属博物館に数本（ちょっと多すぎ

［図10］筆者撮影：ピエル・ジョヴァンニ・ディ・マッテオ・マッティ（帰属）《洗礼者聖ヨハネの指の聖遺物容器》（部分）。一五八二年。フィレンツェ、大聖堂付属博物館。

る！）伝存しているが、献堂式に使用されたのは、一三九一年にピエトロ・コルシーニ枢機卿がコンスタンティノープルで入手し、フィレンツェで没した教皇ヨハネス二三世に贈ったものだろう（容器は一六世紀末作）［図10］。

## §《リブレット聖遺物容器》

コジモの長男ピエロ・イル・ゴットーゾの財産でもっとも重要な貴重品は、絵画でも彫刻でも古代遺物でもなく《リブレット聖遺物容器》（大聖堂付属博物館）［図11］である。この聖遺物と聖遺物容器には長い歴史がある。

十字軍を主導したカペー朝のフランス王ルイ九世（在位：一二二六～七〇年）いわゆる聖王ルイが一二三〇～四〇年代にラテン帝国最後の皇帝ボードワン二世から大量の聖遺物を購入し、それを安置するために一二四八年、パリにサント・シャペル聖堂を建立した。その後、ヴァロワ朝のフランス王シャルル五世（在位：一三六四～八〇年）が一三七一年に弟のアンジュー公ルイに聖遺物の一部を贈り、別の弟ベリー公ジャンに他の一部を贈った。ベリー公ジャンはランブール兄弟に『ベリー公のいとも豪華なる時禱書』を注文した有名なパトロン＝コレクターである。

アンジュー公ルイに贈ったほうの一四世紀の聖遺物容器［図11］は、中央に一連の受難具の断片、左右の七二区画に七二人の聖人の聖遺物断片が配置されている。折り畳んで開閉できる形状から「リブレット（小冊子）」

［図11］右：筆者撮影…パオロ・ディ・ジョヴァンニ・ソリアーニ《リブレット聖遺物容器》。鍍金銀製とエナメル装飾。一五〇〇～〇一年。フィレンツェ、大聖堂付属博物館。
左：同上。フランスの工房《リブレット聖遺物容器》の内部の「リブレット」部分。一三七一年。

という通称がうまれた。

アンジュー公ルイが一三八四年に死去したあと、どういう経緯があったものか、ピエロ・イル・ゴットーゾの手に渡った。メディチ銀行はフランス王にも融資していたので担保だった可能性も考えられる。ヴァロワ家のフランス王ルイ一一世（在位：一四六一〜八三年）がピエロに王家の百合の紋章「フルール・ド・リス」（この聖遺物容器にもついている）の使用を許可した一四六五年前後に贈られた可能性が高い。なぜならこの聖遺物容器にはアンジュー家以来の由緒書きが付されているが、メディチ家にいたるまで他の所有者の手を経ていないからである。

メディチ家が所有してからフィレンツェ人の職人パオロ・ディ・ジョヴァンニ・ソリアーニが一六世紀初頭、聖遺物容器を収納するためにさらに建築物型の聖遺物容器を製作した。一六世紀初頭の聖遺物容器が内部の一四世紀の聖遺物容器を見えにくくしてしまったうらみがあるが、ともかく、もとの聖遺物容器自体が聖遺物化した稀有な例である。

容器内の聖遺物を列記してみると、キリストの身体から流れた聖血、荊冠、聖十字架、聖槍、最後の晩餐のテーブルの聖布、最後の晩餐のときにキリストが着ていた聖衣、幼児キリストの繦《むつき》、聖骸布、モーセの石板、モーセの海綿、キリストが縛られた鎖、釘、柱、鞭……とまあ、たいへんなものである。《リブレット聖遺物容器》が一四六五年の財産目録で

ピエロ・イル・ゴットーゾの聖遺物容器

最高額にあたる一五〇〇フィオリーノの評価額がつけられたのも不思議ではない。信仰心の篤さと工芸技術の高さへの評価の表れである。この聖遺物容器はメディチ邸マギ礼拝堂の祭壇に置かれ、ベノッツォ・ゴッツォリの壁画やフィリッポ・リッピの祭壇画に負けない圧倒的な存在感を示して燦然と輝いていた。

## §《荊の聖遺物容器》

ピエロの聖遺物容器で次に重要なのは、「ビッキエーレ（コップ）」の通称のある《荊《いばら》の聖遺物容器》（サン・ロレンツォ聖堂）[図12]である。かつて実際に典礼用のコップだった可能性がある一五世紀の聖遺物容器の高さは九・七センチであるが、容器を顕示するために、一八世紀初頭にジョヴァン・バッティスタ・フォッジーニ（一六五二〜一七二五年）の下絵に基づきコジモ・メルリーニがつくったバロック様式の二体の銀製天使像が付け足されたので、全体の高さは三一・九センチになった。天使の台座の紫水晶は聖フィアクルの遺品から切り取られたものである。

一五世紀の水晶製容器（ビッキエーレ）の台座にも金とエナメルを組み合わせたみごとな三人の猟師の装飾がほどこされている。エナメルは七宝焼のことであり、ガラスと同じ原料を使用し、緑色には銅、青色にはコバルト、赤色には鉄、紫色にはマンガンを混ぜ合わせて焼成するので、

[図12] 右：フランス＝ブルゴーニュの工房《荊の聖遺物容器》通称《ビッキエーレ》。「ビッキエーレ」は水晶製。鍍金、エナメル、貴石、真珠で装飾。一五世紀前半。紫水晶の台座のうえのバロック様式の二体の銀製天使像は一八世紀。高さ三一・九㎝。フィレンツェ、サン・ロレンツォ聖堂。
左：同上。エナメルの部分。

カラフルな立体造形が可能である。当時、製法は秘密にされており、フランス中東部のブルゴーニュ地方に特有の技術であった。

一四六五年の財産目録では七〇〇フィオリーノと評価されているが、一四九二年の財産目録にはさらに次のように詳細に記述されている。「水晶製ビッキエーレ。金装飾のある水晶製の蓋付き。台座には六個のサファイアとバラスルビー、そのあいだには一二個の大粒の真珠、さらに三人のエナメル製人物像のそれぞれに三個のルビーと三個の真珠が配されている。蓋には七個のサファイアとバラスルビー、一四個の大粒の真珠と二七個のルビーがあり、それらのルビーのあいだには一二個の真珠があり、尖端にはダイヤモンドが配されている。重さ三リッブラ四オンチャ。価値八〇〇フィオリーノ」。

豪華だが、尖端のダイヤモンドは失われているし、実際の装飾とも若干の相違がある。一五三二年にサン・ロレンツォ聖堂に寄贈されたときには聖カタリナの指一本が納められたが、一七〇九年に荊冠の棘がフィレンツェにもたらされると、棘に取り替えられた。この棘は前述の聖王ルイがコンスタンティノープルから持ち帰り、ベリー公ジャンに贈った由緒あるものだった。現代人には「指一本」のほうが「棘一本」よりもインパクトがあるが、一八世紀初頭にはキリストの身体に接触したものほど聖性が高く、それだけ価値が高いと信じられていたのだ。

3

# ピエロ・イル・ゴットーゾの貴石製容器

## 赤碧玉製容器

現在、銀器博物館の「ロレンツォの宝物の間」に展示されている多数の貴石製容器[図13]のうち、もっとも古いコレクションのひとつは、ピエロ・イル・ゴットーゾが所有していた赤碧玉《せきへきぎょく》製の《二つの把手と蓋のある壺（1）》（銀器博物館）[図14]である。丸みのある一連の壺のなかで、石の切断面が平面である点に特徴がある。一四六四年のピエロの財産目録には一三〇フィオリーノと記されている。壺自体は一四世紀から一五世紀のヴェネト地方でつくられ、これにメディチ家が金属装飾を追加させた。装飾のなかにメディチ家の紋章である六つ玉が確認できる。

赤碧玉という素材と把手の形状がこれとよく似ているのが、《二つの把手と蓋のある壺（2）》（銀器博物館）[図14]である。上記の壺と同じ時期に同じ工房でつくられたものだろう。こちらの金属装飾は、メディチ家お抱え金細工師ジュスト・ダ・フィレンツェ（一四五七～六七年頃活動）が一四六五年以前にピエロのために製作した可能性が指摘されているが、

［図14］筆者撮影…右：ヴェネツィア人工房（?）《二つの把手と蓋のある壺（1）》。赤碧玉。一四〜一五世紀。鍍金銀製とエナメルの装飾付き。金属装飾はフィレンツェで仕事をしたヴェネツィア人またはミラノ人の金細工師（?）。高さ二七cm。フィレンツェ、銀器博物館。
左：ヴェネツィア人工房（?）《二つの把手と蓋のある壺（2）》。赤碧玉。一四〜一五世紀（?）。一五世紀のジュスト・ダ・フィレンツェ（?）作の金メッキを施した銀製とエナメルの装飾付き。高さ四二cm。フィレンツェ、銀器博物館。

［図13］筆者撮影…「ロレンツォの宝物の間」の貴石製容器のショーケース。フィレンツェ、銀器博物館。
(a)上段。手前右から二つ目。フランス＝ブルゴーニュの工房《蓋付き杯（ビッキエーレ）》。虎斑のある碧玉。金メッキを施した銀製装飾と真珠付き。一五世紀前半。高さ一五・五cm。
(b)上段。手前中央。フィレンツェの工房《蓋付き杯（コッパ）》。緑碧玉。金メッキを施した銀製装飾付き。一五世紀。高さ三〇・五cm。
(c)下段。手前右から二つ目。フィレンツェの工房《蓋付き杯（コッパ）》。紫水晶。金メッキを施した銀製装飾付き。一五世紀。高さ二八・〇cm。
(d)上段。手前右端。古代ローマ工房《蓋付き壺》。赤縞瑪瑙。前一世紀〜後一世紀もしくは四〜五世紀の作。金メッキを施した銀製装飾は一五世紀フィレンツェ工房。高さ一〇・二cm。
(e)下段。手前左から二つ目。ビザンティンの工房《杯》。紅縞瑪瑙。一〇〜一一世紀（?）。金属装飾は一五世紀フィレンツェ工房（?）。高さ一三・〇cm。
(f)上段。左端。中世の工房《杯》。赤碧玉。一〇〜一一世紀（?）。金属装飾はフィレンツェで仕事をしたヴェネツィア人またはミラノ人（?）。一五世紀。高さ一一・五cm。
(g)下段。手前左端。プラハの工房（?）《杯》。紫水晶の混ざった碧玉。一四世紀後半（?）。金属装飾は一五世紀フィレンツェ工房。高さ一三・三cm。

その後、装飾は改変された可能性がある。ロレンツォ・イル・マニフィコの所有だったことは確実であるが、父ピエロの代までさかのぼりうるかどうか判断が難しいのは、このように装飾が容易に改変されたからである。

## §一四六五年の財産目録

一四五六年の財産目録によれば、ピエロが所有する貴石製容器は七点。うち二点は水晶製、四点は碧玉製、一点は玉髄製である。これが一四六五年の財産目録になると、さらに増えて貴石製容器は一五点、評価額の総計は三七六〇フィオリーノ。うち六点が水晶製で計一二八〇フィオリーノ、七点が碧玉製で計一六八〇フィオリーノ、残る二点が玉髄製で八〇〇フィオリーノ。一点あたりでは玉髄製品が高い評価をうけている。

以上は貴石製容器にかぎった分析であるが、一四六五年の財産目録の全体をみると、ピエロが所有した宝物の総額三万五一五〇ドゥカート（＝フィオリーノ）は次のような割合になる。宝石は三五パーセント、銀器は一九パーセント、貴石製容器は一三パーセント、真珠は一〇パーセント、珍品奇物は一〇パーセント、彫玉は七パーセント、指輪は六パーセント。すなわち容器と彫玉をあわせた貴石製品は、総額の二〇パーセントに相当する。

4

# ロレンツォ・イル・マニフィコの貴石製容器

## §ササン朝とファーティマ朝とティムール朝の三点

ロレンツォは多くの貴石製容器を所有していたが、なかでも一、二を競う名品が、赤縞瑪瑙《あかしまめのう》製の《水差し（ボッカーレ）》（銀器博物館）[図15]である。一四九二年の財産目録では素材と形状が評価されて二〇〇〇フィオリーノという高い評価額がつけられている。この珍しい形状は七～八世紀のササン朝ペルシア文化圏のもので、とくに同じ石材の把手に刻まれたヒョウ（後世に翼が加えられたのでドラゴンにみえる）と細かい葉状文様の図柄が七世紀頃のササン朝の図柄と同じである。水差しの形状は正倉院にある漆胡瓶《しっこへい》や白瑠璃瓶《はくるりのへい》とも比定できるだろう。一五世紀の金属装飾も特異で、頸部をとりまく金具の下部のパルメット（椰子の葉の団扇）文様と二重螺旋はヴェロッキオ風。蓋のつまみは、先述した赤碧玉製の《二つの把手と蓋のある壺（2）》とよく似ている。

古さという点では、水晶製の《把手付き水差し（ブロッカ）》（銀器博物館）[図16]もなかなかのものである。注ぎ口に透かし彫りの金装飾がわずかに

[図15] 筆者撮影：七～八世紀のササン朝ペルシアの工房(?)と一五世紀フィレンツェの工房《水差し（ボッカーレ）》。赤縞瑪瑙。高さ四二・〇cm。金メッキを施した銀製とエナメルの装飾付き。フィレンツェ、銀器博物館。

残るこの水差しは、一〇世紀のファーティマ朝にさかのぼる。ファーティマ朝は現在のチュニジアに建国され、新都カイロを築いた王朝である。胴の部分には駝鳥が彫られ、肩の部分にはアラビア語で「指揮官のなかの指揮官へ、個人的に」と彫られている。

このような透明な水晶製品は一見ガラス製品にみえるし、実際、天然の水晶と人工のガラスは、イタリア語でも同じ「クリスタッロ」という語である。しかしローマ帝国滅亡後にガラスを彫刻する技術はほとんど失われ、この時代のイタリアには彫刻技術はまだ復活していない。ファーティマ朝では紅海に面する鉱脈から水晶を採掘できたし、ヨーロッパでもアルプス山脈とカルパティア山脈で鉱脈が発見されていた。水晶は透明性がことに愛された素材であるが、素材自体はさして珍しくはなかったのだ。

水晶より格段に稀少な素材が翡翠《ひすい》である。一五世紀のメディチ・コレクションのなかで現存する翡翠製品は《酒杯（コッパ）》（銀器博物館）[図17]一点だけである。しかもこの透明感のある美しいオリーヴ・グリーンの杯は一五世紀のティムール朝で製作されたと推定されているから、よけいに心をうばわれる。一五世紀のティムール朝は、首都サマルカンドに翡翠工房があって高度なイスラーム文化を開花させたが、夢のようにはかなく姿を消した神秘の帝国である。中央アジアでは翡翠の杯に毒酒を

[図16] 筆者撮影…中央上：ファーティマ朝の工房《把手付き水差し（ブロッカ）》。水晶。一〇世紀。高さ二五・五cm。フィレンツェ、銀器博物館。

もると毒に反応して杯が破壊されると信じられていたので、逆に壊れない翡翠の杯ならば安心して酒が飲めたのだ。イタリア人の研究者は「残念ながら金属装飾は失われた」と述べているが、素材そのものを愛でるという観点からすれば、金属装飾はないほうがよい。シンプルさの衝撃である。ちょうどルーヴル美術館の《サモトラケのニケ》が頭部を失って完璧な美に到達したのと同じで、時の神が創作=喪失に一役かったと想像したくなる作品である。時の神もしゃれたはからいをすることがある。

## 碧玉製品と紫水晶製品

黄色い虎斑《こはん》のある碧玉製の《蓋付き杯（ビッキエーレ）》（銀器博物館）[図13a]も印象的である。堂々として、なおかつエレガントな器と装飾は、一五世紀前半のブルゴーニュ製と推定されている。三個の球をつかむ動物（霊鳥か？）の三本脚が支える脚部は他のどの作品とも似ていない、すこぶる異様なものである。何人かの研究者は最高傑作のひとつに数えているが、一四九二年の財産目録では二〇〇フィオリーノと意外に評価は低い。

碧玉は色のヴァリエーションがじつに豊富で、大別すると赤碧玉《せきへきぎょく》、緑碧玉、黄碧玉の三種類があり、緑碧玉の名品が《蓋付き杯（コッパ）》（銀器博物館）[図13b]である。ただしこれを黄碧玉とする研究者もいて、黄と

[図17] ティムール朝の工房《酒杯（コッパ）》。翡翠。中央アジア、一五世紀。高さ五・四cm。フィレンツェ、銀器博物館。

緑のまだら模様は見え方が微妙である。確かなことは、下層の碧玉は暗緑色と褐色のまさる高品質であるが、上層すなわち蓋の碧玉は赤、ピンク、グレー、白が混ざって低品質だということである。貴石と装飾は、どちらも一五世紀のフィレンツェ製。石の形状は比較的単純で初歩的なものであるが、同時代の技術が「古代風」と見まがうレベルにまで到達したことを示している。

紫水晶製の《蓋付き杯（コッパ）》（銀器博物館）[図13c]も堂々としている。杯はおそらくは一五世紀フィレンツェの工房でつくられたものであり、蓋はダイヤモンド、指輪、メディチ家の紋章で装飾されている。メディチ家の紋章の玉の一個は青地に百合の紋章があしらわれている。この紋章の百合の有無で、製作年が一四六五年以前か以後かの判断基準になりうるが、判断が難しいのは、あとでいくらでも改変が可能だったことである。

## 古代ローマの容器

古代品に目を移すと、赤縞瑪瑙製の《蓋付き壺》（銀器博物館）[図13d]はさすがに壺の彫りが凝っている。ふっくらとした胴には凸状の一枚葉が点々と配され、やや細くなった頸部にはサヤマメ模様がぎっしりと並んでいる。この凸状の一枚葉の模様が典型的な古代ローマ様式の特徴である。一五世紀のフィレンツェで追加された金属装飾は双葉模様と炎の模様である。

同じく赤縞瑪瑙製の《二つの把手のある蓋付き壺》（銀器博物館）［図18］は、光をあてると赤いまだらが浮きあがる、色あいのとびぬけて美しい逸品である。壺の細長い形状がローマ帝国の一世紀から四世紀の様式であり、とくに細い把手に高度な彫りの技術がみられる。銀製の台座は、メディチ家の紋章にトスカーナ大公冠が確認できることから、一五七〇年以後、おそらくは第二代トスカーナ大公フランチェスコ一世時代につくられたものだろう。頂部の洋梨形の装飾は一九世紀に追加された。

## 中世の容器

中世の杯を三点紹介しておきたい。まず赤縞瑪瑙製の《杯》（銀器博物館）［図13e］。この杯はビザンティン文化圏で一〇世紀から一一世紀頃に製作された。失われた銀製の蓋には、メディチ家の紋章とダイヤモンドの指輪、月桂樹、駝鳥の羽根（いずれもロレンツォの象徴）がついていたことが確認されているので、ロレンツォ時代の一四六九年から九二年につくられたことがわかる。

次に赤碧玉製の《杯》（銀器博物館）［図13f］。この杯の製作はローマ帝国末期説、ビザンティン帝国の一〇世紀から一一世紀説、ブルゴーニュ地

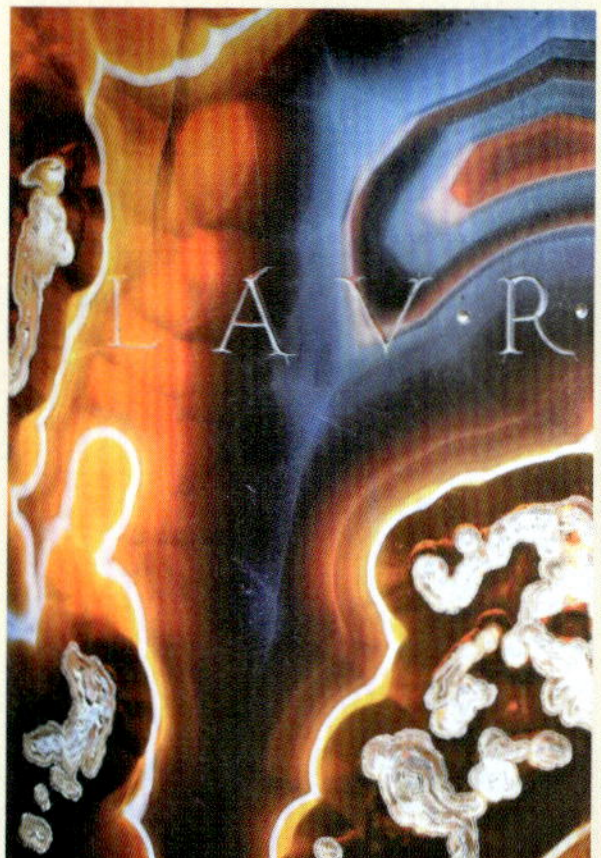

［図18］右：古代ローマ工房《二つの把手のある蓋付き壺》。赤縞瑪瑙。一〜四世紀。金属装飾は一六世紀後半のフィレンツェ工房（？）。蓋の先端部は一九世紀。高さ四五cm。フィレンツェ、銀器博物館。
左：同上。「LAV. R. MED.」の銘。

方の一四世紀説などがあったが、古代風を模したヨーロッパのどこかの中世（一〇～一一世紀？）の作品だろう。台座の楕円形にメディチ家の紋章や「永遠（SEMPER）」というロレンツォのモットーが記されている。この台座はフィレンツェで仕事をしたヴェネツィア人かミラノ人の作らしい。

最後に、紫水晶の混ざった碧玉製の《杯》（銀器博物館）［図13 g］。この石の特徴は複数の貴石が混ざりあっていることで、複雑で微妙な色あいをかもし出している。稀少な石の杯の製作も、古代ローマ、ファーティマ朝、古代風の中世など諸説があるが、最新の研究にしたがって、皇帝カール四世（在位：一三五五～七八年）すなわちベーメン王カレル一世が開いた採石場から切り出された、一四世紀後半のプラハ工房説をとっておきたい。炎をかたどった鍍金の銀製装飾は一五世紀のロレンツォ時代のものである。

## 謎だらけ

ピエロ・イル・ゴットーゾとロレンツォ・イル・マニフィコの貴石製容器を列記してわかることは、容器の製作が時代的には古代ローマから一五世紀まで、地理的にはヨーロッパから中央アジアや北アフリカまで幅広いことである。この幅広い多様性とは逆に、すべてに共通する点が二つある。

第一は、すべてにロレンツォの所有を示すラテン語の略号「LAV. R. MED.」の銘が大胆に彫り込まれていることである。彼の並外れた所有欲の強さをうかがわせる銘である。この「R.」は「REX」つまり「王」を暗示すると伝統的に解釈されてきたが、近年、いくつかの異説が提出されて定説がゆらいでいる。

さらに、この「LAV. R. MED.」の銘を入れたのは、てっきりフィレンツェ人工房だと思い込んでいたが、じつはこれにもパリ人工房説など諸説があって、現在ではヴェネツィア人工房説が有力だというから意外である。銘の精確な彫りは神業に近い高度な技術をもつ同一人物または同一工房の仕事であり、このような神の手をもつ熟練工が当時のフィレンツェ人のなかにはいなかったらしい。「R.」の謎と銘を入れた工房の謎は、今後も当分は新説が提出されて議論がつづく問題であろう。

共通する第二の点は、すべてが一五三二年に教皇クレメンス七世によってフィレンツェのサン・ロレンツォ聖堂に寄贈され、しかもすべてがなんと聖遺物容器として使用されたことである。たとえば前述の《水差し(ボッカーレ)》は「聖アンデレの聖遺物容器」となったし、《二つの把手のある蓋付き壺》には「殉教者聖アナスタシウスの腕」、《杯》には「聖マグダラのマリアの顎骨《がっこつ》全部と髪の毛数本」が収納された。現在は、聖遺物はとりのぞかれ、すべて銀器博物館にあるので、かつて聖遺物容器だったことを想像するのは難しい。一五三二年の聖遺物容器については改めて後述する。

しかしながら一五三二年以前の履歴となると謎が多い。一部は、すでにロレンツォの生前、ロレンツォの次男ジョヴァンニ（のちの教皇レオ一〇世）が一三歳という異例の若さで枢機卿になった一四八九年以降にローマに送られた可能性がある。一三歳の少年は教会法を学んでいなかったし、スキャンダラスな若さだったので、もう三年間（一四九二年のロレンツォ逝去の直前まで）は正式な叙任が公表されなかった。しかしどの程度の数がロレンツォ時代にローマへ発送されたのか不明である。

別の一部は一四九四年と一五二七年のメディチ家追放後にヴェネツィアやローマに分散したり、消失したりした。メディチ家の手許に残った（あるいは戻った）容器は、教皇レオ一〇世を経て教皇クレメンス七世の手に渡った。ロレンツォが教皇インノケンティウス八世（在位：一四八四～九二年）と親しくしたおかげで、ロレンツォの次女マッダレーナを教皇の庶子フランチェスケット・チーボと結婚させ、次男ジョヴァンニを枢機卿に登位させておいたことが、のちのちメディチ・コレクションが存続する重要な布石となったのである。

## 8 一四九二年の財産目録

一四九二年の財産目録によれば、ロレンツォが所有していた貴石製容器は合計三三点、その評価額の総計は二万一三一八フィオリーノにのぼる。水晶製が一〇点で二〇二〇フィオリーノ、碧玉製が一〇点で六六一〇フィオリーノ、碧玉・紫水晶製が二点で四五〇フィオリーノ、碧玉・赤縞瑪瑙製が一点で一五〇フィオリーノ、碧玉・玉髄製が一点で二〇〇フィオリーノ、碧玉・玉髄・紫水晶製が一点で一五〇フィオリーノ、赤縞瑪瑙製が一点で六〇〇フィオリーノ、瑪瑙製が一点で四〇〇フィオリーノ、瑪瑙・赤縞瑪瑙製が一点で七〇〇フィオリーノ、玉髄・赤縞瑪瑙製が一点で八フィオリーノ、紫水晶製が一点で二〇フィオリーノ、斑岩製が一点で一〇フィオリーノなどである。

最初に紹介したササン朝ペルシアの《水差し（ボッカーレ）》（銀器博物館）［図15］の二〇〇〇フィオリーノという数字が、いかに高額かが理解できるだろう。

# 5 コジモ・イル・ヴェッキオとピエロ・イル・ゴットーゾの彫玉

## §メディチ邸中庭の円形浮彫

彫玉（ジェム）というのは、浮き彫り（陽刻）をほどこす「カメオ」と沈み彫り（陰刻）をほどこす「インタリオ」の総称である。「カメオ」はそのまま手にとって愛玩したり、ペンダントにしたりするが、「インタリオ」は凸凹が反転しているので、愛玩用はもちろん、粘土などに押し付けて形を残す印章としても使用される。数センチと小型で軽量なので、火急の際に何百枚、何千枚の金貨をもち運ぶよりはるかに運搬が容易な可動資産という投資的な側面もあった。さらに古典研究で得られた文献的知識が可視化されているのだから、その所有は権力と財力、学問と芸術の所有の象徴にもなった。

コジモ・イル・ヴェッキオが建てたラルガ通りのメディチ邸の開放的な中庭[図19]にめぐらされたフリーズに直径約一メートルの八点の大理石製円形浮彫がはめ込まれているが、この八点のうちじつに七点までが古代彫玉からモチーフを借用している。すなわち《ディオメデスとパラス

[図19] 筆者撮影…メディチ邸の中庭。

像》《アテナとポセイドン》《ディオニュソスとサテュロス》《ナクソス島のアリアドネ》《凱旋車に乗るディオニュソス》《ダイダロスとイカロス》《ケンタウロス》である。残る一点は古代石棺に取材している。

このうちカメオ《ディオメデスとパラス像》は、現在、石膏やブロンズ、紙型などの複製[図20]が存在するだけでオリジナルは失われてしまったが、おもしろい来歴が伝わっている。フィレンツェの書籍商ヴェスパシアーノ・ダ・ビスティッチが語るところによれば、古代遺物の熱狂的な蒐集家である人文学者ニッコロ・ニッコリが町でたまたま見かけた少年の首に玉髄製のカメオがぶらさがっていた。書籍商によれば、このカメオはポリュクレイトス作。カメオの真価を見ぬいたニッコロは少年の父親を探し出して五フィオリーノで購入したが、作品の値打ちがわからない父親は十分に満足した。これを耳にしたアクィレイアの総主教で枢機卿のルドヴィーコ・スカランピがニッコロから二〇〇ドゥカートで購入した。裕福でないニッコロもこの金額で満足した。総主教の死後、古代彫玉の蒐集家として名高いヴェネツィア人ピエトロ・バルボのちの教皇パウルス二世（在位：一四六四～七一年）[図21]が一四五七年にカメオを入手し、その死後、一四七一年にロレンツォ・イル・マニフィコの所有に帰した。ロレンツォが死去した一四九二年の財産目録には、一五〇〇フィオリーノの評価額がつけられた。わずか数十年のうちに価値が三〇〇倍

[図20] クリスティアーノ・デーンの工房《ディオメデスとパラス像》。紙型。一八世紀。縦五・八cm。フィレンツェ、銀器博物館。台座にLAV・R・MEDの銘。

[図21] ジュリアーノ・ディ・シピオーネ・アミーチ作インタリオ《教皇パウルス二世の肖像》。紅玉髄。一四七〇年頃。縦六・〇cm。フィレンツェ、銀器博物館。

にも高騰した計算になる。

七点中、メディチ家が所有していた彫玉は、一四五六年までは《ダイダロスとイカロス》一点のみ。一四六二年までに《アテナとポセイドン》《ディオニュソスとサテュロス》の二点追加。《凱旋車に乗るディオニュソス》《ディオメデスとパラス像》の二点は一四七一年に教皇パウルス二世の遺品から獲得した。《ケンタウロス》の一点は一四九二年になってメディチ家の所有に加わった。最後の一点《ナクソス島のアリアドネ》はゴンザーガ家の所有だった。ところが中庭の円形浮彫は、一四五二年、マーゾ・ディ・バルトロメオによって制作され、同年七月二日に報酬が支払われている。ということは、これらの彫玉はメディチ家が入手する以前からすでに有名であり、素描や複製が出まわっていたことになる。

## §《アテナとポセイドン》と《ノアの箱船》

メディチ家が所有していた彫玉の数は、コジモ時代の一四五六年の財産目録では二一点、ピエロ時代の一四六五年の財産目録では三〇点である。なかなかの数だが、先ほど名前をあげた同時期の教皇パウルス二世が所有していた彫玉が八二一点（カメオ二四三点、インタリオ五七八点）という膨大な数だったのに比べると、はるかに少ない。

とはいえフランチェスコ・ゴンザーガ枢機卿やフィラレーテによれ

［図22］右：ピルゴテレス（?）作カメオ《アテナとポセイドン》。玉髄。前一世紀中葉。縦五・二cm。ナポリ、国立考古学博物館。
左：メディチ邸中庭の円形浮彫。

ば、ピエロは彫玉を愛する目利きだった。ピエロの古代カメオへの関心は財産目録からも明らかであり、たとえばピルゴテレス作とされるカメオ《アテナとポセイドン》（ナポリ、国立考古学博物館）[図22]は、一四六五年に一八〇フィオリーノの評価額がつけられているし、皇帝フリードリヒ二世（在位：一二二〇～五〇年）の宮廷で一二五〇年頃に製作された中世のカメオ《ノアの箱船》（ロンドン、大英博物館）[図23]は最高額となる三〇〇フィオリーノと評価されている。一四九二年の財産目録になると、それぞれ八〇〇フィオリーノ、二〇〇〇フィオリーノと評価額が急上昇しているのは、一五世紀後半に古典文化が上層市民層に浸透するのにつれて彫玉自体の価値があがったことを反映している。先に紹介したキリスト教の至宝《リブレット聖遺物容器》が、一四六五年に一五〇〇フィオリーノ、一四九二年にも一五〇〇フィオリーノと依然高い評価額であるにもかかわらず、横ばいだったのとは対照的である。

[図23] 中世のカメオ《ノアの箱船》。縞瑪瑙。カメオ自体は一二五〇年頃。横七・三㎝。ロンドン、大英博物館。

# 6 ロレンツォ・イル・マニフィコの彫玉

## §プトレマイオス朝の《ファルネーゼの皿》

メディチ家の彫玉コレクションが飛躍的に増大するのは一四七一年のことである。その年、二二歳の若きロレンツォ・イル・マニフィコは、デッラ・ローヴェレ家出身の教皇シクストゥス四世（在位：一四七一～八四年）の即位式に出席するために特使としてローマにおもむいた。システィーナ礼拝堂を建設することになる教皇であり、「システィーナ」とは「シクストゥスの」という意味である。この教皇は甥を六人も枢機卿に叙任しているが、システィーナ礼拝堂の天井画をミケランジェロに描かせることになるのは、その甥のひとり教皇ユリウス二世（在位：一五〇三～一三年）である。

教皇シクストゥス四世はパッツィ家陰謀事件でロレンツォと対立することになるが、即位のときはそんな予兆もなくロレンツォ一行はおおいに歓待された。教皇は若いときに神学を学びイタリア各地の大学で教鞭をとっていたほどだから、異教の遺物には価値をおいていなかった。この機会にと、前任教皇パウルス二世の膨大な遺品を譲渡したり、二束三文で売り飛ばしたりした。ロレンツォは喜々として入手し、満足して帰国の途についた。

　ロレンツォが覚書のなかで、フィレンツェに持ち帰った大理石製の「アウグストゥス」の頭部像や「アグリッパ」の頭部像など数々の古代遺物のなかでも、「われわれの皿（ラ・スクデッラ・ノストラ）」と記して、あたかも先祖伝来の家宝のように特別あつかいをしている一点がある。通称《ファルネーゼの皿（タッツァ・ファルネーゼ）》（ナポリ、国立考古学博物館）［図24］である。直径二二センチの玉髄製の皿は、前二〜前一世紀にプトレマイオス朝エジプトの首都アレクサンドリアでつくられたヘレニズム時代の傑作である。玉髄はインド産と想像される。最高難度の技が駆使されていると実感できるのは、皿というより鉢《ボウル》というべき深さのある、その器形である。その深さにもかかわらず、色の異なる層に浮き彫りがほどこされている。ロレンツォ以前の所有者の可能性がある人物には、クレオパトラ、アウグストゥス帝、コンスタンティヌス帝、皇帝フリードリヒ二世（一二三九年に一二三〇金オンチャでプロヴァンスの商人から購入）、ティムール、ナポリ王アルフォンソ・ダラゴーナ、枢機卿ルドヴィーコ・トレヴィザン、教皇パウルス二世と錚々たる名前が並ぶ。その後は、後述するように、アレッサンドロ・デ・メディチの寡婦マルゲリータの再婚先のファルネーゼ家の所有に帰したために、現在はこの名称で呼ばれている。一五世紀前半には中央アジアのサマルカンドやヘラートまで驚くべき長旅をした経歴を秘めている。

《ファルネーゼの皿》には精妙な彫りがあり、凹面にはスフィンクスやイシスとホルスなど八体が確認されるが、豊饒の角《コルヌコピア》をもつ左の老人は河神ナイルか冥界神ハデスか酒神ディオニュソスかオシリス＝セラピスか、あるいは別の神か解釈が分かれる。難解な主題にメディチ・サークルの知識人たちも頭を寄せあって解読の議論に熱中したことだろう。一方、凸面（ということは机に置いたときに隠れる裏面）はメドゥーサの頭部である。蛇の髪の毛をふり乱すメドゥーサの解読は簡単であるが、画面いっぱいに表現されているので衝撃的でさえある。この皿がもともと宗教儀式用だったことを推測させるに十分な迫力である。

一四九二年の財産目録では、この皿はロレンツォの宝物室「スクリットイオ」にあり、「赤縞瑪瑙・玉髄・瑪瑙製の皿一点。なかに数人の人物、反対側にメドゥーサの頭が表されている。重さ二リッブラ六オンチャ。一万フィオリーノ」と記されている。他の部屋に飾られたドナテッロの作品が二五フィオリーノ、カスターニョの作品が一五フィオリーノ、フィリッポ・リッピの作品が一〇フィオリーノと評価されているのに比較すると、この最高額の彫玉が異次元の驚異品と見なされていたことが理解

[図24] 右：アレクサンドリアの工房作カメオ《ファルネーゼの皿》。玉髄。前二～前一世紀。直径二二cm。ナポリ、国立考古学博物館。
左：同上。《ファルネーゼの皿》の凸面（部分）。

できる。

## §《アポロンとマルシュアスとオリュンポス》と《パエトンの凱旋車》

この皿のほかにも、ロレンツォが獲得した古代彫玉には、マルクス・アウレリウス帝お抱えの彫玉師ソストラトス作の銘がある愛らしいカメオ《ギャロップする二頭の馬を駆るニケ》(ナポリ、国立考古学博物館)がある。この作品の図像は一五世紀後半の知識人や芸術家たちに霊魂の不滅の寓意的表現として解釈された。

ロレンツォ時代にメディチ邸を訪問した君主には、ミラノ公ガレアッツォ・マリア・スフォルツァ、マントヴァ侯フランチェスコ・ゴンザーガ、ウルビーノ公フェデリーコ・ダ・モンテフェルトロなどがいたが、ロレンツォ没後にメディチ邸を訪れたミラノ出身の宝石職人で蒐集家のカラドッソはミラノ君主ロドヴィーコ・スフォルツァ通称イル・モーロ[図25]に宛てた手紙で、「その日、私は皿を拝見しました。別の機会には、その皿といっしょに他の逸品を見せてもらいましたが、それは玉髄製のネロの印璽とパエトンの凱旋車です」と興奮気味に伝えている。目にするだけでも貴重な体験だったのだ。ここにはメディチ家の彫玉でもとくに重要な《ファルネーゼの皿》《ネロの印璽》《パエトンの凱旋車》の三点が登場する。

[図25] ドメニコ・デイ・カンメーイ《ロドヴィーコ・スフォルツァ通称イル・モーロ》。縞瑪瑙。一五世紀後半。縦二・六cm。フィレンツェ、銀器博物館。

《ネロの印璽》というのは、紅玉髄製のインタリオ《アポロンとマルシュアスとオリュンポス》（ナポリ、国立考古学博物館）[図26]のことで、作者はアウグストゥス帝に仕えたギリシア人彫玉師ディオスコリデスに帰されている。現在では、この作品はロレンツォが一四八七年にヴェネツィアの宝石商ドメニコ・ディ・ピエロから購入したことがわかっている。

この作品の図像について、ギベルティは『コンメンターリ』で三世代を表す「三人の人物」と記すだけであるが、ヴァザーリは「アポロン」と「マルシュアス」と正しく特定しており、二人の神話知識の深浅をはかることができる。これはオウィディウスの『変身物語』を読んだかどうかという問題である。『変身物語』によれば、マルシュアスは笛でアポロンの竪琴に挑戦して敗北し、木に縛られたまま生皮をはがれた。

《パエトンの凱旋車》（ナポリ、国立考古学博物館）は、前一世紀の古代ローマの作品で、一四八七年にロレンツォがルイージ・ロッティ・ダ・バルベリーノと価格をめぐって押し問答したあげく、ローマの商人兼蒐集家ジョヴァンニ・チャンポリーニの仲裁によって一五〇ドゥカートで入手した作品である。この一例のように、ロレンツォは高すぎる場合には値切ることもあったし、購入を断念することもあった。

《アポロンとマルシュアスとオリュンポス》および《パエトンの凱旋車》は、一四九二年の財産目録でともに一〇〇〇フィオリーノという高い評

[図26]ディオスコリデス（?）作のインタリオ《アポロンとマルシュアスとオリュンポス》通称《ネロの印璽》。紅玉髄。前一世紀末から後一世紀初頭。縦四・〇cm。ナポリ、国立考古学博物館。

価額がつけられており、《ファルネーゼの皿》を別格とすると、彫玉で一〇〇〇フィオリーノを超える五点中の二点である（他は《ノアの箱船》《ディオメデスとパラス像》《凱旋車に乗るディオニュソス》）。五点はいずれも三センチから五センチ程度の小さいものだが、すべてに「LAV. R. MED.」の銘が刻まれており、ロレンツォの執拗なまでの所有欲と強烈な自己顕示欲を改めて思い知らされる。この銘の入った彫玉は四三点ある。さすがに《ファルネーゼの皿》には手をつけるのがためらわれたのか、銘を入れていない。無銘の理由は正確には不明である。

《パエトンの凱旋車》は古代品ではなく同時代の模倣品とする説もあり、ロレンツォは美麗なものであればどちらも愛好した。実際、彼はアントニオ・ダ・ピサやピエロ・ディ・ネーリ・ラッザンティら多くの彫玉師をフィレンツェに招聘し、一四七七年にはラッザンティにカッティング技術の指導を条件に免税特権まで与えている。彼らに古代品を修復させたり、模倣させたり、新作をつくらせたりして、ボッティチェッリなど一五世紀後半のメディチ家周辺の芸術家にさまざまなインスピレーションを与えた。

ピエロ・ディ・ネーリ・ラッザンティの弟子のひとりに名匠ジョヴァンニ・ディ・オーペレがいるが、このジョヴァンニがジョヴァンニ・デッレ・コルニオーレと呼ばれたのは、とくに紅玉髄《コルニオーレ》のカッティング技術にひいでていたからである。このジョヴァンニ・デッレ・コルニオーレがフィレンツェの記録に初出するのは一四九八年だからロレンツォ没後のことである［図27］。

## §一四九二年における「スクリットイオ」の重要性

ピエロ時代の一四六五年の財産目録で三〇点だった彫玉は、ロレンツォが亡くなった一四九二年の財産目録では七五点に増えている。

その一四九二年の財産目録には、調度品や美術品や工芸品などをすべてあわせて総額七万五五〇〇フィオリーノにのぼる総数約四〇〇〇点が記載されている。このうち「スクリットイオ」一室に納められた三五八点だけで総額の七〇パーセント以上に相当する五万三四一三フィオリーノの価値があり、この小部屋の宝物室としての重要性がきわだって高いことを物語っている。

「スクリットイオ」にあった三〇〇〇フィオリーノの「ペンダント」や二二〇〇フィオリーノの「ブローチ」など、数多くの宝物が失われたことは、かえすがえすも残念である。

［図27］ジョヴァンニ・ディ・オーペレ通称ジョヴァンニ・デッレ・コルニオーレ作インタリオ《ロレンツォ・イル・マニフィコの肖像》。紅玉髄。一五世紀末（一四九二年以降）。縦一・五㎝。フィレンツェ、銀器博物館。

# 7 一五世紀の珍品奇物と外来物

## 私邸に入り込んだ機械時計

神が創った「自然物《ナトゥラリア》」と人が技巧をこらした「人工物《アルテファクタ》」。美しい天然石も驚異なら超絶技巧も驚異であるが、両者が結合するとさらなる驚異が生まれる。「驚異品」には「古代遺物《アンティクイタス》」や「科学物《スキエンティフィカ》」も含まれるが、機械時計などがさしずめ当時の「科学物」の代表格だろう。

中世には神が時間の支配者だったので教会の鐘が時を告げた。フィレンツェの政庁舎の塔に機械時計が設置されて時を刻みはじめたのは一三五四年三月二五日。いわゆる「教会の時間」から「商人の時間」に変わった瞬間である。それから一世紀ほど、ピエロ・イル・ゴットーゾとロレンツォ・イル・マニフィコは邸宅に美しい装飾のほどこされた置き時計を五点所有していた。時計が公共の広場から個人の邸宅にまで入り込んできたのだ。一家に五点は実用以上の数である。メディチ家の時計は失われたが、ボッティチェッリが一四八〇年にオニサンティ聖堂に描いた《書斎の聖アウグスティヌス》にはヴェスプッチ家の機械時計が確認できる。アメリカに名を残すメディチ銀行員アメリゴ・ヴェスプッチ（一四五四〜一五一二年）が出た、あのヴェスプッチ家である。

## §ビザンティン・モザイク

「驚異品」のきわめつけが「珍品奇物《ミラビリア》」と「外来物《エクソティカ》」である。時間的空間的に遠隔のものほど、稀少であるがゆえに驚異である。ルネサンスはおもに時間的距離の発見だったが、空間的距離が無視されたわけではない。ただしコロンブスの西航は一四九二年すなわちロレンツォ・イル・マニフィコの没年のことなので、ここでは新大陸は視界に入ってこない。アメリゴ・ヴェスプッチが亡きロレンツォに献呈した『新大陸』の出版は一五〇三年のこと、それを読んだ地理学者ヴァルトゼーミューラーが新大陸に「アメリカ」と命名した地図を出版したのは一五〇七年のことである。

中世以来、ビザンティン帝国の製品はたくさん到来していた。とくに一二〇四年、第四回十字軍のコンスタンティノープル制圧によりビザンティン皇帝の蒐集品がイタリアに流入した。ピエロの一四六五年の財産目録にはビザンティン・モザイク八点、ロレンツォの一四九二年の財産目録には一一点（うち八点がピエロの所有品と一致）が記録されている。ロレンツォが所有していた「キリストの頭部」一一点中の一点が、《キリストのモザイク》（バルジェッロ国立博物館）〔図28〕である。これはロレンツォが所有していたビザンティン・モザイク一一点中、現存する唯一の作品で

〔図28〕ビザンティンの工房《キリストのモザイク》。一二世紀。フィレンツェ、バルジェッロ国立博物館。

ある。貴重品だった証拠に、「スクリットイオ」に配置されていた。

## 6 芳香を放つイスラームの香炉

メディチ家の財産目録には、非キリスト教文化圏伝来の珍しい自然物や人工物の記述が頻繁に登場する。たとえばピエロの財産目録には、「銀メッキがほどこされたトルコの小型ナイフ三対」と「トルコの」金属製品三二点が記録されている。一四九二年には一〇〇点以上に増えたが、約半数はイスラーム製で、その約半数は「ダマスカス製」と特記されている。もっとも「アッラ・ドマスキーナ」という語は「ダマスカス製」なのか「ダマスカス風」なのか「ダマスカス経由」なのか判然としない。地中海東岸のシリア方面を漠然と指した言葉であろう。

イスラーム金属製品のなかには金や銀で象嵌された典型的なイスラーム様式の《壺》(バルジェッロ国立博物館)[図29]や球形の香炉が数点含まれている。球形香炉は複数の回転式の球を内包する入れ子構造で、芳香が長持ちするような仕掛けがほどこされている。普段は鎖で壁に吊るされていたが、高さが一三センチから一四センチ程度と掌サイズなので、ときには賓客のあいだを手から手へ渡されたという。ロレンツォも「ダマスカス製」の《球形香炉》(バルジェッロ国立博物館)[図29]を所有しており、二点が現存している。この《壺》と《球形香炉》は、一六世紀のコジモ一

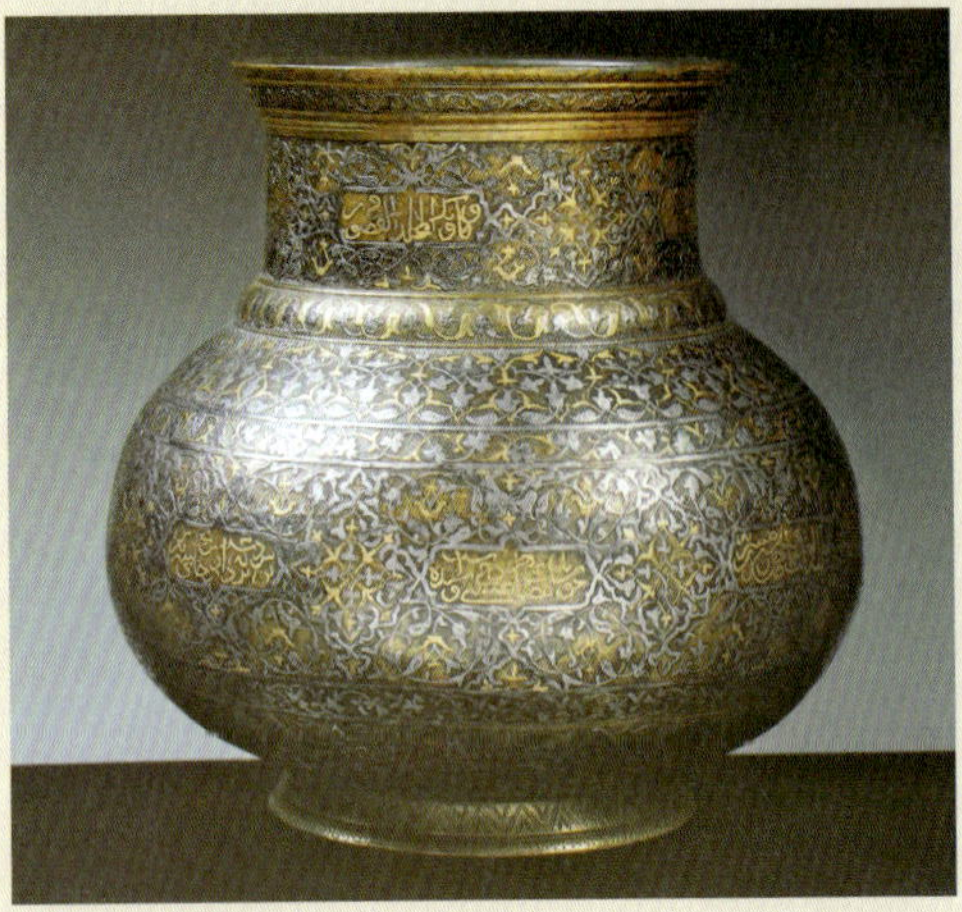

[図29] 右:ペルシアの工房《壺》。金と銀を象嵌した真鍮製。一五世紀末。高さ二三cm。フィレンツェ、バルジェッロ国立博物館。
左:シリアの工房《球形香炉》。金と銀を象嵌した真鍮製。一五世紀。直径二三cm。フィレンツェ、バルジェッロ国立博物館。

世時代にパラッツォ・ヴェッキオの宝物室「スクリットイオ・ディ・カリオペ」、フェルディナンド一世時代にウフィッツィ宮殿の宝物室「トリブーナ」に記録されているので、イスラーム金属製品の至宝中の至宝と見なされていたことがわかる。

ロレンツォの財産目録には、おもにアレクサンドリアで製造されたマムルーク朝の絨毯が数多く記録されている。一四二二年にマムルーク朝の首都カイロへおもむき通商条約を結んだフィレンツェ使節団のひとりがフェリーチェ・ブランカッチ（マザッチョのパトロン）であるが、通商が活発化するのは一四八〇年代のことである。絨毯の幾何学文様は、とりわけフィレンツェ人の嗜好にかなっていたので、たとえばギルランダイオの《玉座の聖母子》（ウフィッツィ美術館）ではほとんど主役の座を占めているといっても過言ではない。

## 中国磁器で食す

メディチ邸には相当数の陶磁器コレクションがあった。陶器よりも価値の高い磁器は、当時、ヨーロッパの陶工には製法が知られていなかったので、表面の肌理《きめ》と光沢が称賛の的だった。すでにピエロ・イル・ゴットーゾも磁器を何点か所有していたが、ロレンツォ・イル・マニフィコが所有していた磁器の数は五二点。イタリアの諸宮廷はもちろん、この

時点ではまだオスマン帝国のスルタンの所有数よりも多い。財産目録によれば、中国製品(もしくは中国製品を写したイスラーム製品)の「磁器」はいろいろな部屋に分散していることから、鑑賞用の贅沢品というより実用品つまりは普段づかいだった可能性が高い。一点あたりの評価額も〇・一四から四フィオリーノと意外に低いことは、普段づかいの可能性を裏づける。しかし完全な日常品というわけではなく、食客に器として供しながら鑑賞するというあつかいだったのだろう。ロレンツォが中国磁器で食事をとっていたと想像するのは、はなはだ愉快である。晩餐会の常連客には、マルシリオ・フィチーノ、アンジェロ・ポリツィアーノ、ピーコ・デッラ・ミランドラ、ベルナルド・ルチェッライらがいたが、一四九〇年にヴェネツィア人枢機卿エルモラオ・バルバロがメディチ邸を訪問した際には、晩餐会のあとに宝物の見学会が催されている。

中国製の磁器も「青磁」と「白磁」に分けられる。灰緑色の「青磁」は、記録に多数記載されているが、現存するのは銀器博物館にある三点だけである[図30]。二点は一四世紀(元朝)の大ぶりの壺。残る一点は直径三〇センチの大皿であるが、裏にはマムルーク朝スルタンのアシュラフ・カーイトバーイ(在位:一四六八〜九五年)からロレンツォ・イル・マニフィコへの贈答品だったことを示す文字が書かれている。カーイトバーイは黒海とカスピ海のあいだのカフカス地方出身の羊飼いだった

[図30]筆者撮影…中国の工房《青磁の大皿と壺》。一四世紀(元朝)。壺の高さ四五㎝。大皿の直径三〇㎝。フィレンツェ、銀器博物館。

が、一四三五年に五ドゥカートで売買されてエジプトに連行された。マムルーク（奴隷軍人）として頭角をあらわし、最終的にスルタンにまで登りつめた碧眼の非ムスリムだった。スルタンが非ムスリムの奴隷だったこと。この二重に価値が転倒した統治システム自体、当時からヨーロッパ人の眼には驚異と映った。彼の治世のマムルーク朝はオスマン帝国の軍事的圧迫をうけつつも文化の最後の輝きを放つ黄金時代だった。この贈答品については、同時代の複数の史料が記録しているので由来は確かである。

「灰色」や「緋色」の東方の「陶器」も使用されていたようだが、あまり記録に残っていないのは、磁器よりもさらにありふれていたので記録の価値がないと判断されたからだろう。一五世紀の普段づかいの陶器といえば、マヨリカ陶器とイスパノ・モレスク陶器が主流である。マヨリカ陶器もスペイン製とイタリア製がある。スペインはロレンツォ没年の一四九二年までイスラームの支配下にあって、そこでつくられた独特の光沢のある「ムーア風」の陶器がイスパノ・モレスク陶器である。《ラスター彩紋章付き双耳壺》（ロンドン、大英博物館）などは、イスパノ・モレスク陶器としてはかなり奇抜なデザインであるが、胴部の中央にロレンツォのエンブレムである「永遠」を象徴するダイヤモンドの指輪が描かれ、器の反対側にも百合の花のついたメディチ家の紋章が描かれているので壺の製作年代は一四六五年から九二年までのあいだと推定できる。ピエロかロレンツォの特注品だったのだろう。

## §一角獣の角

エキゾチックな外来物のコレクションには、実用性とは異なる側面もあった。たとえば、ロレンツォの財産目録によれば、駝鳥の卵が邸宅の礼拝堂に一点、カレッジの別荘の礼拝堂に一点、さらに例外的にロレンツォ自身の部屋にも一点あった。これは、この稀少品がおそらく象徴的な意味をもっていたことと関連している。すなわち駝鳥の卵は、ピエロ・デッラ・フランチェスカの祭壇画《聖母子と諸聖人》(ミラノ、ブレラ絵画館)にみられるように、聖母マリアの処女懐胎の象徴だった。中世の動物寓話では、駝鳥の卵は砂のうえで自然に孵化すると考えられていたからである。

カレッジの別荘の暖炉のうえに盾のように吊るされていた巨大な亀の甲羅は、きっと別の意味があったに違いないが、こちらはたった一フィオリーノの価値しかないので、さほど高度な空想的解釈を刺激するものではなかったのだろう。一四九二年の財産目録にある化石一点は理解できるが、魚の頭三点というのはどういうものか理解に苦しむ。

一方、一四九二年の財産目録に、コジモ・イル・ヴェッキオ伝来の家宝である「一角獣の角」の記載を見出すのは嬉しいかぎりである。「長さ三ブラッチョ半」。長さの単位一ブラッチョは約六〇センチ。すなわち約二メートル、と例外的に重さではなく長さが記されている。しかも、それはロレンツォの宝物室「スクリットイオ」にあって、いわゆる《ファルネーゼの皿》に次ぐ六〇〇フィオリーノと高い評価が与えられている（一四六五年には前述の《リブレット聖遺物容器》と同じ最高額の一五〇〇フィオリーノだった）。「皿」の次に「一角獣の角」が記されているので、最高額の二点は並んで配置されていたはずである。霊獣の存在を信じて疑わない汚れない心性がまだ生きていた証拠である。実際には「一角獣の角」は、北極海に棲息するクジラ目のイッカクの歯である。一六世紀のコジモ一世も所有していたが、「一角獣の角の柄と金の鞘のついた短剣一点、小さいナイフ一点、フォーク一点」が、あわせて五〇〇フィオリーノと評価されている。まだまだ評価額は高いものの、一五世紀に比べると格段に価値がさがってしまったのは、中世的な心性がうすれ、近世的な心性が頭をもたげてきたせいだろうかと思うと、ややさびしい気がしないでもない。とはいえ、ロレンツォが中世的かといえば時計を五点も所有しているのだから、その両義的で複雑な人格を理解するのは一筋縄ではいかない、とは彼の同時代人の観察する人物評価であるが、コレクションの性質からみても同じことがいえる。

コレクションには、象の歯（象牙とは別）や鮫の歯もあったが、鮫の歯はドラゴンの舌の化石と信じられて、不思議な魔力のある護符とされていた。その他あらゆる種類のエキゾチックな動物の角は、しばしば聖遺物容器としてヨーロッパにもたらされたが、グリフィンの鉤爪《かぎづめ》から犀角《さいかく》にいたるまで自然の驚異と見なされた。

## 神をたたえる異形の動物

鸚鵡《おうむ》、猿、駱駝《らくだ》、キリンといった珍しい動物がフィレンツェにいたことも付言しておきたい。人語をしゃべる極彩色の鳥、人間そっくりに手足を器用に使う動物、巨大な瘤を背中にのせた醜い動物、首が長すぎる黄色い動物。すべては人知を超えた不可解な驚異の被造物であり、創造主の奇妙奇天烈なデザイン感覚に感嘆の声をあげない者はいなかったはずである。なかでも、いちばんフィレンツェ人の度肝をぬいたキリンは、前述のマムルーク朝スルタンのアシュラフ・カーイトバーイからロレンツォに友好の証として贈られたもので、一四八七年一一月一一日にフィレンツェに到着した際には、白い礼服をまとい、高いターバンを頭にのせたエキゾチックな衣装の白人といっしょに入城行進をしたので、一目見ようと集まった老若男女貴賤都鄙の群衆で大騒ぎになった。スカーラ通りに小屋がつくられ注意深く飼育されたが、早くも翌八八年一月には死んでしまったようだ。カイロの珍獣はストレスに加えて、フィレンツェの厳しい冬の寒さに耐えられなかったのかもしれない。

　わずかの生存期間に多くの頌詞がつくられ多くの絵画が描かれたおかげで、一六世紀のヴァザーリは《各国大使の贈答品を受け取るロレンツォ》（パラッツォ・ヴェッキオ）［図31］で、鸚鵡、猿、駱駝とともに、キリンの姿を（首がやや曲がりすぎているが）かなり正確に描くことができた。ただしこの絵では、キリンの手前に奇妙な身なりの黒人が使節として描かれている。実際には使節は白い礼服の白人だったので、誤解もはなはだしい。一六世紀中葉には、スレイマン一世のもとで全盛を誇ったオスマン帝国が地中海南岸をすべて支配下におさめてヨーロッパを脅かしていたので、ヴァザーリの無意識からくる恐怖心の裏返しの、未開と野蛮の表現である。

［図31］筆者撮影…ヴァザーリ《各国大使の贈答品を受け取るロレンツォ》（部分）。一五五六～五八年。フィレンツェ、パラッツォ・ヴェッキオ。

# 8 メディチ家の追放と帰還

## §ロレンツォ没後の混乱

一四九二年四月八日、ロレンツォ・イル・マニフィコはカレッジの別荘において四三歳の若さで逝去した。死の床では治癒力があると信じられたエメラルドと真珠を粉末にして飲んだ。臨終に立ち会ったポリツィアーノによれば、ロレンツォは今際のきわに彫玉や真珠のちりばめられた銀製の十字架に接吻した。息絶えた瞬間にも永遠の生命を宿す宝物に触れていたのだ。彼の死に先立って壊滅的な暴風が吹き荒れたが、これはロレンツォが所有していた指輪から解き放たれた悪魔の仕業に違いないと、フィレンツェの人びとはまことしやかにささやきあった。

イタリア諸国のバランス・オブ・パワーを維持した偉人をたたえるために、ベッド上の遺体から石膏で鋳型をとった《ロレンツォのデスマスク》（銀器博物館）〔図32〕が製作された。一六世紀初頭につくられた木製パネルの下部に書かれた詩句は、伝統的にポリツィアーノの作と考えられているイタリア語の短詩「マニフィコ・ロレンツォ・デイ・メディチの死に際し」の最後の数行である。「むごい死が／この肉体を襲った／彼が生きているあいだ／平穏に保たれていた世界は／その死後／混乱におち

〔図32〕筆者撮影…オルシーノ・ベニンテンディ《ロレンツォのデスマスク》。石膏。一四九二年。木製パネルは一六世紀前半。高さ約三五cm。フィレンツェ、銀器博物館。

いった」

ロレンツォの死からわずか二年後の一四九四年、フランス王シャルル八世の大軍がアルプスを越えてイタリアに侵入してくる。ロレンツォの二二歳の長男ピエロがその対応をあやまると、市民は蜂起してメディチ家を追放する。結局、ピエロは二度と祖国に戻れず、小競り合いのさなかに川に落ちて溺死することになる。「イル・ファトゥオ（暗愚）」とか「ロ・スフォルトゥナート（不運）」のピエロと通称されるゆえんである。

一四九四年一一月一七日、フィレンツェに入城したフランス王シャルル八世はメディチ邸に本拠をかまえ、「ピエロ所有のメダル、カメオ、磁器」（マリン・サヌート）を求めて探しまわったが、戦果はほとんどなかった。すでに《ネロの印璽》《パエトンの凱旋車》《ディオメデスとパラス像》など宝物の一部はピエロが持ち去っていたし、他の一部は市内の各所（サン・マルコ、ムラーテ、サン・ロレンツォなどの修道院）に隠され、別の一部は市民が略奪していたからである。メディチ家の家財を没収した共和国政府は、一四九五年にオルサンミケーレ聖堂で競売にかけた。ヴェネツィアに逃亡したピエロは、一〇万ドゥカートの財産を奪われたと（やや誇張して）嘆いている。

メディチ家のために宝物を奪還しようと奔走したひとりは、メディチ派のロレンツォ・トルナブオーニ（ロレンツォ・イル・マニフィコの叔父ジョ

ヴァンニ・トルナブオーニの長男）である。彼は貴石製の容器（壺）二七点を実際より安く買い戻し、市内の各所に隠されていた宝石や彫玉（《ファルネーゼの皿》を含む）も手に入れて、少なくとも二二点の壺を含む宝物類をローマのジョヴァンニ枢機卿（のちの教皇レオ一〇世）のもとへ送った。四点の壺はフィレンツェのネルリ家が保管した。ところがロレンツォ・トルナブオーニは、買い戻しの際に不正な裏工作をはたらいた罪で、一四九七年に共和国政府によって処刑された。命がけの宝物争奪戦だったのだ。

メディチ家の宝物をねらっていたのは、フランス王やメディチ派だけではない。ミラノ君主ロドヴィーコ・スフォルツァやマントヴァ公爵夫人イザベッラ・デステも獲得に興味を示した。イザベッラは一五〇二年にネルリ家所有の壺を購入しようと考え、レオナルド・ダ・ヴィンチに相談をもちかけた。このときイザベッラは水晶製水差しを望んだが、レオナルドは碧玉製水差しを勧めている。

ローマでは、手許不如意のピエロ・イル・ファトゥオが三〇〇〇ドゥカートを借りる担保としてローマ在住シエナ人銀行家アゴスティーノ・キージに宝物を預けた。キージは教皇アレクサンデル六世から教皇レオ一〇世まで教皇庁の筆頭銀行家であり、ラファエッロのパトロンだった人物である。一四九五年から一五一二年まで、メディチ・コレクションのかなりの部分（一六七点以上）はキージ銀行に保管されて、盛期ルネサンスのローマの芸術家に多大なインスピレーションを与えた。

一四九四年から四年間フィレンツェ共和国を支配した厳格なサン・マルコ修道院長ジローラモ・サヴォナローラの肖像は、前述の彫玉師ジョヴァンニ・デッレ・コルニオーレ作の紅玉髄製インタリオ《ジローラモ・サヴォナローラの肖像》（銀器博物館）[図33]にみごとに表現されている。コルニオーレは同時代人の肖像を明晰な線刻で製作し比類ない名声を博した。

## 享楽のルネサンス教皇レオ一〇世

一五一二年にメディチ家がフィレンツェに復帰し、一五一三年にメディチ家出身の教皇レオ一〇世が三七歳という史上最年少の若さで登位した。ジョヴァンニ・デッレ・コルニオーレは、一五一三年にメディチ政府から紅玉髄製の印璽《ヘラクレス》の製作を受注したが、作品は消失した。その印璽におそらく似ていたはずの作品は、一五三二年にドメニコ・ディ・ポーロ（一四八〇～一五四七年頃）が受注したエメラルド製の印璽《ヘラクレス》（銀器博物館）[図34]である。ヴァザーリはドメニコ・ディ・ポーロを「彫玉技術の名匠」で、ジョヴァンニ・デッレ・コルニオーレの弟子と紹介している。ポーロ作《ヘラクレス》はのちにコジモ一世が

[図33] ジョヴァンニ・デッレ・コルニオーレ作インタリオ《ジローラモ・サヴォナローラの肖像》。紅玉髄。一五〇二年以前。縦四・二cm。フィレンツェ、銀器博物館。

[図34] 筆者撮影…ドメニコ・ディ・ポーロ作印璽《ヘラクレス》。エメラルド。金メッキを施した銀の持ち手付き。一五三二年。高さ九・二cm。フィレンツェ、銀器博物館。

印璽として使用することになる。

ラファエッロのパトロンでもある享楽的なルネサンス教皇レオ一〇世の時代につくられたと考えられる神話主題の作品《ヴィーナスとクピド》（銀器博物館）［図35］がある。ヴィーナスは左側に鳥、右側に息子クピドを手にしている。クピドはもともと両手に矢を握っていたはずである。この作品には、一五〇九年からローマに住み、教皇レオ一〇世に仕えた彫刻家ピエル・マリア・セルバルディ・ダ・ペッシャ（一四五五？～一五二〇年）の名がギリシア語で彫られている。高さ二六センチと小ぶりながら堂々たる風格があり、おそらくは古代遺跡から切り出されたエジプト産の赤色斑岩製である点が重要である。古代の石材と一六世紀の技術が結合しているのだ。この作品は一七〇四年にウフィツィ宮殿トリブーナの財産目録に記載されるまで、フィレンツェのコレクションには入っていないが、素材と主題の点でルネサンスを代表する珠玉の小品と見なしてもさしつかえあるまい。

同じく赤色斑岩製の浅浮彫《レオ一〇世の肖像》（銀器博物館）［図2］も、教皇自身が発注し、ピエル・マリア・セルバルディ・ダ・ペッシャが製作したことはほぼ確実である。教皇レオ一〇世時代の一五一七年にルターの宗教改革が起こったが、教皇はルターを破門しただけで、危機の本質を認識することはなかった。

［図35］筆者撮影…中央：ピエル・マリア・セルバルディ・ダ・ペッシャ《ヴィーナスとクピド》。斑岩。一六世紀初頭。高さ二六cm。フィレンツェ、銀器博物館。

9

# 教皇クレメンス七世、アレッサンドロ公、カトリーヌ・ド・メディシス

## §ローマ劫略

メディチ家出身の教皇クレメンス七世［図36］時代の一五二七年五月、ルター派の多い皇帝軍によるローマ劫略が起こると、同年同月にふたたびメディチ家がフィレンツェから追放され、またもやローマとフィレンツェのメディチ・コレクションは四散した。この時期に宝物の一部を保管したひとりは、のちにメディチ邸中庭に《オルフェウス》やシニョリーア広場に《ヘラクレスとカクス》をつくることになる彫刻家バッチョ・バンディネッリである。

## §アレッサンドロ公のメダル、コイン、カメオ

一五三〇年八月一二日、一〇カ月にわたるメディチ＝皇帝軍による包囲戦の末、最後のフィレンツェ共和国が陥落した。一五三一年七月六日に教皇クレメンス七世の庶子アレッサンドロ・デ・メディチが皇帝カール五世から初代フィレンツェ公の称号を授与され、フィレンツェの支配

［図36］ローマの彫玉師《クレメンス七世の肖像》。縞瑪瑙。一五三四年頃。縦四cm。フィレンツェ、銀器博物館。

者として帰還する。弱冠二〇歳。公的にはピエロ・イル・ファトゥオの長男ウルビーノ公ロレンツォの庶子（つまりカトリーヌ・ド・メディシスの兄）として育てられたが、実際は教皇の庶子（生母はシモネッタ・ダ・コッラヴェッキアという名のムーア人奴隷）であることは誰もが知っていた。が、実際は父も母も生年さえも不確かな、暗い出生の闇につつまれた人物である。浅黒い肌と粗暴な性格のために、フィレンツェ人からは忌み嫌われ、「イル・モーロ（ムーア人）」と陰口をたたかれた。だが一五三六年には皇帝カール五世の庶出の娘マルゲリータ・ダウストリアと結婚して皇帝との絆を強める。

アレッサンドロ公は共和制のシンボルである政庁舎の大鐘を溶解して自分の肖像メダルを多数鋳造させた。フランチェスコ・デル・プラート作のブロンズ製メダル《アレッサンドロ・デ・メディチ》（ロンドン、大英博物館）の裏面は「メドゥーサの首をもつペルセウス」である。ベンヴェヌート・チェッリーニ作の銀貨《アレッサンドロ・デ・メディチ》（ワシントン、ナショナル・ギャラリー）［図37］には「フィレンツェ共和国公爵アレッサンドロ・デ・メディチ」の銘があり、裏面は「聖コスマスと聖ダミアヌスの全身像」である。フィレンツェ生まれの彫玉師ドメニコ・ディ・ポーロも碧玉と金製カメオ《アレッサンドロ・デ・メディチの肖像》（銀器博物館）や玉髄製カメオ《アレッサンドロ・デ・メディチの肖像》（銀

［図37］ベンヴェヌート・チェッリーニ作の銀貨《アレッサンドロ・デ・メディチ》。一五三五年。直径二・八㎝。ワシントン、ナショナル・ギャラリー。

器博物館）［図3］などをつくった。

アレッサンドロ公のインプレーザの《犀《さい》》［図38］についても触れておきたい。古代以来ヨーロッパに来た最初の生きた犀は、インドのグジャラート・スルターン朝からポルトガル王マヌエル一世（在位：一四九五～一五二一年）に贈られたインドサイで、一五一五年五月二〇日にリスボンに到着した。同年、王はこれを教皇レオ一〇世に贈ろうとしたが、時《し》化《け》にあって死んでしまった。当時ニュルンベルクにいたアルブレヒト・デューラーはインドサイを実際に見たわけではないが、同年、ある素描から版画《犀》をつくって印刷した。デューラーの生前だけでも数千枚が出まわる大ヒット作となった。アレッサンドロ公のインプレーザはその一枚に基づいているのだ。その証拠となる両者の共通点は、あるはずのない背中の小さい角である。

## サン・ロレンツォ聖堂の聖遺物容器

ミケランジェロはフィレンツェ包囲戦（一五二九～三〇年）の最中は反メディチ派として共和国防衛のために奮闘するが、それ以前とそれ以後は教皇レオ一〇世と教皇クレメンス七世の依頼によってサン・ロレンツォ聖堂でファサードやメディチ礼拝堂の仕事を断続的に継続していた。教皇クレメンス七世の依頼でミケランジェロは同聖堂内（ファサー

［図38］筆者撮影…《アレッサンドロ公のインプレーザの犀》。一六世紀後半。フィレンツェ、パラッツォ・ヴェッキオ。

［図39］筆者撮影…ミケランジェロ設計《聖遺物のトリブーナ》。一五三一～三二年。フィレンツェ、サン・ロレンツォ聖堂。

ドの内側）に二本の柱にかこまれたキボリウム形式で「聖遺物のトリブーナ」［図39］を一五二五年に設計し、包囲戦の中断をはさんで、一五三一年から三二年にかけて建設した。これは聖遺物を年一回公開展示するための特別な場所である。

教皇クレメンス七世は、一五三二年一一月一六日の勅令により、前述したロレンツォ・イル・マニフィコの貴石製容器を含む四五点の宝物をフィレンツェのサン・ロレンツォ聖堂に寄贈した。これを聖遺物容器として利用し、ミケランジェロ設計の「聖遺物のトリブーナ」に展示するためである。すでに同年四月二七日にはアレッサンドロ公のメディチ君主制を世襲化する布告が出されていたので、メディチ君主制の確立と継続を確信したうえでの決断だった。

現在サン・ロレンツォ聖堂メディチ礼拝堂博物館に保存されている聖遺物容器をいくつか紹介すると、たとえば《聖エリナの聖遺物容器》［図40］は、一〇世紀のファーティマ朝でつくられた水晶製の透明な容器に一五世紀のヴェネツィアでつくられた金属装飾がついている。高さ四四・四センチと最大の《聖コスマスと聖ダミアヌスの聖遺物容器》［図40］にも一五世紀のヴェネツィアでつくられた金属装飾。どちらの金属装飾もドラゴン形の把手だが、前者の蓋には真珠、後者の蓋には飛び立つ鷲と花が組み合わされた意匠である。同じ職人の手になると思われる《聖

［図40］右：《聖エリナの聖遺物容器》。一〇世紀ファーティマ朝の水晶製容器と一五世紀ヴェネツィアの銀とエナメルの金属装飾付き。高さ一九cm。フィレンツェ、サン・ロレンツォ聖堂。左：《聖コスマスと聖ダミアヌスの聖遺物容器》。一五世紀ヴェネツィアの金属装飾付き。高さ四四・四cm。フィレンツェ、サン・ロレンツォ聖堂。

テオドシウスと聖バルトロマイの聖遺物容器》[図41]も、壺と蓋の両方に合計四体の有翼ドラゴンの金属装飾がほどこされ、強烈なインパクトを与える。中国の龍耳《りゅうじ》瓶《へい》などを目にしたことがあったのか、翼以外は明らかに中国の龍の形であるが、龍の一種が宝物の守りをすることまで当時知られていたかどうかは不明である。《聖アナスタシウスの聖遺物容器》[図42]はササン朝ペルシアでつくられた水晶製容器にフィレンツェ人が金属装飾を追加している。

じつのところ、上にあげた四点の聖遺物容器の聖人の名前には研究者のあいだでも異説がある。もともとあやしげな起源のあやしげな欠片なのだから、当然といえば当然かもしれない。ところが教皇クレメンス七世が寄贈した聖遺物容器の中核ともいうべき《シエナの聖ベルナルディーノの衣の聖遺物容器》[図42]の内容物は本物かもしれない。聖人自身がイタリアのラクイラで一四四四年に死去し、一四五〇年に列聖されたばかりであり、金属装飾の製作者はフィレンツェでも仕事をしたシエナ人金細工師フランチェスコ・ダントニオ（一四四四～八〇年に活動）だからである。金属装飾のなかの「L. M. L.」はロレンツォ・イル・マニフィコ・デ・メディチのラテン語の頭文字であり、ロレンツォの所有物だったことを示している。

[図41]右：《聖テオドシウスと聖バルトロマイの聖遺物容器》。一五世紀ヴェネツィアの金属装飾付き。高さ三三cm。フィレンツェ、サン・ロレンツォ聖堂。左：同上。部分。

## §アレッサンドロ暗殺

父の教皇クレメンス七世の死後、横暴にふるまっていたアレッサンドロ公は一五三七年一月六日、同じメディチ家出身のロレンツィーノに暗殺された。この突発事件でコレクションはまたも散逸の憂き目にあう。宝物はいったんバッソ要塞に運ばれたが、いちばん価値のある大部分を引き取ったのは、半年ほどの結婚生活ののちに寡婦となった一五歳のマルゲリータだった。同年七月一〇日、マルゲリータはコレクションをもってメディチ家所有のローマのパラッツォ・マダマに居を移した。そして翌年、教皇パウルス三世（在位：一五三四～四九年）の孫オッタヴィオ・ファルネーゼ（一五二一～八六年）と再婚した結果、通称《ファルネーゼの皿》を含むロレンツォ・イル・マニフィコの彫玉四三点など多数の宝物がメディチ家からファルネーゼ家の所有に移った。そのファルネーゼ家が家系存続のために一七三五年にナポリに移住すると、コレクションも同時に運んだので、メディチ家の宝物はファルネーゼ家の宝物といっしょにナポリにたくさんあるというわけである。メディチ家旧蔵の彫玉は二三点が現在ナポリの国立考古学博物館で確認されている。

［図42］右：《聖アナスタシウスの聖遺物容器》。一〇世紀のササン朝の水晶製容器。一四八七～九二年にフィレンツェの工房で製作された銀とエナメルの金属装飾付き。高さ三七・三cm。フィレンツェ、サン・ロレンツォ聖堂。
左：《シエナの聖ベルナルディーノの衣の聖遺物容器》。フランチェスコ・ダントニオ作の金メッキとエナメルの装飾付き。高さ三二・五cm。フィレンツェ、サン・ロレンツォ聖堂。

## 8 海を渡った《宝石箱》

最後に一六世紀初頭のメディチ・コレクションの最高傑作を紹介しておきたい。高さ一五センチ、横幅二七センチと意外に小さいが、銀メッキとエナメルで縁取りした水晶製浮彫パネルの古典的な風格をただよわす《宝石箱》（銀器博物館）[図43]である。これは一六世紀前半でもっとも有名なヴィチェンツァ出身の彫玉師ヴァレリオ・ベッリ（一四六八？〜一五四六年）が、教皇クレメンス七世のために一五三〇年から三二年にかけて水晶パネル二四枚にキリストの生涯を彫り込んだ作品で、一五三二年の年記がある。「東方三博士の礼拝」の場面には前述のカイロのキリンの姿も見える。

教皇クレメンス七世はハプスブルク家の皇帝カール五世からメディチ君主制の承認とその庶出の娘との結婚を勝ち取ることに成功したが、他方では、ヴァロワ家のフランス王フランソワ一世とも交渉してウルビーノ公ロレンツォの娘カテリーナ（カトリーヌ・ド・メディシス）とフランス王子アンリ（のちの国王アンリ二世）との縁談も取り決めた。ハプスブルク家とヴァロワ家が激闘をくりひろげたイタリア戦争の渦中のことであり、二重の政略結婚を通してバランスをとりつつ、メディチ家の国際的な地位を引き上げようとしたのだ。

[図43] ヴァレリオ・ベッリ《宝石箱》。水晶、銀メッキ、エナメル。一五三二年。高さ一五cm。フィレンツェ、銀器博物館。

教皇クレメンス七世が一五三三年の結婚に際してフランソワ一世に贈ったのがこの《宝石箱》である。身分違いの結婚というフランス側の悪評をおさえるためにも、豪華な嫁入り道具が必要だった。のちに王母となりサン・バルテルミの虐殺を指令するカテリーナだが、結婚当初の健気で可憐な面影を純白のカメオ《カテリーナ・デ・メディチの肖像》(銀器博物館)[図4]に認めることができる。一四歳の花嫁ははるばる海を渡ってフランスに《宝石箱》を持参したが、やがてその愛孫クリスティーヌ・ド・ロレーヌが一五八九年に第三代トスカーナ大公フェルディナンド一世と結婚するためにフィレンツェに嫁いで来たとき、《宝石箱》はふたたび海を渡って里帰りすることになる。この結婚はカテリーナが死の床で取り決めた最後の大仕事だった。

# 第Ⅱ部
# 超絶するマニエリスム
# 1537-1609

# コジモ一世のメダルと彫玉

## §ロレンツィーノVS.コジモ一世

一五三七年一月六日の公現節の夜に初代フィレンツェ公アレッサンドロが、親友を装っていたロレンツィーノ・デ・メディチに暗殺された。ロレンツィーノは市内の共和派に決起をうながすことなく、ボローニャ方面へ逃亡した。一月八日、暗殺が公表され、一月九日、急きょ招集された四八人評議会（元老院）は、アレッサンドロの後継者にメディチ家弟脈のコジモ一世を選出した。このときアレッサンドロ二五歳、ロレンツィーノ二二歳、コジモ一七歳。

ロレンツィーノは一五三九年に『弁明』を書いて皇帝カール五世に献呈したが、そのなかで自身をユリウス・カエサルの誅殺者ブルトゥスになぞらえて自身の行動を正当化している。それと同趣旨のメダルは、ロレンツィーノ自身がパドヴァかヴェネツィアでジョヴァンニ・ダ・カヴィーノにつくらせたメダル《ロレンツィーノ・デ・メディチ》（ワシントン、ナショナル・ギャラリー）[図44]で、裏面は「二本の剣にはさまれたフェルト帽」である。この表裏の構図は、前一世紀のローマでつくられたメダル「ブルトゥス」と同じである。フェルト帽は古代ローマで解放奴隷

[図44] ジョヴァンニ・ダ・カヴィーノ作ブロンズ製メダル《ロレンツィーノ・デ・メディチ》。一五三七～三九年。裏面は「二本の剣にはさまれたフェルト帽」。直径三・七cm。ワシントン、ナショナル・ギャラリー。

に与えられたために自由を象徴していた。ロレンツィーノのメダルの裏面には、フェルト帽の下に「一月八日（VIII ID[US] IAN[UARII]）という暗殺公表日（またはローマ暦の一月六日にあたるので暗殺日）が刻まれている。「ロレンツィーノ＝新ブルトゥス」という連想は、すでに一五三七年の亡命共和主義者の領袖フィリッポ・ストロッツィの手紙に記されており、一五四〇年頃にはミケランジェロが《ブルトゥスの胸像》（バルジェッロ国立博物館）を亡命共和主義者に贈ったことからもわかるように、広く共有されたイメージであった。一八世紀に『弁明』が再発見されると、ヴィットリオ・アルフィエーリ、ジャコモ・レオパルディ、アルフレッド・ド・ミュッセらの文学者にも多大なインスピレーションを与えることになる。

一方のコジモ一世もすぐにメダル《コジモ・デ・メディチ》（ロンドン、大英博物館）[図45]を発行して、アレッサンドロの正統な後継者であることを主張した。表面の銘文は「第二代フィレンツェ公爵コジモ・デ・メディチ」、裏面の銘文は「初代フィレンツェ公爵アレッサンドロ・デ・メディチ」である。コジモ一世のプロフィールは、ポントルモの素描に基づいている。アレッサンドロ公のメダルやコイン[図37]と比較すると、「共和国」の文字が削除されていることが注目される。コジモ一世のメダルは、ユリウス・カエサルを継承した初代ローマ皇帝アウグストゥスの古

[図45] ドメニコ・ディ・ポーロ作銀製メダル《コジモ・デ・メディチ》。裏面は「アレッサンドロ・デ・メディチ」。一五三七年頃。直径三・六cm。ロンドン、大英博物館。

代のメダルの構図を模倣したものである。メダルの発行を通して、「ロレンツィーノ＝新ブルトゥス」と「コジモ一世＝新アウグストゥス」というプロパガンダ合戦を展開したのだ。新聞も雑誌もない時代、発行数の点でメダルは絵画以上に有効なプロパガンダの媒体だった。プロパガンダ合戦に勝利したのは、各種の銘文とシンボルを駆使して圧倒的多数のメダルを鋳造できたコジモ一世の側である。共和制復活の世論喚起に失敗したロレンツィーノは一五四八年、コジモ一世の放った刺客の手にかかってヴェネツィアで暗殺された。

コジモ一世は生涯にわたり、ヴィンチェンツォ・ボルギーニとジョルジョ・ヴァザーリのデザインをメダルにして自身の数々の偉業をヘラクレスの功業にたとえて喧伝していった。図像は、一五四八年のエルバ島の要塞建設、一五五五年のシエナ戦争の勝利、一五六二年のサント・ステファノ騎士団の創設などである。

コジモ一世は彫玉でもアウグストゥス帝のイメージを好んでつくらせた。フィレンツェの国立考古学博物館にある縞瑪瑙製カメオ《アウグストゥス帝》では、肖像の周囲を樫の葉の冠（前二七年にオクタウィアヌス＝アウグストゥスが元老院から授与された）がとりかこんでいる。アウグストゥス帝の右肩にいるのは磨羯宮《まかつきゅう》＝山羊座の徴カプリコルヌス（上半身が山羊、下半身が魚の幻獣）であり、コジモ一世と同じ上昇宮であることから、

「コジモ一世＝新アウグストゥス」の同一化のシンボルとして多用された。このカメオは古代ローマ作と考えられたこともあったが、作風から判断すると一六世紀の作品である。

## 8 「鉄の意志」をもつ君主

アレッサンドロ公の寡婦マルゲリータの政治的価値は、皇帝カール五世もコジモ一世もファルネーゼ家出身の教皇パウルス三世も熟知していたので、後二者の綱引きになったが、皇帝のくだした結論は、メディチ家の遺産つきのマルゲリータを教皇の孫オッタヴィオ・ファルネーゼと再婚させることだった。コジモ一世が獲得したのはメディチ邸だけであり、彼が一五三九年に作成させた最初の財産目録によれば、コジモがマルゲリータから得た遺品は、わずか七点にすぎない。それでも目録には甲冑数点、馬具数点、椅子数点、そしてやがてコジモ一世のコレクションの中核となる磁器は七〇点弱、メダルは六四二点が記録されている。

コジモ一世が「鉄の意志」をもつ果断な若者だったことは、水晶製インタリオ《コジモ一世の肖像》（銀器博物館）［図5］からも想像しうる。彼はマルゲリータを得られなかった代わりに、一五三九年、スペイン人のナポリ副王ドン・ペドロ・アルバレス・デ・トレドの次女エレオノーラ一七歳と結婚し、翌一五四〇年、共和国の政治的中心だった政庁舎すなわち現在のパラッツォ・ヴェッキオに家族とともに移り住んだ。このときからコレクションが増大していく。

一五五五年にはシエナ戦争に勝利し、一五五七年にはスペイン王フェリペ二世からシエナを封土として与えられ、一五六九年には教皇ピウス五世（在位：一五六六〜七二年）からトスカーナ大公の称号を与えられた。

## §公妃エレオノーラの貢献

公妃エレオノーラも彫玉コレクションの拡充に貢献した。彼女は一五五六年、ローマ在住のルイジ・マイオーロを通じて《牧歌的場面》（国立考古学博物館）や《ソクラテス》（銀器博物館）などを入手している。一五六二年には、ジョヴァンマリア・ディ・ヤコポ・ヴェネツィアーノからネメアのライオンの皮を首に巻いた古代ローマの堂々たる紫水晶製インタリオ《ヘラクレスの頭部》（国立考古学博物館）[図46]を七五スクードで購入した。一六世紀の貨幣単位のスクードについて説明しておくと、一スクード＝一フィオリーノ＝一ドゥカート＝七リラ。一リラ＝二〇ソルド。正確にはスクードはフィオリーノより約六パーセント価値が低い。未熟練労働者の年収が二〇〜二二スクードだった。

同じ一五六二年には、ミラノ出身の彫玉師兼仲介商人ガスパロ・ミゼローニ（一五一八〜七三年）から美麗なカメオ《フェリペ二世の肖像》（銀

[図46] 古代ローマのインタリオ《ヘラクレスの頭部》。紫水晶。前一世紀。縦四・一五cm。フィレンツェ、国立考古学博物館。

器博物館）［図47］を四〇スクードで購入した。エレオノーラの帳簿にはカメオの製作者名は記されていないが、製作者はガスパロ・ミゼローニ本人か、あるいは一五五九年からフェリペ二世の宮廷に仕えたヤコポ・ダ・トレッツォ（一五一四〜八九年）の可能性が高い。カメオの裏面がフェリペ二世の一〇代の長男《ドン・カルロスの肖像》なのは、なにやら意味深長である。

ちょうどカトー・カンブレジ条約によりイタリア戦争が終結した一五五九年のこと、フェリペ二世が一人息子ドン・カルロス（一五四五〜六八年）の婚約者だったエリザベート・ド・ヴァロワ（一五四五〜六八年）すなわちフランス王アンリ二世とカトリーヌ・ド・メディシスの長女と結婚した（アンリ二世は結婚祝典の一環で催された馬上槍試合で不慮の死をとげる）。ドン・カルロスは父と対立して二三歳の若さで獄死するが、エリザベートも跡を追うかのように他界したことから、しぜん憶測が憶測をよんだ。こうして三角関係の愛憎劇にネーデルラント独立運動の政治劇をからませたヴェルディのグランド・オペラ『ドン・カルロス』（一八六七年初演）が生まれる。オペラは原作者シラーの理想主義的なフィクションが魅力なのだが、もちろん史実をかなり歪曲している。父子対立は事実としても、一五五九年当時、フェリペ二世は三二歳（四回の政略結婚のうちの三回目）、ドン・カルロスとエリザベートは一四歳。そもそも会っ

［図47］ガスパロ・ミゼローニもしくはヤコポ・ダ・トレッツォ作のカメオ《フェリペ二世の肖像》（左）。裏面に《ドン・カルロスの肖像》（右）。縞瑪瑙。多色エナメルの金縁付き。一五五九〜六二年頃。縦四・二cm。フィレンツェ、銀器博物館。

たこともない婚約者が恋に落ちるはずもなく、三角関係は作家のロマンチックな空想にすぎない。

## §《コジモ一世とエレオノーラ・ディ・トレドと子どもたち》

一六世紀で最大最高の傑作カメオは、一八・五センチ×一六・五センチの縞瑪瑙製カメオ《コジモ一世とエレオノーラ・ディ・トレドと子どもたち》（銀器博物館）[図48]である。製作者はミラノ人彫玉師ジョヴァンニ・アントニオ・デ・ロッシ（一五一七〜七四年）。製作年は一五五九年から六二年。家族に公的ポーズをとらせることで、古代の巨大カメオの様式を模倣している。家族のうえを飛翔するのはラッパを吹く有翼の「名声」。中央に空いた円形の空間には、ドメニコ・ディ・ポーロ作（?）のブロンズ製メダル《フィオレンツァ》（バルジェッロ国立博物館）がはめ込まれていたはずである。ヴァザーリは『美術家列伝』第二版（一五六八年）で、このカメオに言及しているが、記述はやや不正確である。実際に彫られた子どもの人数は五人なのに、ヴァザーリは七人の名前をあげているし、逆に「名声」についての言及がない。カメオをかこんでいたはずの豪華な金製フレーム（ヴァザーリに帰される素描にはメディチ＝トレド家の紋章がついている）にも触れていない。ただし、子どもの人数については、カメオの両端が破損した形跡があることから、七人のうちの二人が欠けた

[図48] 筆者撮影…ジョヴァンニ・アントニオ・デ・ロッシ作カメオ《コジモ一世とエレオノーラ・ディ・トレドと子どもたち》。縞瑪瑙。一五五九〜六二年。一八・五×一六・五cm。フィレンツェ、銀器博物館。

可能性も否定できない。ヴァザーリがあげる七人の子どもを列記すると、フランチェスコ、枢機卿ジョヴァンニ、ガルツィア、フェルディナンド、ピエトロ、そしてイザベッラとルクレツィアである。末子の幼いピエトロは下方で金羊毛勲章（一五四五年、コジモ一世が皇帝カール五世から授与された）を手にして遊んでいる。ここに結婚翌年に生まれた長女マリアの名前がないのは、カメオ製作時にすでに亡くなっていたからである。さらに一五六一年にはルクレツィアが死去、一五六二年一一月から一二月にかけてはエレオノーラ、ジョヴァンニ、ガルツィアが相次いで病死した。その直前の一五六二年七月にカメオはロッシの滞在先ローマからフィレンツェに発送されたことが史料で確認されている。つまりこのカメオは家族の幸福の絶頂の最後の瞬間を記念するものになったのだ。このカメオは、一五八七年までパラッツォ・ヴェッキオの「グァルダローバ」に置かれたのちに、ウフィツィ宮殿のトリブーナに移され、一五八九年のトリブーナの財産目録に記録されている。

## §《コジモ一世とエレオノーラ・ディ・トレドの肖像》

コジモ一世とエレオノーラは相思相愛の夫婦だったために、一五六二年の妻の死はコジモ一世の心身に痛烈な打撃を与えた。やがて若い愛人との愛欲に溺れ、一五七〇年にローマでトスカーナ大公の戴冠式を終えて帰国した直後に、愛人カミッラ・マルテッリとひそかに再婚する。再婚を認めない長男フランチェスコから非難されつづけたまま、コジモ一世はピッティ宮殿で一五七四年四月二一日に五四年と数ヵ月の生涯を閉じた。

その一五七四年、フランチェスコ一世がローマ在住の彫玉師ドメニコ・コンパーニ通称ドメニコ・デイ・カンメーイ（?～一五八六年）に瑪瑙製カメオ《コジモ一世とエレオノーラ・ディ・トレドの肖像》（銀器博物館）[図49]を発注している。コジモ一世はクラミスという古代ローマの男性用の肩でとめる短いマントをまとい、一五七〇年に戴冠された大公冠を連想させる放射状の冠をかぶっている。一方、古代服のトゥニカをまとったエレオノーラは耳に大粒の真珠のイヤリングをつけ、小粒の真珠をちりばめたネットで髪をまとめあげている。向かい合う二人は、古代ローマの貨幣か彫玉を思わせる理想的な夫婦像である。前述のロッシ作品は生き生きとした生前のカメオ、このコンパーニ作品はやや様式化した追悼カメオである。カミッラ・マルテッリを排除しつつ、すでに二人の神格化がはじまっているのだ。

[図49] ドメニコ・コンパーニ作のカメオ《コジモ一世とエレオノーラ・ディ・トレドの肖像》。瑪瑙。一五七四年。直径 二・七㎝。フィレンツェ、銀器博物館。

# 11 コジモ一世とパラッツォ・ヴェッキオ

## §「グァルダローバ」

一五四〇年五月一五日、コジモ一世は公妃エレオノーラといっしょにメディチ邸から政庁舎パラッツォ・ヴェッキオに居を移した。以後、改築が実施され、メディチ・コレクションは三階に新しくできた「グァルダローバ」の六室に置かれた。「グァルダローバ」は「衣装部屋」の意味だが、衣装部屋だけでなく、美術工芸品の蒐集室や製作工房、さらには迎賓の間もかねていたので、「グァルダローバ」のまま呼んでおく。このあたりはヴァザーリが「地図の間」に改築したので、当初の正確な間取りを再現することは不可能である。

一五五三年の「グァルダローバ」の財産目録によれば、ラファエッロ作《レオ一〇世と二人の枢機卿》(ウフィツィ美術館)、ティツィアーノ作《ピエトロ・アレティーノ》(パラティーナ美術館)、チェッリーニ作《コジモ一世の胸像》(バルジェッロ国立博物館)などの名作がそろっていた。この《コジモ一世の胸像》は、一五五七年にエルバ島に送られることになる。

〔図50〕作者不詳《絡み合う蛇と蜥蜴》。ブロンズ。一六世紀。フィレンツェ、バルジェッロ国立博物館。

ほかにも宮廷画家ブロンズィーノの肖像画や宮廷彫刻家バンディネッリの彫刻の数々があったし、何よりも古代彫刻から一六世紀の彫刻、とりわけブロンズ像や小ブロンズ像が充実しており、この分野へのコジモ一世の並々ならぬ執着ぶりがうかがえる。

技巧を誇示するブロンズ作品《絡み合う蛇と蜥蜴》（バルジェッロ国立博物館）[図50]などは、人目を驚かす形状が時代の趣味を反映している。マニエリスム様式の特徴のひとつはフィグーラ・セルペンティナータという蛇状曲線であるが、これはまさに蛇状曲線以外の何ものでもない。蛇状への嗜好は、ステッラリア（星形模様）石という珍しい石に彫られたカメオの《蛇》（銀器博物館）[図51]にも認めることができる。

「グァルダローバ」には絵画や彫刻のほかにも、金銀細工、象嵌細工、貴石細工、磁器、武器、彫玉などがたくさんあり、ここで製作にいそしんだ職人には、一五四五年にフランスから帰国したチェッリーニを筆頭に、ドメニコ・ポッジーニ、ジョヴァンパオロ・ポッジーニ、バスティアーノ・チェンニーニ、ベルナルド・バルディーニ、ドメニコ・ディ・ポーロらがいた。一五四五年にはフランドル出身のニッコロ・カルカ（一五六二年没）とジョヴァンニ・ロスト（一五六四年没）をそれぞれマントヴァとフェッラーラから招聘し、「グァルダローバ」内に二四機の織機を有するタペストリー工房を設立している。

[図51] 筆者撮影…作者不詳のカメオ《蛇》。ステッラリア（星形模様）石。金縁付き。一六世紀前半。縦二・五cm。フィレンツェ、銀器博物館。

## 8 アステカ工芸品

注目すべきは、一五三九年のメディチ邸の財産目録にも、一五五三年の「グァルダローバ」の財産目録にも、大航海時代の影響をうけて、早くも新大陸アメリカの「外来物《エクソティカ》」が数多く記録されていることである。スペイン人エルナン・コルテスの船団は、アステカ王国最後の王モテクソーマ二世（在位：一五〇二〜二〇年）から贈られた金銀細工、羽毛細工、織物、トルコ石の仮面などを満載して一五一九年にセビーリャに帰航し、スペイン王カルロス一世（皇帝カール五世）に献上した。リストにして一五〇項目におよぶ膨大な数である。翌年には新大陸の外来物はトレド、バリャドリド、ブリュッセルで公開されたが、当時、ブリュッセルにいたデューラーは「見知らぬ土地にいる人びとの名状しがたい才能に驚愕した」と書き記している。

すでに一五三九年の財産目録には、インディアの羽毛飾り、トルコ石の仮面、小さな貴石製動物頭部像［図52］などが記載されている。これらの品々は一五五三年の財産目録にも継承され、さらに点数を増しているが、明確な地理上の区分では分類されておらず、インディアの羽毛のベッドカバーは「獣皮」に、アステカのトルコ石の仮面や小さな貴石製動物頭部像は「宝石」に、インディアの羽毛の肩掛けは別の「雑多なカテゴリー」

［図52］筆者撮影…アステカ工芸《犬の頭部》。紫水晶（右）と瑪瑙（左）。ポスト・クラシック後期（一四三〇〜一五二〇年）。フィレンツェ、鉱物学・岩石学博物館。

に分類されている。この「雑多なカテゴリー」には、アステカ工芸品以外に、トルコの武器多数、時計数点、魚の歯数点、牡蠣の貝殻数点、竹竿数点、碧玉製の犬一点、ワニ一点、象の歯（象牙ではない）四点、地球儀一点、魚の骨一点、七本の歯のついた象の顎骨《がっこつ》一点など、多様な珍品奇物が雑然と混在していた。

## §「スクリットイオ・ディ・カリオペ」

一五五五年、ヴァザーリがコジモ一世に仕えると同時にパラッツォ・ヴェッキオの大改造が本格化する。「スクリットイオ・ディ・カリオペ」（一五五五〜五八年）、「コジモ公の部屋」（一五五九〜六一年）、「公爵のスタンツィーノ」（一五五九〜六一年）、「公爵のスクリットイオ別称テゾレット」（一五五九〜六一年）、「地図の間」（一五六三〜六五年）が相次いで建造されたが、このうちコジモ一世時代の宝物室として重要なのは、「スクリットイオ・ディ・カリオペ」と「地図の間」である。

「スクリットイオ・ディ・カリオペ」は三階の「四大元素の区画」につくられた小部屋で、天井にヴァザーリが芸術神カリオペを描いたことから、その名がついている。一五五九年から翌年にかけて、「グァルダローバ」の宝物五九点がここに移され、古代彫刻から自然の珍品奇物、メダル、カメオ、貴石、細密画まで、あらゆる貴重品が収納展示された。な

［図53］筆者撮影…右：メソアメリカ工芸《祖先神像》。翡翠。ポスト・クラシック期（九〇〇〜一五二〇年?）。フィレンツェ、銀器博物館。
左：マヤ工芸《人物像ペンダント》。翡翠。六〇〇〜九〇〇年頃。フィレンツェ、銀器博物館。

かにはドナテッロ、サンソヴィーノ、チェッリーニ、バンディネッリらの彫刻作品と並んで、アステカ工芸の小さな動物頭部像や小さな人物像[図53]が含まれていた。

当時、イタリアでもっともよく知られた古代彫刻は、一四八九年に発掘された《ベルヴェデーレのアポロン》(ヴァティカン美術館)と一五〇六年に発掘された《ラオコーン》(ヴァティカン美術館)であったが、そのブロンズ製の複製《ベルヴェデーレのアポロン》(ウフィツィ美術館)と《ラオコーン》(バルジェッロ国立博物館)[図54]もあった。とくに《ラオコーン》はバンディネッリの大理石作品(ウフィツィ美術館)など、いろいろの素材と大きさでいくつもの複製がつくられたが、ここに紹介する高さ三二・二センチの小品は、雄渾なオリジナル作品がもつダイナミズムを感じさせる名人技を遺憾なく発揮している。

ヴァザーリは一五五三年にアレッツォから出土したエトルリア彫刻の最高傑作《キマイラ》(国立考古学博物館)[図55]を「スクリットイオ」に置くつもりだった。キマイラは頭がライオン、胴が牡山羊、尾が蛇という神話上の怪物である。彫刻の修復を担当したチェッリーニは、「そのキマイラとともに、やはりブロンズ製で、かなりの量の小ぶりな像が出土し、どれも泥と錆におおわれ、あるいは頭部、あるいは足か手が欠けているものばかりだった。公爵はみずから彫金師の鏨でそれらの小像を削

[図54] ピエトロ・シモーニ・ダ・バルガ《ラオコーン》のブロンズ・コピー。一六世紀。高さ三二・二cm。フィレンツェ、バルジェッロ国立博物館。

り磨きなおすのを楽しみにしていた」と、コジモ一世のエトルリア彫刻への傾倒ぶりを記録している。しかし《キマイラ》は「スクリットイオ」に移されることなく、二階の「五百人広間」に隣接する「レオ一〇世の区画」に一七一八年まで置かれることになる。一五八一年(フランチェスコ一世時代)にフィレンツェを訪問して《キマイラ》を見物した『エセー』の作者ミシェル・ド・モンテーニュは、六月二四日のサン・ジョヴァンニ祭には「大公の宮殿が公開されて、どこにでも入ってゆくことができたため、田舎の人たちで賑わっていた」と述べている。

《キマイラ》に代わって「スクリットイオ・ディ・カリオペ」に置かれたのは、一五四一年にアレッツォ周辺で出土し、約一〇年後に購入されたエトルリアの傑作ブロンズ像《アテナ》(国立考古学博物館)である。ヴァザーリはこの部屋を「エトルリア陳列室」にしようと構想し、ミケランジェロの《河神》の模刻像(バルジェッロ国立博物館)にいたるトスカーナの連綿たる文化的連続性を強調しようとした。これはトスカーナ王位を希求するコジモ一世をエトルリア王の末裔に仕立てようとする文化政策の一環だったが、前述のように雑多な珍品奇物や外来物が移ってきたため、ヴァザーリの初期構想の理念はかなり不明瞭なものになってしまった。

[図55] 筆者撮影…エトルリアの彫刻《キマイラ》。ブロンズ。前五世紀後半。フィレンツェ、国立考古学博物館。

## 「地図の間」

「スクリットイオ・ディ・カリオペ」が歴史性を探究しようとしたのに対して、三階の「地図の間」[図56]は、明らかに空間性を探究している。ヴァザーリの構想では、この部屋は「宇宙論《コスモグラフィア》の間」と呼ばれる予定だった。「大宇宙（gran Cosmo）」と「偉大なコジモ（gran Cosimo）」の掛詞によって、宇宙の中心としてのコジモ一世を称揚する意図があった。貴重品を収納した「胡桃《くるみ》材製の装飾豊かな高さ七ブラッチョの複数の戸棚」（ヴァザーリ）の中身と扉の地図は対応していたと想像したいところだが、実際の中身は素材別の分類だったので、両者に地理的な対応関係はなかった。一五六四年の財産目録によれば、ある一つの戸棚だけは、トルコ石の仮面、地球儀、碧玉製の犬、象の歯数点、ワニ一点、魚の骨数点、蟹の甲羅一点など、分類不能な「各種の品々」が収納されていた。

優秀な天文学者兼数学者で画家でもあったドメニコ会士のエニャツィオ・ダンティ（一五三六～八六年）が、コジモ一世に仕えるためにペルージャからフィレンツェに移住し、サンタ・マリア・ノヴェッラ修道院に住み込んで、一五六三年、「地図の間」の戸棚の扉にする世界各地の地図の板絵の製作にとりかかった。ダンティが描いた地図は五三枚中の三〇枚であり、「日本の地図」[図57]を含んでいる。地図には「ジャパンすなわち

[図56] ヴァザーリ「地図の間」。一五六三～六五年。フィレンツェ、パラッツォ・ヴェッキオ。

チパング」と書かれてマルコ・ポーロの記述を想起させるが、日本についての情報は、『アジアの数十日』の著書があるポルトガル人学者ジョアン・デ・バロス（一四六九～一五七〇年）から得ていた。コルテスの情報に基づく中央アメリカの地図がかなり正確なのに比べると、極東の島国の形状はいかにも曖昧模糊としている。朦朧たる地理情報と高い文化レベルの情報とが結合し、逆にユートピア幻想をうむ源泉となったのかもしれない。

　コジモ一世は仕事ぶりを見るためにわざわざサンタ・マリア・ノヴェッラ修道院に足を運んだだけでなく、修道会総長宛ての手紙で、「（ダンティが）修道院にこもることなく、宇宙論の仕事を続行できるように」パラッツォ・ヴェッキオに同居するように要望書を出したほどである。ダンティは「地図の間」のために、渾天儀（ガリレオ博物館）と地球儀も製作した。いまも部屋の中央に置かれている巨大な地球儀は、扉に描かれた地図の実際の地理上の位置を確認するのに役立ったはずである。

　エニャツィオ・ダンティはコジモ一世が没するまでの一一年間を親密に過ごし、メディチ・コレクションの増大にも一役かった。一五六六年にトラジメーノ湖畔で出土した《弁論家》（国立考古学博物館）の購入と運搬に関与したのも彼である。

　エニャツィオ・ダンティが製作した天文器具のひとつに、昼夜平分時

［図57］筆者撮影…エニャツィオ・ダンティ「日本の地図」。一五六三～七四年。フィレンツェ、パラッツォ・ヴェッキオ。

を観察する四分儀があり、これは一五七二年にサンタ・マリア・ノヴェッラ聖堂ファサードに設置された［図248］。この聖堂のためには渾天儀やグノモン（日時計の指時針）もつくった。のちにガリレオ・ガリレイが使った直径八五センチの巨大な八角形のアストロラーベ（ガリレオ博物館）も彼の作である。

コジモ一世を継いだフランチェスコ一世は、ある兄弟会の圧力もあってエニャツィオ・ダンティを更迭し、代わってベネディクト会の一派オリヴェト会の修道士ステファノ・ブオンシニョーリ（?～一五八九年）を宮廷天文学者に任命した。彼は前任者に比べると科学的知識はとぼしかったが、彼が継続して完成した「地図の間」の地図（二〇点）をみると、絵画の腕前はさほど見劣りしなかったことがわかる。ただし、アフリカ奥地（ニジェール、ナイジェリア、スーダン）の地図に無頭人や犬頭人［図58］が描かれているのは、科学的な地図のなかで妙に非科学的な部分である。無頭人や犬頭人についての最古の文献は、アケメネス朝ペルシア王アルタクセルクセス二世（在位：前四〇四～前三五八年）に仕えたギリシア人医師クテシアスの『インド誌』であるが、アウグスティヌスの『神の国』が異形の被造物をもって神をたたえる存在と解釈したことから中世には広く巷間に流布していた。

その一方でステファノ・ブオンシニョーリは、フランチェスコ一世に

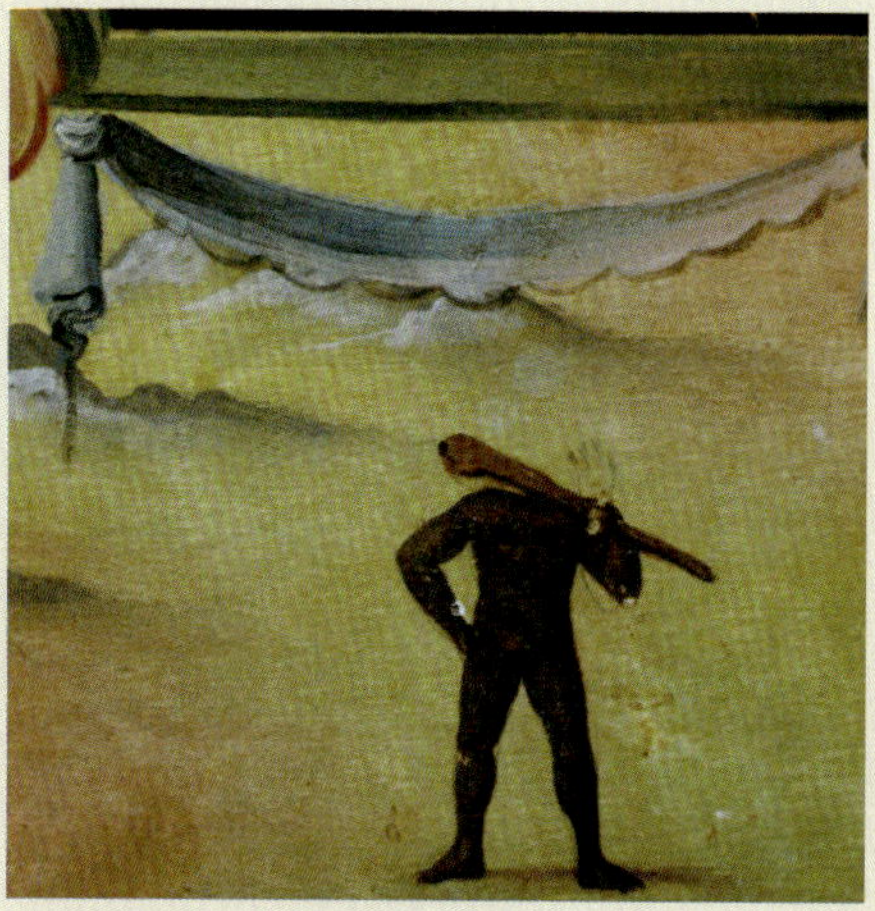

［図58］筆者撮影…ステファノ・ブオンシニョーリ「ヌビア（スーダン）の地図の犬頭人」（右）と「アジジンバ（ニジェールとナイジェリア）の地図の無頭人」（左）。一五七四年以降。フィレンツェ、パラッツォ・ヴェッキオ。

捧げた一五八四年のじつに正確な《フィレンツェ地図》(ウフィツィ美術館)の製作者としても名高いから、人間は不思議なものである。

「地図の間」に世界と宇宙の全智識を集約するというコジモ一世とヴァザーリの理想は、戸棚のうえの肖像画と戸棚のしたに配置される予定だった動植物画にも表れている。大量の肖像画は現在、ウフィツィ美術館に移されているが、そこにはコジモ一世の要望で、傭兵隊長、国王、皇帝、スルタン、英雄、文学者、メディチ家の人びと、詩人、公爵、枢機卿、教皇など、じつに二四〇人を超える著名人が描かれていた。この百科全書的肖像画群は、一五五三年、画家クリストーファノ・デッラルティッシモが最初の二四点をパラッツォ・ヴェッキオに送ったときにさかのぼり、画家が一六〇五年に死去するまで制作がつづいた。ヴァザーリの『美術家列伝』第二版(一五六八年)には、空白の名前五点、制作中の教皇二九点とともに、すでに描かれた二一九点の人名が列記されているそれにしても「地図の間」には気宇壮大な構想がつまっているものだ。権力者は世界の占有をめざしたのだ。

## 12 トスカーナ大公冠

### §ローマにおける戴冠式

一五六九年八月二四日、五〇歳のコジモ一世は教皇ピウス五世から待望のトスカーナ大公の称号を認可され、八月二七日付け《教皇勅書》（国立文書館）[図59]が一二月一三日、パラッツォ・ヴェキオの五百人広間において読みあげられた。教皇勅書には新しい大公冠の素描が添えられ、王冠のように開かれていること、前面に赤い百合を配することなど、こまごまとした指示が書かれている。この素描はガルッツィ著『トスカーナ大公国史』（一七八一年）の挿画によって広く知られている。

一五七〇年三月五日、ローマの礼拝堂には天蓋がしつらえられ、三三人の枢機卿が列席する荘厳な戴冠式が挙行された。日記作者アゴスティーノ・ラピーニによれば、「教皇聖下は立って［福音書を］読誦した。それから教皇は大公コジモをひざまずかせ、［マルカントニオ・コロンナが捧持した］冠を載せた。冠は公爵がここフィレンツェでつくらせ、みずから持参したものだった。……それは二〇万スクードの価値があると言われている。そこには種々様々な、どれも大きくて美しい、すこぶる高価な七五個の宝石が使われ、そして尖端には、このうえなく美

[図59]一五六九年八月二七日の『教皇勅書』。羊皮紙。七三×八五cm。フィレンツェ、国立文書館。

しい大粒の真珠が環状に飾られている」「笏は銀製で、赤い球のうえには赤い百合がついていた。大公は喜んで笏をうけとり、それから教皇聖下の両足にうやうやしく接吻し、さらに膝に接吻した。すると教皇聖下は彼を抱擁し両頬に接吻した」

大公冠の製作現場については、ボルギーニがヴァザーリ宛の一五七〇年一〇月五日付け書簡で指示したとおり、画家アレッサンドロ・フェイの筆で《金細工師工房》（パラッツォ・ヴェッキオの「フランチェスコ一世のストゥディオーロ」）[図60]に描かれた。フランドル出身の金細工師ハンス・ドメスが作業机のかたわらにピンで留められた素描を見ながら製作にいそしんでいる。その素描と思われる《大公冠の素描》（国立文書館）が二葉伝わっており、教皇の指示どおり、「至高なる教皇ピウス五世」が「カトリック信仰への大いなる愛情と並外れた献身のために」大公位を授与する旨のラテン語銘文が記されている。なお大公冠をチェッリーニがつくったとする誤伝があるが、彼がつくったのは戴冠式で大公が教皇にプレゼントした金杯である。

## 大公冠をかぶるコジモ一世の肖像

大公フェルディナンド一世時代になると、父コジモ一世を称揚するために肖像がさかんに描かれるようになる。ローマでの戴冠式の様子は、

[図60] アレッサンドロ・フェイ《金細工師工房》（部分）。一五七〇～七五年。フィレンツェ、パラッツォ・ヴェッキオ。

[図61] 右：ヤコポ・リゴッツィ《トスカーナ大公コジモ一世に戴冠する教皇ピウス五世》（部分）。一五九二年。フィレンツェ、パラッツォ・ヴェッキオ。
左：ルドヴィーコ・チゴリ《コジモ一世の肖像》。一六〇二～〇三年。フィレンツェ、ウフィツィ美術館。

一五九二年にヤコポ・リゴッツィ（一五四九？〜一六二七年）が描いた《トスカーナ大公コジモ一世に戴冠する教皇ピウス五世》（パラッツォ・ヴェッキオ）[図61]にある。

ルドヴィーコ・チゴリ（一五五九〜一六一三年）が描いた《コジモ一世の肖像》（ウフィツィ美術館）[図61]では、大公冠、笏（レプリカが現在パラッツォ・メディチ・リッカルディに展示されている）、そしてイタチ科の動物アーミンの白い毛皮の外套、サント・ステファノ騎士団の徽章を身につけている。威厳に満ちた盛装姿の背景は、パラッツォ・ヴェッキオの中庭を連想させるグロテスク文様で装飾されている。記録によれば、チゴリは一六〇二年九月に「グァルダローバ」から儀式用の盛装一式を借り出し、翌年四月に完成した肖像画の請求書を提出した直後に、それらを返却している。チゴリの肖像画は、大公の最初の全身肖像画であり、以後くりかえし描かれることになる歴代大公の公的な肖像画の模範となった。

彫刻や工芸の分野でも大公冠は再現された。バンディネッリ工房作のブロンズ彫刻《大公コジモ一世の胸像》（パラティーナ美術館）[図62]はピッティ宮殿の中庭に置かれる予定だったもので、コジモ一世を裸体にすることで大公冠を強調した「英雄《エロイカ》」様式である。もともと指輪だった《メディチ家の紋章のあるダイヤモンド》（銀器博物館）[図63]には、メディチ家の紋章のうえにコジモ一世が戴いたのと同形の大公冠が彫られている。

[図62] 筆者撮影…バッチョ・バンディネッリ工房《大公コジモ一世の胸像》。ブロンズ。一五八八年。フィレンツェ、パラティーナ美術館。

いうまでもないが、小さいダイヤモンドに彫りを入れるのは信じられないほど高度な技術を要する。

## 第二の大公冠

その後、大公冠はどうなったのか？コジモ一世の急ごしらえの大公冠は、ほどなくして、より豪華な、新しい大公冠に取り替えられたようである。コジモ一世没後の一五七五年一一月二日、それまで大公位を認めなかった皇帝マクシミアン二世が、トスカーナの統治者を「大公」に任命する文書に署名した。皇帝の妹ジョヴァンナ・ダウストリアと結婚していたフランチェスコ一世が、この機会に新しい冠をつくらせることにしたのだ。デルフト出身の金細工師ジャック・ビリフェルト（一五五〇～一六〇三年）が、一五七七年から八三年にかけて新しい大公冠を製作した。完成した冠は、一五八三年六月三〇日の「グァルダローバ」の財産目録に記載されている。

大公冠の詳細な記述は、一五九一年の財産目録にある。冠下層は真珠とルビーが交互に配されている。中央の大きな百合の下にはエメラルドがあり、その下には三角形のダイヤモンドがある。エメラルドの両横の二つの凹みには「正義」と「慎重」を表すエナメルを塗った金の像がはめ込まれている。冠は一列の大きな宝石で飾られ、それぞれの宝石の上

[図63] イタリアの彫玉師《メディチ家の紋章のあるダイヤモンド》。ダイヤモンド。七三×七〇㎜。一六世紀後半（一五七〇年以後）。フィレンツェ、銀器博物館。

[図64] シピオーネ・プルツォーネ《クリスティーヌ・ド・ロレーヌの肖像》（部分）。油彩。一五九〇年。フィレンツェ、ウフィツィ美術館。

下には二個の小さな宝石が配されている。上層には、放射状の部分の下に、教皇ピウス五世から授与された大公の称号を記念する銘文が記されている。一七の先端のそれぞれにはルビー、エメラルド、ダイヤモンドの三種の宝石がはめ込まれ、先端の交互には小さな百合が飾られている。中央の「フィレンツェ」を表す大きな百合にはルビーがちりばめられている。宝石の台座は、赤、緑、黒のエナメルがほどこされた花、グロテスク文様、仮面で飾られた植物の熟枝の網でつながっている。

この大公冠は何点かの肖像画にみられるが、いちばん正確なのは、一五九〇年にフェルディナンド一世とクリスティーヌ・ド・ロレーヌが結婚した際にシピオーネ・プルツォーネが描いた《クリスティーヌ・ド・ロレーヌの肖像》（ウフィッツィ美術館）[図64]である。また、ジョヴァンニ・カジーニ（一六八九〜一七四八年）に帰される素描《フランチェスコ一世のためにジャック・ビリフェルトが製作した大公冠の素描》（ロンドン、ヴィクトリア&アルバート美術館）[図65]は、上記財産目録の記述ともぴったり一致する正確さである。冠の右上には「教皇ピウス五世」の名前、冠の左下には「メディチ家の冠」の文字が読める。

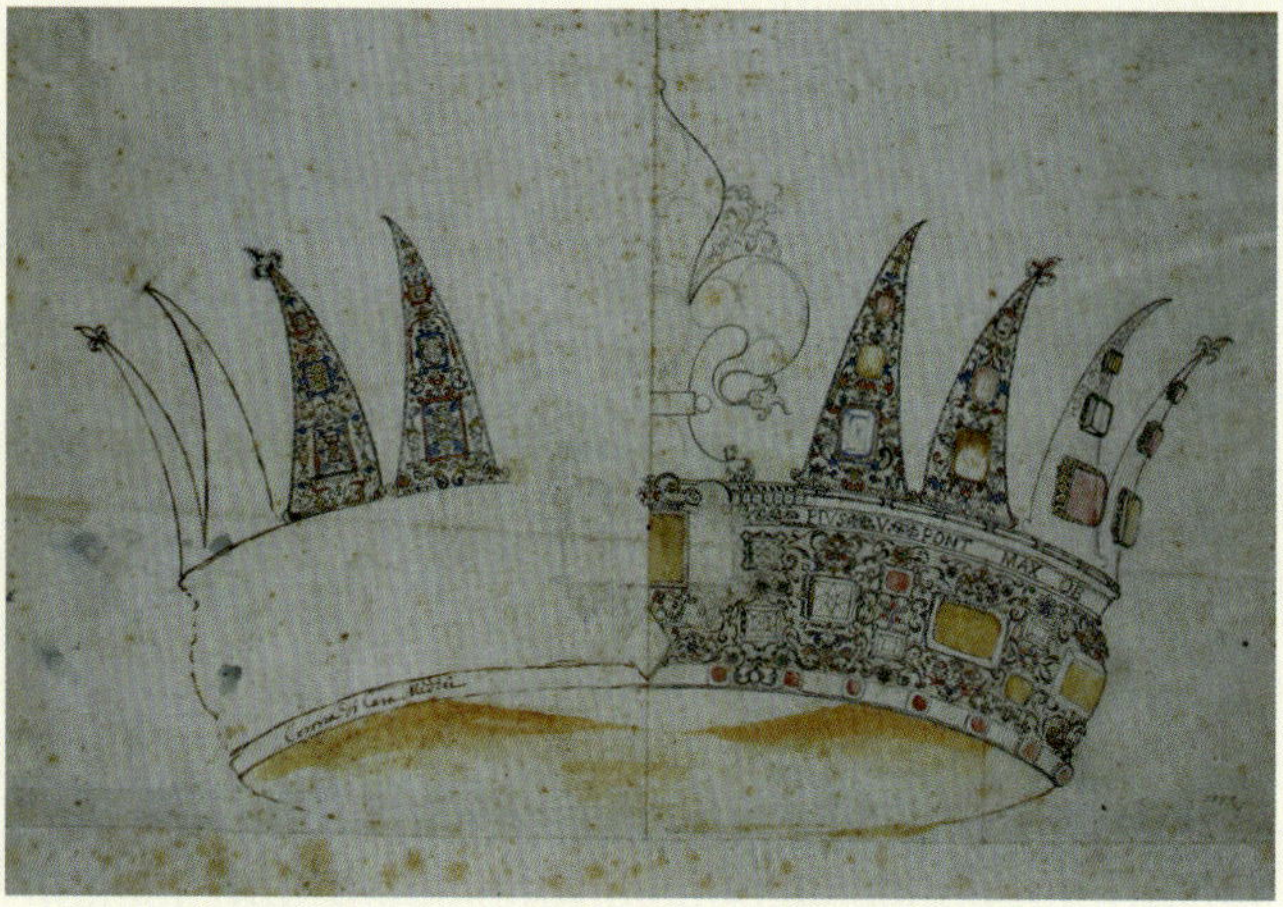

[図65] ジョヴァンニ・カジーニ（?-）《フランチェスコ一世のためにジャック・ビリフェルトが製作した大公冠の素描》。紙に鉛筆、インク、水彩。一七一〇年。ロンドン、ヴィクトリア&アルバート美術館。

## 第三の大公冠

一六七一年にフェルディナンド二世妃ヴィットリア・デッラ・ローヴェレが金細工師ジョヴァンニ・コンパリーニに大公冠を修復させたが、一六九二年以降、コジモ三世は旧来の大公冠を使用した形跡がない。どうやら彼は第三の新たな大公冠に取り替えたようである。一七三七年に描かれた《ジャン・ガストーネの肖像》（パラティーナ美術館）でも、同年に副葬されたジャン・ガストーネの《葬儀用冠》（サン・ロレンツォ聖堂）[図66]でも、冠の上部は閉じている。開いた冠はすでに時代遅れだったのだ。

一七四三年、ロートリンゲン家のトスカーナ大公フランツ・シュテファンが大公冠をウィーンに運ばせた。彼の没年の一七六五年、大公冠はウィーンの「宝物の部屋《シャッツカンマー》」に記録されている。翌年、戴冠式をあげるためにやって来た若き大公ピエトロ・レオポルドといっしょに大公冠はフィレンツェに戻った。ところがフィレンツェの記録は一七八八年が最後で、一八〇五年の財産目録には記載がない。その間に失われたとすれば、一七九九年に侵攻したナポレオン軍が略奪破壊した可能性が高いと思われてきたが、近年の研究により一七八九年にピエトロ・レオポルドが解体を指示して換金可能にしたことが判明した。あたかもフランス革命勃発の年。妹のマリ・アントワネットが断頭台に送られる四年前のことである。

[図66] バルトロメオ・フォッリーニ《葬儀用冠》。一七三七年。フィレンツェ、サン・ロレンツォ聖堂。

# 13 フランチェスコ一世の特異な気質と彫玉

## 逸脱の貴公子と人妻の熱愛

コジモ一世がパラッツォ・ヴェッキオに居を移した翌年、長男フランチェスコ一世が誕生した。彼は宮廷で君主になるべく養育され、二四歳で皇帝マクシミリアン二世の妹ジョヴァンナ・ダウストリアと結婚し、三三歳でコジモ一世を継いで大公に即位した。ところが彼はとびぬけた知性を有しながら、権力志向の強い父とは正反対に政治にはまったく無関心で、オカルト学と錬金術と芸術に没頭した。

名門ハプスブルク家との政略結婚にも不満で、一五六八年に出逢った二〇歳の人妻ビアンカ・カペッロを溺愛した。翌一五六九年には二人の愛の巣として郊外のプラトリーノに別荘建設を決定し、一五七五年に完成したが、建設費はウフィッツィ宮殿建設費の二倍にあたる七八万二〇〇〇スクードという法外な高額だった。フランチェスコ一世がビアンカに捧げた《フランチェスコ一世の蠟細工肖像》(バルジェッロ国立博物館)[図67]が二人の不滅の愛をいまに伝えている。肖像のしたにあ

[図67] パストリーノ・パストリーニ《フランチェスコ一世の蠟細工肖像》。一五七六〜八〇年。黒ガラスの背景に多色レリーフ。木製のフレームとその内側にビロードと黒い飾り紐のある金属フレーム付き。フィレンツェ、バルジェッロ国立博物館。

る楕円形フレームのなかの紙に手書きで次のように書かれているのだ。「愛するビアンカへ／ピサよりわが肖像を／あなたに送ります、それはわれらの名匠／チェッリーノが私を描いたもの／わが心を受け取ってください／フランチェスコより」。チェッリーノとは、一五七六年からメディチ宮廷で仕事をしたパストリーノ・パストリーニ（一五〇八〜九二年）と考えられる。したがって製作年代の上限も一五七六年。この年はビアンカが息子アントニオを出産した年でもある。その年、フランチェスコ三五歳、ビアンカ二八歳、そして前年マリアを産んだジョヴァンナは二九歳。

ジョヴァンナの死と同時にビアンカと再婚したフランチェスコ一世は、燃えるような愛の形見の真っ赤な珊瑚製の《メディチ＝カペッロ家の紋章のある指輪》（銀器博物館）［図68］をつくった。大公冠のしたでメディチ家とカペッロ家の紋章が寄り添う意匠であり、凹凸の反転したインタリオなので印章として封蝋に使用されたことがわかる。

## 綺想の君主の構想

メディチ・コレクションが倍増するのは、この綺想の君主フランチェスコ一世時代のことである。コジモ一世が「スクリットイオ・ディ・カリオペ」に蒐集した至宝の数々は、フランチェスコ一世時代にはパラッ

［図68］フィレンツェの工房《メディチ＝カペッロ家の紋章のある指輪》。珊瑚。一五七八〜八七年。指輪の直径二・七㎝。フィレンツェ、銀器博物館。

ツォ・ヴェッキオ内の「ストゥディオーロ」（一五七五年完成）、サン・マルコ修道院隣の「カジーノ・ディ・サン・マルコ」（一五七五年完成）、フィレンツェ郊外の「プラトリーノの別荘」（一五七五年完成）などに移されて分蔵されたが、増大するコレクションを統合するためにフランチェスコ一世はさらに壮大な構想をいだいてベルナルド・ブオンタレンティ（一五三一〜一六〇八年）に設計を依頼し、ウフィツィ宮殿の最上階に八角形の「トリブーナ」[図69]を建造させた。ブオンタレンティのプランは当時の人間観・世界観・宇宙観を体系化したもので、「地」（貴重な色大理石）、「水」（貝殻でおおわれたヴォールト）、「火」（赤い絹の壁）、「空気」（風向計）の四大元素で構成されている。四大元素はフランチェスコ一世のストゥディオーロ（書斎）では方角と関連しているので、照応関係をまとめておくと次表のようになる。

| 元素 | 性質 | 黄道十二宮 | 方角 | 気質 |
|---|---|---|---|---|
| 火 | 熱＋乾 | 巨蟹宮・獅子宮・処女宮 | 南 | 黄胆汁質 |
| 空気 | 熱＋湿 | 白羊宮・金牛宮・双子宮 | 東 | 多血質 |
| 水 | 冷＋湿 | 磨羯宮・宝瓶宮・双魚宮 | 西 | 粘液質 |
| 土 | 冷＋乾 | 天秤宮・天蠍宮・人馬宮 | 北 | 黒胆汁質 |

トリブーナは一五八四年に完成したが、フランチェスコ一世は

[図69] 筆者撮影…ベルナルド・ブオンタレンティ設計「トリブーナ」。一五八四年完成。フィレンツェ、ウフィツィ美術館。

一五八七年に四六歳で急逝したので（ビアンカと同時に弟フェルディナンド一世に毒殺されたと噂された）、コレクションを完璧に陳列した姿で目にすることはなかった。トリブーナの最初の財産目録が作成されたのは、フェルディナンド一世の治世二年目の一五八九年のこと。同年に挙行されたフェルディナンド一世とクリスティーヌ・ド・ロレーヌの結婚式典に合わせてトリブーナは整備されたのだ。

## §カメオとインプレーザ

フランチェスコ一世はメダルやコイン、彫玉や貴石製容器、そして鸚鵡貝製品の数々を多数蒐集し、トリブーナに置くためのキャビネットを一五八三年頃にやはりブオンタレンティに発注している。製作に約三年を要した八角形小神殿型黒檀製キャビネット（消失）は「ストゥディオーロ」と呼ばれた。「ストゥディオーロ」はトリブーナと相似形であり、トリブーナの中央テーブル上に置かれた高級家具である。黒檀に貴石が象嵌され、雪花石膏製の円柱と角柱、鍍金の鱗でおおわれた円蓋、そして五四の大型収納箱と一二〇の小型収納箱がついていた。

そのトリブーナの「ストゥディオーロ」を飾っていた可能性のある作品が、ラピスラズリ製カメオ《怪人面》（銀器博物館）[図70]である。フィレンツェでつくられたエキゾチックな怪人面であり、口を不気味に開け歯

[図70] 筆者撮影…フィレンツェの工房作カメオ《怪人面》。ラピスラズリ。一六世紀末。縦三・七cm。フィレンツェ、銀器博物館。

[図71] 筆者撮影…フィレンツェの工房（?）作カメオ《フランチェスコ一世のインプレーザ》。瑪瑙。一五六五～七〇年。横二・二cm。フィレンツェ、銀器博物館。

をみせている。失われた瞳は別の素材が使用されていたはずで、さらに神秘的な妖気が揺曳していたことだろう。

紺碧のラピスラズリ製品と対照的なのが、乳白色の瑪瑙製カメオ《フランチェスコ一世のインプレーザ》（銀器博物館）［図71］である。イタチが薬草ヘンルーダをくわえ、上部には「美徳は激情に抗する」というラテン語の文字帯が刻まれている。ちなみにパラッツォ・ヴェッキオの五百人広間にある《フランチェスコ一世のインプレーザ》は同じ図像であるが、「勝利は敏捷を愛する」と文字帯だけが異なっている。

## §《フェリペ二世の凱旋入城》と《ガニュメデスと鷲》

フランチェスコ一世は弟のフェルディナンド枢機卿がローマに滞在していた関係で、ローマの骨董市に貴重品が売りに出されていないかどうか、つねに情報収集を怠らなかった。一五七五年、ヴィテルボ司教セバスティアーノ・グァルティエーロの相続人ジュリオ・グァルティエーロが多数の貴重品を売りに出したとフェルディナンド枢機卿が伝えてきた。大公は多くの宝物を購入したが、そのなかにサイズとテーマの双方でとびぬけて重要なカメオがある。一三人以上の人物と四頭の馬を彫った、横幅八センチもある玉髄製カメオ《フェリペ二世の凱旋入城》（銀器博物館）［図72］である。このカメオには異例にも、右端に作者ドメニコ・

［図72］筆者撮影…ドメニコ・ロマーノ作カメオ《フェリペ二世の凱旋入城》。玉髄。一五五六年以前（一五五〇年頃）。横八㎝。フィレンツェ、銀器博物館。

ロマーノのラテン語名が刻まれている。彼は一六世紀後半のローマで活躍したドメニコ・コンパーニ通称ドメニコ・デイ・カンメーイの可能性が高いが、定かでない。このカメオは一五五六年にスペインとフランスの外交上の贈答品としてヴィテルボ司教に贈られたものであろう。フランチェスコ一世はカメオを入手すると、主題をコジモ一世のシエナ入城式（一五六〇年）に改変するために、フェリペ二世の顔をコジモ一世の顔に作り替えるようお抱え彫玉師に命じた。実際には変形は免れたが、この記録から明らかになるのは、既存の彫玉がしばしば思いつきで加工されることがあり、その結果、製作者や製作年の特定が非常に難しくなることである。

　フェルディナンド枢機卿を通じて、あるローマ貴族がフランチェスコ一世の関心を惹起しようとした発掘品のカメオがあった。玉髄製カメオ《ガニュメデスと鷲》（国立考古学博物館）[図73]である。赤色のまさった鷲と白色のガニュメデスの色彩コントラストが鮮やかな技巧を凝らした作品であるが、古代品ではなく古代品を写した同時代品とする説もある。右端のガニュメデス（オリュンポス山で酌係になるので、足許に酒壺がころがっている）と左端の鷲（ゼウスが変身）は確かとして、中央の男性はゼウスかどうか、女性はヴィーナスかヘラか、人物の解釈が定まっていない。フェルディナンド枢機卿は購入に積極的だったが、フランチェスコ一世がし

[図73] カメオ《ガニュメデスと鷲》。玉髄。フィレンツェ、国立考古学博物館。

ぶったようで、売り手側は値打ちを誇張して言葉をつくし、あげくは厳しい条件をつけてフィレンツェへの発送を遅らせたほどである。結局、一五七四年に大公が五〇スクードという安値で購入したが、売り手と買い手の思惑が交錯する商談に長い時間を要した一例である。

## §《黒檀と象牙の回転式球体》

どのジャンルにも分類しがたい《黒檀と象牙の回転式球体》（銀器博物館）[図74]は、フランチェスコ一世の特異な気質を象徴している。バイエルン公爵夫妻の象牙工房で製作されたこの不思議なオブジェは、一五八九年のトリブーナの財産目録にも、一五九一年刊行のフランチェスコ・ボッキ著『フィレンツェ市の美しさ』にも登場する驚異品である。フランチェスコ一世は一五六五年のミュンヘン旅行でミラノ出身の研磨職人ジョヴァンニ・アンブロージョ・マッジョーレと会って親交を深めたが、これはそのマッジョーレの傑作である。穴をのぞきこむとバイエルン公爵夫妻と子どもたちの細密画が描かれている。実用性はないが高度な職人技を要する作品、そういうものをフランチェスコ一世はこよなく愛した大公である。

バイエルン公爵夫妻が出たところで、メディチ家とハプスブルク家の関係を整理しておきたい。皇帝カール五世の弟が皇帝フェルディナント

［図74］筆者撮影…ジョヴァンニ・アンブロージョ・マッジョーレ《黒檀と象牙の回転式球体》。黒檀、象牙。一五八〇年頃。高さ三七・五㎝。フィレンツェ、銀器博物館。

一世。皇帝フェルディナント一世の長男が皇帝マクシミリアン二世、次男がティロル大公フェルディナント二世。マクシミリアン二世の長男が皇帝ルドルフ二世（画家アルチンボルドのパトロン）。そして皇帝フェルディナント一世の娘アンナと結婚したのが、ミュンヘンのバイエルン公爵アルブレヒト五世（一五二八～七九年）である。メディチ家のフランチェスコ一世は一五六五年、皇帝マクシミリアン二世やティロル大公フェルディナント二世の妹ヨハンナ・フォン・エスターライヒ（ジョヴァンナ・ダウストリア）と結婚した。この結婚に際して、メディチ家がハプスブルク家にジャンボローニャのブロンズ浮彫やアステカの仮面を贈っていることを考えるならば、アルプスの南と北でコレクションが行き交ったことは重要な意味をもっていた。とりわけフランチェスコ一世の義兄ティロル大公フェルディナント二世のアンブラス城のコレクションが典型的な「驚異の部屋」として発展していくからである。チェッリーニの名作《フランソワ一世の塩容》（ウィーン、美術史美術館）なども、一時はアンブラス城に所蔵されていたものである。

ハプスブルク家系図

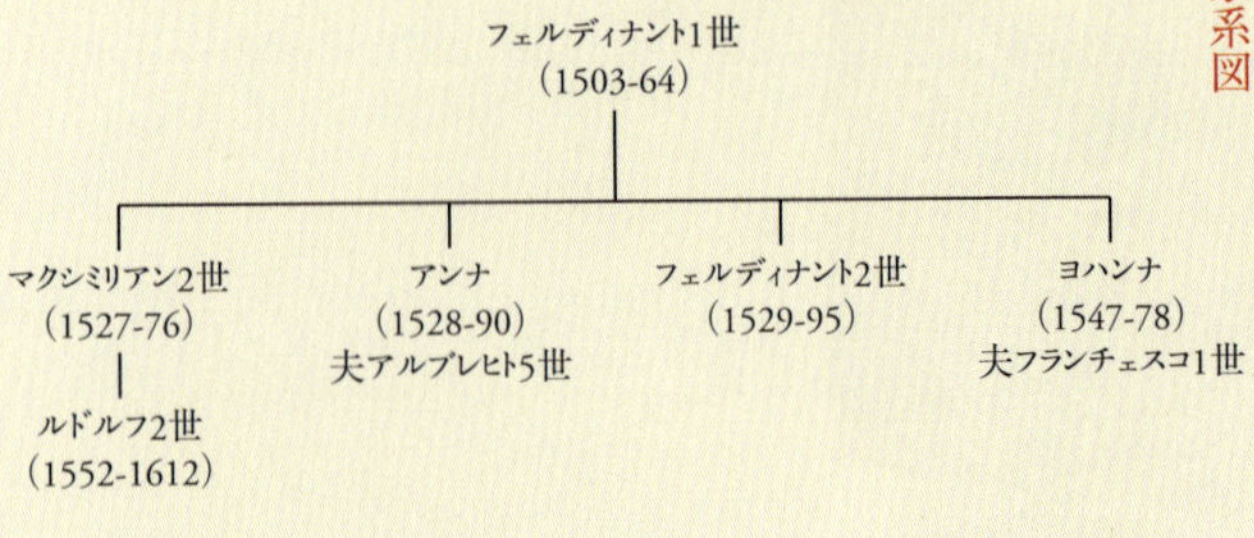

14

# フランチェスコ一世の貴石製容器

## 国際的職人集団

フランチェスコ一世は「カジーノ・ディ・サン・マルコ」と「ストゥディオーロ」に、ジョヴァンニ・バッティスタ・チェルヴィ、アンニバレ・フォンターナ、ガスパロ・ミゼローニ、サラッキ兄弟、カローニ家（アンブロージョとステーファノ兄弟）、ガッフーリ家（ジョルジョが有名）、そしてフランドル出身のハンス・ドメスやデルフト出身のジャック・ビリフェルトといった国際的な職人集団を抱え、貴金属や貴石に綺想の形態を与えた。一五七三年にフィレンツェにやって来たジャック・ビリフェルトは新しい大公冠の製作者であり、彼の工房の腕の冴えは《女性頭部のある装飾品》（バルジェッロ国立博物館）でも十分に立証ずみである。名品の数々は評判を聞きおよんだプラハの皇帝ルドルフ二世に嫉妬羨望の念をいだかせたほどである。

## ラピスラズリ製品二点

フランチェスコ一世がとりわけ愛した素材は、紺碧のラピスラズリである。一六世紀の最高品質のラピスラズリはサファヴィー朝ペルシアのアフガニスタン産である。《ラピスラズリ製カップ》（銀器博物館）［図75］の貝殻か小舟のような形の石の碗は、ミラノ出身の宮廷職人カローニ家がつくった可能性が高い。フィレンツェ人ジョヴァンニ・バッティスタ・チェルヴィ（一五三二～八六年）が製作した、緑に輝く鱗のある蛇とも魚ともつかない幻想的な把手が妖しい魅力を放っている。ブオンタレンティがデザインしたという説もあるが史料上の確証はない。

《ラピスラズリ製深皿》（銀器博物館）は、一五七九年にカジーノ・ディ・サン・マルコで製作されたことがわかっている。小舟の形の深皿のデザインは、素描が残っているのでブオンタレンティだろう。カラフルでグロテスクな金とエナメル製の怪人面の把手はハンス・ドメス作である。

## 三人の天才の合作《ラピスラズリ製容器（フィアスカ）》

貴石製容器の最高傑作のひとつは、高さ四〇・五センチの堂々たる大作《ラピスラズリ製容器（フィアスカ）》（銀器博物館）［図76］である。ブオンタレンティのデザインに基づいて（素描が現存している）、カジーノ・ディ・

［図75］筆者撮影…フィレンツェの工房《ラピスラズリ製カップ》。ジョヴァンニ・バッティスタ・チェルヴィ作の金とエナメル製の把手付き。一五七六年。高さ八㎝。フィレンツェ、銀器博物館。

サン・マルコの工房でおそらくはミラノ人ジャン・ステファノ・カローニが容器をつくった。脚部の石にフランチェスコ・デ・メディチの頭文字「FM」とメディチ家の紋章と「一五八三年」の年記がある。容器の下部にはアカンサスの葉、両肩には二体の怪鳥ハルピュイアが彫られている。ハルピュイアから金とエナメル製の長い首がのびて金製頭部と連結している。金とエナメルの装飾はジャック・ビリフェルトが担当した。三人の天才の合作により、みごとな素材と高い技術の融合した美しいフォルムをうみだすことに成功している。ラピスラズリに含まれる黄金色の黄鉄鉱のまだら模様がさらに価値を高めている。蓋を開けると細い頸部から大量の液体を入れることが可能であり、その高度な技術には驚きを禁じえない。

以上、ラピスラズリ製品三点ともトリブーナの一五八九年の財産目録に記載がある。

［図76］筆者撮影…下中央：ベルナルド・ブオンタレンティのデザインに基づくフィレンツェの工房（ジャン・ステファノ・カローニ）《ラピスラズリ製容器（フィアスカ）》。ジャック・ビリフェルト作の金とエナメルの装飾。高さ四〇・五cm。一五八三年。その両脇は、左がサラッキ工房《（ドラゴンの頭をもつ）怪鳥形容器》。水晶。金、エナメル。一六世紀後半（一五八九年以前）。高さ二三cm。右がサラッキ工房《怪鳥形容器》。水晶。金、エナメル。一五八九年頃。高さ二二・五cm。フィレンツェ、銀器博物館。

# フランチェスコ一世の「メディチ磁器」

## 幻の「メディチ磁器」

一五七四年（コジモ一世の没年）に作成された「グァルダローバ」の財産目録によれば、メディチ家は（中国製および中東製の）白磁三二二点、青磁七五点を所有していた。フェリペ二世の磁器コレクション三〇〇〇点にはおよばないものの、ティロル大公フェルディナント二世のアンブラス城所蔵の磁器二三三点を超えている。青磁に比べて白磁は硬度とともに純白の光沢がとりわけ称賛された。これだけ所有していれば、模倣して製造したくなるのが人情だが、製造方法がわからない。ヴァザーリは『美術家列伝』第二版（一五六八年）で、フランチェスコ一世が一五六〇年代から磁器工房を開いて試作の実験にのりだしたと伝えている。

ヨーロッパ最初の磁器は、一七〇九年、ザクセン選帝侯フリードリヒ・アウグスト一世通称アウグスト強王の時代につくられた「マイセン磁器」である。それより一世紀以上さかのぼること一五七五年、フランチェスコ

［図77］メディチ磁器工房《水差し（ブロッカ）》。ベルナルド・ブオンタレンティ（デザインとモデリング）。一五七五〜八七年頃。高さ二六・八㎝。デトロイト、デトロイト美術館。

コ一世が「メディチ磁器」の製造に成功した。ただしこれは正確には磁器ではない。白土、珪石、ソーダ、明礬などさまざまな素材を混合して焼成した「磁器もどき」であって、本当の磁器に不可欠な磁土カオリンを含んでいない。しかし、限りなく磁器に近づいた焼き物であることは確かである。

フランチェスコ一世が歴代大公のなかでもひときわユニークなのは、カジーノ・ディ・サン・マルコの工房であまたの錬金術師に混じってみずから「メディチ磁器」の製造に朝から晩まで沈潜したことである。窯印はフランチェスコの頭文字「F.」や大聖堂のクーポラ、大公冠やメディチ家の紋章である。各国の君主に贈っているが、一五八二年にはスペイン王フェリペ二世に贈呈している。一五八七年（フランチェスコ一世の没年）の「グァルダローバ」の財産目録によれば、「メディチ磁器」は八二〇点もあるが、現存するのはセーヴル国立陶芸美術館（九点）、ヴィクトリア&アルバート美術館（九点）、ルーヴル美術館（六点）、大英博物館（四点）、メトロポリタン美術館（四点）などに合計六〇点ほどしかない。

## 青花壺三点

「メディチ磁器」は一般に、色は白地に青（コバルトを焼成した青すなわちコバルト・ブルー）の爽やかな明朝風の「青花（ビアンコ・エ・ブル）」が

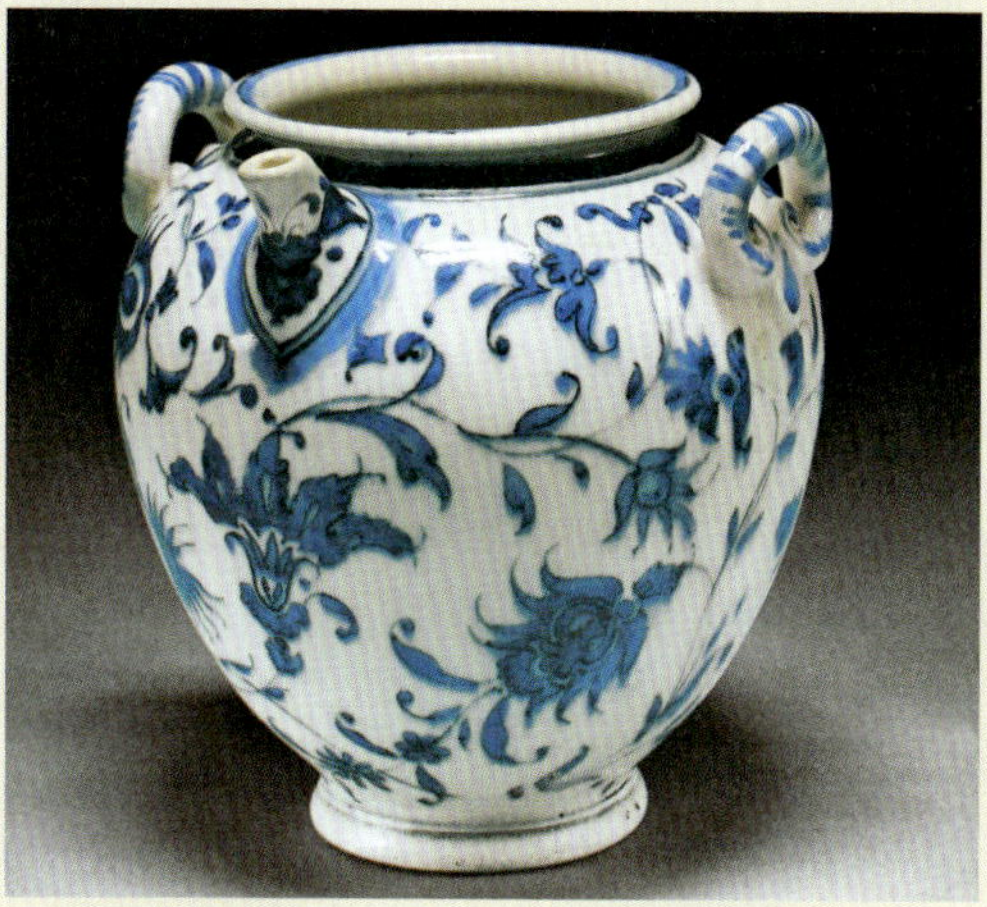

［図78］メディチ磁器工房《酒瓶（フィアスカ）》。一五七五～八七年頃。高さ二一・七cm。ワシントン、ナショナル・ギャラリー。

多く、形状や文様は西洋風のオリジナルなものが多い。

最初期かつ最重要の大作が《水差し（ブロッカ）》（デトロイト美術館）[図77]である。渦巻き形の持ち手はグロテスク人面で胴部とつながり、注ぎ口の周囲には丸襞装飾がほどこされている。胴部には大公冠のしたにメディチ家の紋章とハプスブルク家の紋章、そしてラファエレスクなグロテスク文様があしらわれている。とりわけグロテスク人面が特徴的だが、全体のデザインとモデリングがブオンタレンティに帰されているのも納得できる。描いたのは、一五七三年から七八年に大公の磁器工房で焼成の責任者だったウルビーノ出身の陶画家フラミニオ・フォンターナと考えられる。「F. M. M. E. D. II」の銘がある。二〇〇〇年にデトロイト美術館が購入するまでの履歴が完全に史料で追跡できる一例である。

小ぶりながら貴重なのが、卵形の《酒瓶（フィアスカ）》（ワシントン、ナショナル・ギャラリー）[図78]である。胴部に描かれた唐草文様は、明朝様式もしくは明朝様式を写したイスラーム様式すなわちイタリア語で「スティーレ・トゥルケスコ（トルコ様式）」と呼ばれたものを模倣している。ヨーロッパ初の磁器が誕生したと誤解されたのも、もっともなことである。大聖堂のクーポラと「F.」の銘がある。

逆に《薬味瓶（アンポッラ）》（ボストン美術館）[図79]は、色調以外は完全に西洋独自のものである。油と酢を注ぐ二口の洋梨形の形状もユニークな

[図79] メディチ磁器工房《薬味瓶（アンポッラ）》。一五七五〜八七年頃。高さ二一cm。ボストン、ボストン美術館。

[図80] 右：メディチ磁器工房《大皿》。一五七五〜八七年頃。直径三七cm。個人蔵。
左：メディチ磁器工房《「サウル王の死」の描かれた皿》。一五七五〜八七年頃。直径三三・三cm。ニューヨーク、メトロポリタン美術館。

らば、蟹、蛙、蜘蛛、鰻など一七種の水棲動物が戯れる図柄もチャーミングである。動物の図柄は、画家アルブレヒト・デューラーか陶工ベルナール・パリッシーの素描、あるいはもっと可能性が高いのは、フランチェスコ一世に仕えたヴェローナ人画家ヤコポ・リゴッツィの素描に基づいて、陶画家ジョアッキーノ・ディ・グイードが描いたと推定されているが、史料上の確証はない。余白の広さがのびのびとした自由な開放感を与える作品である。

## 青花皿二点

数ある皿のなかでも、《大皿》(個人蔵)[図80]は、もっとも大きくもっとも美しい皿である。模様はラファエレスクなグロテスク文様で、中央に人面、周囲にグリフィンやプット、ケンタウロスや有翼の幻獣などが優美な衣紋をひるがえして繊細に描かれている。前述の《水差し(ブロッカ)》(デトロイト美術館)との類似性から、ブオンタレンティの素描に基づく同時期の作品で、陶画家フラミニオ・フォンターナの筆になると推測されている。銘は大聖堂のクーポラと「F.」である。

やはりラファエレスクなグロテスク文様が(同じくフラミニオ・フォンターナの筆で)描かれた同時期の作品《「サウル王の死」の描かれた皿》(ニューヨーク、メトロポリタン美術館)[図80]がある。『旧約聖書』の「サムエル記」

に登場するサウル王（前一〇世紀）は、ペリシテ人や周辺民族と勇敢に戦ってイスラエル王国を建国した初代国王であるが、ギルボア山でペリシテ軍に敗北し、剣のうえに身を投じて死んだ。その場面が中央に描かれている。サウル王の死が初代トスカーナ大公コジモ一世の死と同一視され、二人に共通する美徳がたたえられているのだ。さらにはサウル王の部下のダヴィデがやがて王国を繁栄に導くことから、コジモ一世の後継者フランチェスコ一世をたたえる意図も隠されているかもしれない。現存する作品のなかでは、「F. M. M.」と大公冠とメディチ家の紋章が裏面にいっしょに描かれた唯一の作例である。

## §君主へのオマージュ作品

「メディチ磁器」のなかの変わり種は、「一五八六年」の年記がある《フランチェスコ一世の肖像》（バルジェッロ国立博物館）［図81］であり、他に類例のない君主へのオマージュ作品である。大公の右腕の「P」の頭文字はメダル製作者パストリーノ・パストリーニの作であることを示している。フィレンツェには、「メディチ磁器」はこの作品を含めてわずか三点しか残っていない。フランチェスコ一世が没すると製造は尻すぼみになり、ほとんど一代ではかなく消え去った幻の磁器である。

［図81］パストリーノ・パストリーニ《フランチェスコ一世の肖像》。一五八六年。縦二二・八cm。フィレンツェ、バルジェッロ国立博物館。

# 16 フェルディナンド一世の貴石製容器と貴石製胸像

## §一五八九年の「トリブーナ」の財産目録

フランチェスコ一世の弟フェルディナンド一世は、一五六三年から八七年まで、年齢でいうと一四歳から三八歳までの二〇年以上、枢機卿としてローマで暮らしたが、兄が急逝すると、一五八八年に還俗してトスカーナ大公に即位した。兄が政治に不向きだったのと対照的に、フェルディナンド一世は父コジモ一世の政治向きの性格をうけついでいた。コレクションにかける情熱は父や兄譲りであったが、ある意味では兄の業績を否定しようとした形跡があり、カジーノ・ディ・サン・マルコやストゥディオーロにあった宝物をトリブーナに移して前二者を荒廃させたばかりか、ブオンタレンティにトリブーナ用の新しいキャビネットをつくらせて、兄のキャビネットを交換した。

トリブーナの最初の財産目録の作成は、前述のように一五八九年すなわちフェルディナンド一世の治世二年目のことであり、どこまでがフランチェスコ一世時代のコレクションで、どこからがフェルディナンド一

［図82］古代ローマの工房と一六世紀の工房《二つの把手付き酒杯》。東方の玉髄製の器は前一世紀～後一世紀。金とエナメルの装飾はアルプス以北の工房作で、一六世紀（一五八九年以前）。高さ八・五cm。フィレンツェ、銀器博物館。

世時代のコレクションか判別しにくいという研究上の困難がある。以下に紹介するのは、すべて一五八九年のトリブーナの財産目録に記載された傑作である。

## 碧玉製の《ヒュドラ形容器》と《ドラゴン形容器》

白く輝く美しい東方の玉髄製の《二つの把手付き酒杯》（銀器博物館）[図82]には、一六世紀に追加された金縁に様式化された豊饒の角《コルヌコピア》と植物文様が描かれ、エナメル製の小さな二つの把手は緑色のイルカがかわいらしい。対照的に、暗赤色の湾曲した東方の瑪瑙製の《二つの把手付き酒杯》（銀器博物館）[図83]には、一六世紀に追加された把手の尖端の緑色の部分が前脚のある虎の頭の形がついている。一五八八年に金細工師ジョヴァンニ・ドメスが製作したものと思われる。

以上二点は古代の容器だが、一六世紀の容器には想像を絶する奇怪な形態を有するものがある。黄色がかった碧玉製の《ヒュドラ形容器》（銀器博物館）[図84]である。製作者は諸説があったが、現在では容器も装飾もミラノ人のサラッキ工房説が有力である。ヘラクレスと七つの頭をもつヒュドラが表現されているが、一五八九年のトリブーナの財産目録によれば、蓋に立つ「金製のヘラクレス」のほかにも「七個のダイヤモンド、二七個のルビー、二二個の真珠、一四個の柘榴石」がついていた。ヒュ

[図83] 筆者撮影…中央：ローマ帝政後期の工房と一六世紀の工房《二つの把手付き酒杯》。東方の瑪瑙製の器は古代ローマ工房。金とエナメルとプラート産緑色大理石の装飾はジョヴァンニ・ドメスの一五八八年作（?）。高さ八・五cm。フィレンツェ、銀器博物館。

ドラの首の付け根にある青いエナメル製の怪人面もおどろおどろしい。

綺想の点ではカラフルな碧玉製の《ドラゴン形容器》(銀器博物館)[図85]もひけをとらない。碧玉には赤や黄や緑などさまざまな色があるが、バルガ産の「バルガ」は赤褐色と白のまだら模様、コルシカ産の「コルシカ」は緑青色である。ヴォルテッラ産は黄土色がまさり、ベーメン産は緑色がまさる。碧玉は色彩の多様性が特徴だといっても過言ではない。大理石に内在する人物を透視したミケランジェロに倣っていえば、碧玉という素材自体が有する独特のどぎつい色彩が、このエキセントリックな形状を導き出したといえるだろう。

## §シュルレアリスティックな水晶製容器

水晶製容器にもみるべきものが多い。《ガレー船形卓上水盤(1)》(銀器博物館)[図86]は、船尾の二頭のイルカのあいだに騎士の浮彫のある塔が建っている。胴体には「マナの収集」「岩から水を出すモーセ」といった旧約聖書の場面。金製の把手は怪鳥ハルピュイア。蓋には両手をあげる海獣。ギリシア神話とキリスト教と中世騎士物語と同時代の幻獣、とモチーフの点でも贅沢である。これは一五八九年のフェルディナンド一世とクリスティーヌ・ド・ロレーヌの結婚に際してサラッキ兄弟が製作したものである。同じサラッキ工房の「ガレー船」シリーズには水晶製

[図84] 筆者撮影：サラッキ工房《ヒュドラ形容器》。碧玉。金、エナメル、真珠、ダイヤモンド、ルビーの装飾付き。一六世紀(一五八〇年頃～一五八九年以前)。高さ二四cm。フィレンツェ、銀器博物館。

[図85] サラッキ工房《ドラゴン形容器》。碧玉。金、エナメル、真珠、ルビーの装飾付き。一六世紀後半(一五八九年以前)。高さ二二cm。フィレンツェ、銀器博物館。

［図87］筆者撮影…手前中央。サラッキ工房《ガレー船形卓上水盤（2）》。水晶。金、柘榴石。高さ三一・四cm。左下：ジョヴァンニ・ベルナルディ《ノアの箱船の皿》。水晶。銀装飾付き。一六世紀（一五四六年頃?）。直径三〇・三cm。手前右端：ガスパロ・ミゼローニ（?）《蓋付きカップ》。水晶。金、エナメル。蓋はフランス製。一六世紀中葉（一五五九年以前）。高さ二三・五cm。上中央：ミラノ人工房（ミゼローニ?）《蓋付きカップ》。ラピスラズリ。金、エナメル、真珠。一六世紀後半。高さ一五cm。手前左端：ミラノ人工房《容器（フィアスカ）》。シチリア産碧玉。金、エナメル、真珠、ルビー、縞瑪瑙製カメオ。一六世紀後半。脚部と注ぎ口は一八世紀。高さ二七・六cm。フィレンツェ、銀器博物館。

［図86］サラッキ工房《ガレー船形卓上水盤（1）》。水晶。金、エナメル、カメオ、エメラルドの装飾付き。一五八九年頃。高さ三八・五cm。フィレンツェ、銀器博物館。

《ガレー船形卓上水盤（2）》（銀器博物館）[図87]があり、こちらには船首にドラゴンの頭が彫られている。

一五八九年の婚礼時につくられた、サラッキ工房の「怪鳥」シリーズには《怪鳥形容器》（銀器博物館）や《（ドラゴンの頭をもつ）怪鳥形容器》（銀器博物館）[図76]がある。「魚」シリーズには複数の《魚形容器》（銀器博物館）[図88]があり、脚部は二頭のイルカ形である。魚形容器の表面は細かい植物文様がびっしりと覆いつくしており、無機的な鉱物に有機的な動植物を人工的に彫ることで、自然と人工が高度に融合した作品となっている。透明な石の魚が空を飛ぶイメージは、シュルレアリスティックでさえある。

このように列記してみると、一六世紀に水晶製品がいかに愛されたか、そして彫石の技術も一五世紀に比べるといかに高度になったかがよくわかる。

## 貴石の胸像

貴石製容器の変種というか亜種というか進化形ともいうべきものに、貴石と貴金属を組み合わせた胸像がある。《アウグストゥス帝の胸像》（銀器博物館）[図89]は、一世紀の頭部がショッキングなブルーのトルコ石、一六世紀の胸部が金、台座が東方の瑪瑙でできている。これは枢機卿時

[図88]筆者撮影…手前右端：サラッキ工房（?）《魚形容器》。水晶。金、エナメル。一六世紀後半（一五八九年以前）。高さ三三cm。手前左端：サラッキ工房（?）《魚形容器》。水晶製。金、エナメル。一六世紀後半（一五八九年以前）。高さ二〇cm。奥左から三番目：ミラノ人工房（ガスパロ・ミゼローニ?）《カップ》。緑玉髄。金、エナメル、ルビー。一六世紀後半（一五八九年以前）。高さ八・四cm。フィレンツェ、銀器博物館。

代のフェルディナンドが、一五八〇年に金細工師アントニオ・ジェンティーリ・ダ・ファエンツァ（一五一九～一六〇九年）に注文したもので、胸部にはメドゥーサの頭がある。一五八九年からトリブーナの棚にはこの種の胸像が数多く並んでいた。

胸像はローマ皇帝の場合が多いが無名女性のこともある。高さ六・七センチの小さな《女性胸像》（銀器博物館）[図89]は、顔が赤褐色のジルコン製、髪が金で髪留めが四個の小粒のダイヤモンド。衣服は白、青、黄のストライプのエナメル製で、胸に一個の大粒のダイヤモンドをつけている。台座は花模様のエナメルをほどこした金製。胸像の背中には開閉式の小さなドアがあるので、小物容れだったことがわかる。

[図89] 右：アントニオ・ジェンティーリ・ダ・ファエンツァ《アウグストゥス帝の胸像》。トルコ石、金、東方の瑪瑙。一六世紀後半。高さ一二cm。フィレンツェ、銀器博物館。
左：作者不詳《女性胸像》。ジルコン、金、エナメルを施した金、ダイヤモンド。高さ六・七cm。フィレンツェ、銀器博物館。

17

# 大公妃クリスティーヌ・ド・ロレーヌの貴石製容器

## §フェルディナンド一世とクリスティーヌの結婚

一五八九年四月三〇日、カトリーヌ・ド・メディシスの愛孫クリスティーヌ・ド・ロレーヌがフェルディナンド一世と結婚するためにフィレンツェ入城をはたした。新郎四〇歳、新婦二四歳。ピッティ宮殿の中庭に水をはって模擬海戦がくりひろげられるなど盛大な結婚祝典だった。夫婦仲のよさは、金製メダル《フェルディナンド一世とクリスティーヌ・ド・ロレーヌ》(バルジェッロ国立博物館)やカメオ《フェルディナンド一世とクリスティーヌ・ド・ロレーヌ》(バルジェッロ国立博物館)[図6]、そして《クリスティーヌ・ド・ロレーヌの肖像のある指輪》(銀器博物館)[図90]などからも折紙つきである。

「マダマ(奥方)」と呼ばれてフィレンツェ人からも敬愛された彼女が、メディチ・コレクションの拡充に貢献したことが近年の研究で明らかになった。同年一月五日に他界した祖母カトリーヌから一二万スクードの価値の遺品を相続したのだ。クリスティーヌのフィレンツェへの持参品

[図90]《クリスティーヌ・ド・ロレーヌの肖像のある指輪》。紅玉髄製インタリオ。金製指輪。一五九二年頃。インタリオの縦一・三cm。フィレンツェ、銀器博物館。

リスト（一五八九年）には、貴石製容器四八点（うち水晶製容器が二一点）が含まれており、同年にトリブーナの最初の財産目録が作成されたことも偶然ではあるまい。ウフィツィ宮殿には「マダマの部屋」が開設されたほどである。

## §カトリーヌの遺品

クリスティーヌがカトリーヌから受け継いだ遺品の数々は、前述のヴァレリオ・ベッリ作の有名な《宝石箱》[図43]のほかにも傑作ぞろいである。

水晶製《ノアの箱船の皿》（銀器博物館）[図87][図91]。外側の周囲の八つの銀装飾には「アブラハム」「イサク」「ヨシュア」「ヤコブ」「モーセ」「ダヴィデ」「ソロモン」「復活したキリスト」の八人。中間層は四柱の風神が吹く風によって各種の鳥が中央の円形に向かって猛烈な勢いで渦巻いている。中央円形部分には、右端にひざまずくノア、そして箱船に乗る象、駱駝、牛、羊、猪、犬といった動物のつがいの左端に一頭の一角獣がそっぽを向いて佇立《ちょりつ》している。気位の高い一角獣は乗船を拒んで滅びたという巷説があるので、そこはかとなく寂しげにみえる。作者のカステルボロニェーゼ出身の彫玉師ジョヴァンニ・ベルナルディ（一四九六〜一五五三年）は、ローマでイッポーリト・デ・メディチ枢機卿や教皇ク

[図91] ジョヴァンニ・ベルナルディ《ノアの箱船の皿》（中央部分）。水晶。銀装飾付き。一六世紀（一五四六年頃?）。直径三〇・三㎝。フィレンツェ、銀器博物館。

レメンス七世の庇護をうけていた人物で、これを一五四六年頃にペリン・デル・ヴァーガの素描に基づいて製作した。

　水晶製《蓋付きカップ》（銀器博物館）[図87][図92]は、バランスの美しい、おしゃれな作品である。カップの胴体はアカンサスの葉と植物文様が浮き彫りにされているのに対して、瀟洒な足はつるりとして模様がない。カップはミラノ人ガスパロ・ミゼローニの作と推定されており、カトリーヌの所有だった時期（夫アンリ二世の生前）にフランスでこれまたおしゃれな金とエナメル製の蓋が追加された。白色と黒色で六回くりかえされる「ＨＣ」のモノグラムはアンリ二世とカトリーヌの夫婦の頭文字と解釈できるが、このモノグラムを「Ｄ」の組み合わせと解釈すると、アンリ二世の寵姫ディアーヌ・ド・ポワティエ（一四九九～一五六六年）の頭文字になるという問題の作品である。蓋のつまみが三日月形であることも、月の女神ディアナ（ディアーヌ）を連想させるし、何より白と黒はディアーヌのシンボル・カラーである。

　ラピスラズリ製《蓋付きカップ》（銀器博物館）[図87]は、石に彫りがなく、白い斑点がアクセントになっているだけで、単純ですっきりしたシャープな形である。金とエナメルの装飾には四三個の真珠が使われている。

　比較的小さな緑玉髄製《カップ》（銀器博物館）[図88][図93]。一五八九年のリストには一四個のルビーがついていると記されているが、いまではル

[図92] 筆者撮影…ガスパロ・ミゼローニ（?-）《蓋付きカップ》（部分）。水晶製。金、エナメル。蓋はフランス製。一六世紀中葉（一五五九年以前）。高さ二一・五cm。フィレンツェ、銀器博物館。

[図93] 筆者撮影…ミラノ人工房（ガスパロ・ミゼローニ?-）《カップ》。緑玉髄。金、エナメル、ルビー。一六世紀後半（一五八九年以前）。高さ八・四cm。フィレンツェ、銀器博物館。

ビーの多くが失われた。それでも、ゆがんだ楕円形の縁に海獣（二枚の鰭《ひれ》がある）の頭がついているおもしろい器形で、脚も中心軸からずらして絶妙なバランスをとるアシンメトリーの精華である。

六角形のピラミッド型水晶製《容器（フィアスカ）》（銀器博物館）［図94］は、三層からなる。上の二層には総状装飾、花綱装飾、グロテスク文様がびっしりと彫り込まれ、最下層には「バッコス」（葡萄）、「ポモナ」（果実）、「ミネルウァ」（オリーヴ）の神々が確認できる。製作者にはミゼローニ工房説のほかにサラッキ工房説もある。

## §クリスティーヌの持参品

クリスティーヌの持参品の数々もすばらしい。すっとした立ち姿が印象的な《蓋付き容器》（銀器博物館）［図94］は、色彩のグラデーションが鮮やかな赤縞瑪瑙製の古代品である。瑪瑙（アゲート）にはじつにさまざまな色があり、シチリア産のものは黄色味がかっているが、インドのゴア（一五一〇年以降、ポルトガル領）産のものは真っ赤な血の色である。平行の縞模様があるものを縞瑪瑙（オニックス）、その縞模様が赤褐色やカラフルな虹色のものを赤縞瑪瑙（サードニックス）と呼ぶ。一六世紀フランス工房作と推定されるルビーやガラス片をちりばめた豪華な金製の蓋の頂には、史料によれば、蛇形の把手がついていたはずである。

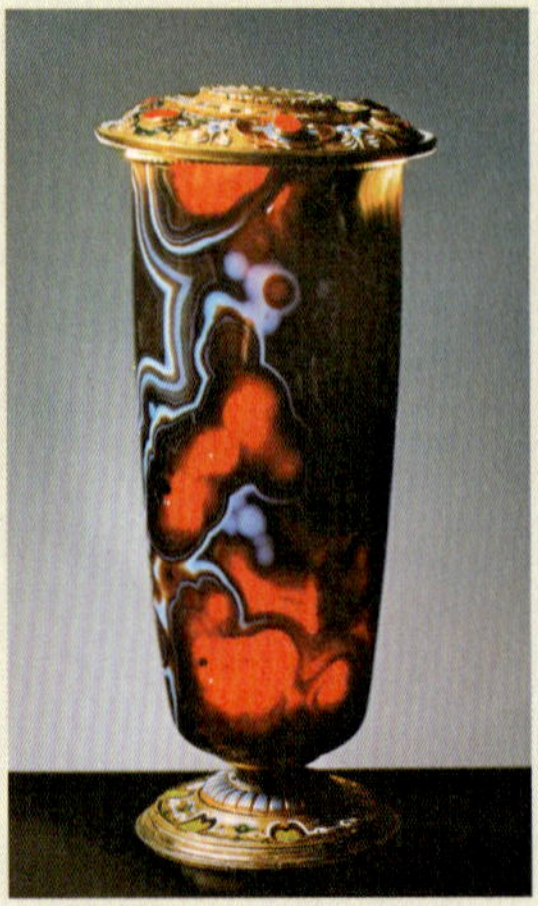

［図94］右：ミラノ人工房（ミゼローニ?）《容器（フィアスカ）》水晶。金、銀、エナメル。一六世紀後半。高さ二六・三cm。フィレンツェ、銀器博物館。
左：古代ローマ《蓋付き容器》。赤縞瑪瑙製容器は一～四世紀。金、エナメル、ルビー、ガラス片の蓋は一六世紀フランスの工房（?）。脚部は一七六九～八四年。高さ二三・六cm。フィレンツェ、銀器博物館。

クリスティーヌがフィレンツェに持参した最高傑作のひとつが、碧《へき》玉《ぎょく》製《容器（フィアスカ）》（銀器博物館）[図87][図95]である。碧玉の色はいろいろあるが、これは「シチリア産の碧玉」と史料に特記された茶系の碧玉である。放射状に線が彫られた二枚貝のフォルムが美しい。二枚貝を結合する金製の帯（下方に葉飾りがある）には、多数の真珠とエメラルドがちりばめられていたが、いまは真珠が点々と残るだけである。容器の中央には四個のルビーとカラフルなエナメル装飾にかこまれた縞瑪瑙製カメオ「ムーア人の頭部」がついている。製作者はミラノ人サラッキ工房説が有力であるが、ミラノ人ヤコポ・ダ・タッツァ説などもある。いずれにせよ傑作であることに間違いはない。

東方の瑪瑙製の《小壺》（銀器博物館）[図96]は、全体が螺旋状にねじれた変則的な形をしている。瑪瑙製の蓋も逆バラスター形で変わっている。尖端のつまみは金に青色のエナメルがほどこしてある。いちばん驚くべきは、緑色の頭と赤色の胴体をもつ派手なドラゴン形の二つの把手である。製作者も製作年も不確かであるが、クリスティーヌの持参品として記録されている。

変わり種の小品をもう一点紹介しておきたい。東方の瑪瑙製《小壺》（銀器博物館）[図97]である。高さがわずか六センチと低い割にずんぐりとした胴部に、金とエナメル製の二匹のドラゴンが把手としてへばりついてい

[図95] ミラノ人工房《容器（フィアスカ）》。シチリア産碧玉製。金、エナメル、真珠、ルビー、縞瑪瑙製カメオ。一六世紀後半。脚部と注ぎ口は一八世紀。高さ二七・六cm。フィレンツェ、銀器博物館。

る。白地に金の斑点のあるドラゴンの形が、蛙とカタツムリ（ルビーを背負っている）の合体のようで、なんとも奇妙な愛嬌がある。ドラゴンの首に残るリングが、かつて鎖で吊るされていたことを示している。蓋には青色の果実のエナメル装飾、脚部には黒色のエナメル装飾がある。製作者も製作年も不確かであるが、これもやはりクリスティーヌが持参した逸品である。

［図96］筆者撮影…フランスまたはイタリアの工房《小壺》。瑪瑙。金、エナメル。一六世紀末。台座は一八世紀末。高さ二一㎝。フィレンツェ、銀器博物館。

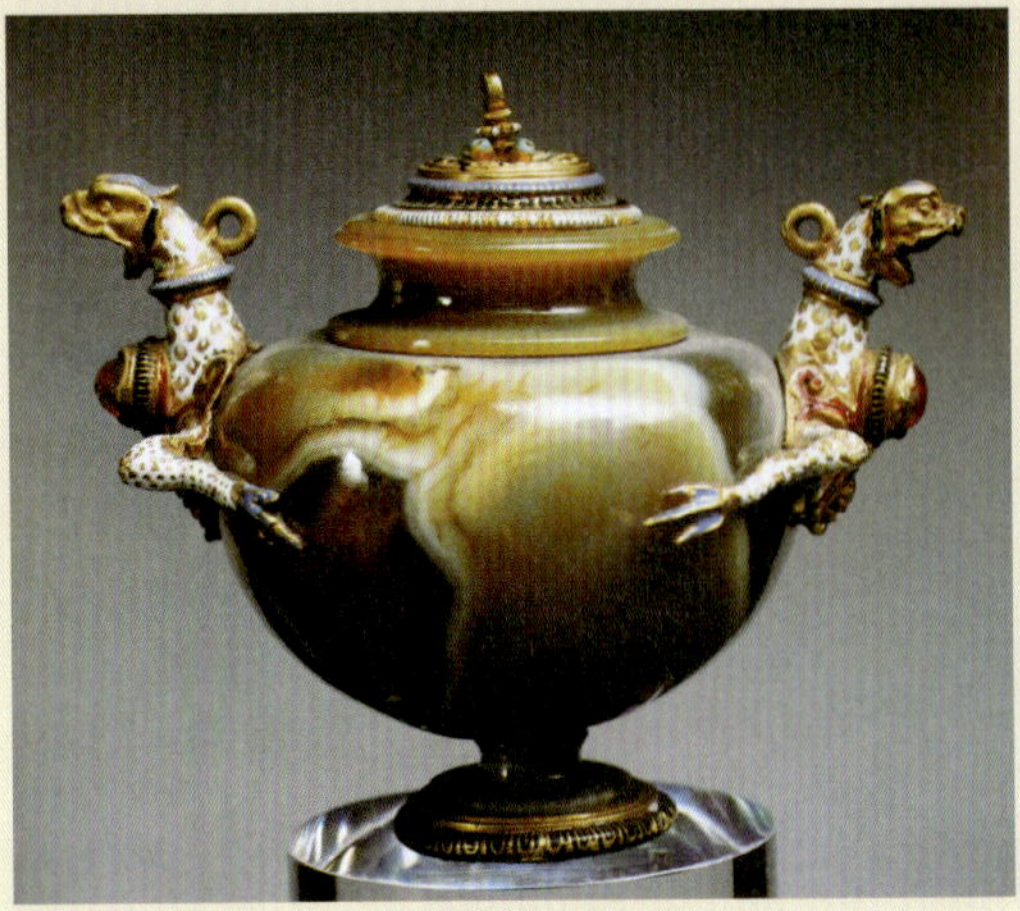

［図97］イタリアの工房（?）《小壺》。東方の瑪瑙。金、エナメル、ルビー。一六世紀後半。高さ六㎝。フィレンツェ、銀器博物館。

18

# フランチェスコ一世とフェルディナンド一世の鸚鵡貝製品

## § フランチェスコ一世の《双鸚鵡貝製把手付き水差し（メッシローバ）》

フランチェスコ一世は自然の驚異と人工の驚異の結合を好んだが、彼のコレクションにあった最高傑作のひとつは、鸚鵡貝を二つ組み合わせた《双鸚鵡貝製把手付き水差し（メッシローバ）》（銀器博物館）［図98］である。鸚鵡貝は南太平洋に棲息する軟体動物で、貝殻が鸚鵡の嘴《くちばし》の形に似ていることからその名がつけられた。「生きた化石」と呼ばれる珍しい東方の生物である。これにフランドル人工房の熟練職人の手になると推測される、趣向を凝らしたドラゴン形の注ぎ口や蛇形の把手が加えられ、ルビーとトルコ石がちりばめられている。注ぎ口のドラゴンの形は明らかに中国の龍からヒントを得ているが、脚部はニュルンベルク工房の作風であり、全体の装飾は折衷的といえるほどに各地の要素が複雑に混淆している。

［図98］筆者撮影…中段右から二番目：フランドル人工房《双鸚鵡貝製把手付き水差し（メッシローバ）》。鸚鵡貝、金メッキ装飾、ルビー、トルコ石。一六世紀後半。高さ三二〇cm。上段左端：中国の工房とフィレンツェの工房（？）《酒杯》。犀角、銀。一六世紀。高さ二一・五cm。フィレンツェ、銀器博物館。

［図99］中国の工房とフランドルの工房《双鸚鵡貝製の容器》。鸚鵡貝、金メッキ装飾。一六世紀後半。フィレンツェ、銀器博物館。

## 中国の鸚鵡貝製品

鸚鵡貝は一六世紀前半から数多く中国（明朝）の広東（広州）からやって来たが、中国産と断定できるのは、《双鸚鵡貝製の容器》（銀器博物館）［図99］のように、鸚鵡貝自体に中国人や植物の模様がほどこされているからである。この作品は、一六一八年にカジーノ・ディ・サン・マルコからパラッツォ・ヴェッキオの「グァルダローバ」に移されたが、一六世紀のコレクションだったものである。金属装飾も風変わりで、製作場所はフランドル説のほかにドイツ説や中国説まであり、一七世紀に改作された可能性も否定できない。

《鸚鵡貝製のソース容れ》（銀器博物館）［図100］の二点は、パリの職人フランソワ・クルヴクールが一五五五年から六七年のあいだに金属装飾をほどこしたもので、三頭の細いイルカが支える脚部が同形である。右の作品には大胆にそりかえる龍の図、左の作品には中国人と建物のカラフルな彩色がほどこされている。中国のおそらくは広東の工房で製作されたものである。ともに一六一八年にカジーノ・ディ・サン・マルコからパラッツォ・ヴェッキオの「グァルダローバ」に移された記録があるが、クリスティーヌ・ド・ロレーヌがフランスから持参した可能性が高い。壊れやすい鸚鵡貝が中国からの長旅をよく耐えたものである。

［図100］筆者撮影…右：中国の工房とフランスの工房（パリのフランソワ・クルヴクール）《鸚鵡貝製のソース容れ》。鸚鵡貝、金属装飾。一五五五～六七年。高さ一七・五cm。フィレンツェ、銀器博物館。
左：中国の工房とフランスの工房（パリのフランソワ・クルヴクール）《鸚鵡貝製のソース容れ》。鸚鵡貝、金属装飾。一五五五～六七年。高さ一七cm。フィレンツェ、銀器博物館。

## 鸚鵡貝製品の変り種

《鸚鵡貝製の容器》（銀器博物館）〔図101〕は、鸚鵡貝自体に手が加えられていない代わりに、金属装飾が例外的に手の込んだ精妙さである。鸚鵡貝の口縁には二頭のヒッポカンポス（半馬半魚の海馬）、頂にはカタツムリにまたがる小人がちょこんと座っている。鸚鵡貝を支える台座の脚部がこれまた奇妙で、ターバンとスカートを身につけたエキゾチックな人物が右手にもつ鎖につないだライオンの尻尾が蛇の形ときている。

鸚鵡貝製品の変種として、《巨大カタツムリ形容器（ヴェルサトイオ）》（銀器博物館）〔図101〕を最後にあげておきたい。これは鸚鵡貝の貝殻をカタツムリの殻に見立て、銀製の胴体に組み合わせたもので、長さが三一・八センチもある。実際のカタツムリの殻ではこれだけの迫力は出せないので、置物として十分に見応えがある。なんの意味もないが、目を楽しませるファンシーな優品である。

〔図101〕筆者撮影…下段右端：ドイツの工房《鸚鵡貝製の容器》。鸚鵡貝、銀、鍍金ブロンズ。一六〇〇年頃。高さ三三・五㎝。下段左端：フィレンツェの工房《巨大カタツムリ形容器（ヴェルサトイオ）》。銀彫刻と鸚鵡貝。一六〇八年頃。高さ一〇㎝。長さ三一・八㎝。フィレンツェ、銀器博物館。

# 19 貴石象嵌細工「フィレンツェ・モザイク」

## §「驚異の部屋」の超絶技巧

貴石製の象嵌細工というのは、イタリア語で「コンメッソ」、英語で「モザイク」というが、「モザイク」という言葉から連想される粗雑さとは似ても似つかない高度に洗練された工芸品である。カラフルな貴石を細かくカットし、数百もの石片をジグソーパズルのように隙間なくびっしりと組み合わせて「石の絵」（フェルディナンド一世の言葉）を描く超絶技巧は、まさに驚異の神業というほかはない精密さである。

大公直轄工房で生産される「フィレンツェ・モザイク」は、各国の「驚異の部屋」にとって必須アイテムだった。現在ではフィレンツェの博物館のほか、ルーヴル美術館、ヴィクトリア&アルバート美術館、ドレスデン美術館、エルミタージュ美術館などにも所蔵され、二〇〇六年にフィレンツェのピッティ宮殿、二〇〇八年にニューヨークのメトロポリタン美術館で大規模な展覧会が開催されたことからもわかるように、近年にわかに脚光を浴びて再評価がはじまった工芸分野である。

［図102］筆者撮影…ローマの工房《楕円形テーブル》。天板は白大理石、スペイン産色紋入り大理石、貝殻入り大理石、雪花石膏、ラピスラズリ、紅玉髄、碧玉など。脚部は胡桃材に金。一五七五～八〇年。高さ七〇cm。フィレンツェ、銀器博物館。

## §ローマ風の幾何学文様

プリニウスの『博物誌』に記述のある「オプス・セクティレ」技法を用いた貴石象嵌細工は、一六世紀半ばからローマで人気に火がつき、貴族の蒐集家のあいだで貴石製容器の蒐集熱をしのぐほどになった。枢機卿としてローマで成長したフェルディナンド一世は、先進文化を吸収してフィレンツェに移植するのに一役かった立役者である。たとえば枢機卿時代のフェルディナンドがローマで所有していた《楕円形テーブル》（銀器博物館）［図102］は、貴石象嵌細工の天板に使用された天文学的占星術的なデザインが特徴的で、周囲には当時流行していた黄道十二宮の一二記号が並んでいる。マクロコスモスとミクロコスモスの一致の発想から、表のとおり黄道十二宮と星座と人体には照応関係があると信じられた。

フィレンツェが貴石象嵌細工の一大中心地に発展するのは、枢機卿フェルディナンドが大公に即位した年すなわち一五八八年の九月三日の法令によって、ウフィツィ宮殿内に大公直轄工房（イタリア語の正式名称は「ガッレリーア・ディ・ラヴォーリ」）を組織し、国家事業としての生産を本格化させたときからである。しかし、すでにコジモ一世時代やフランチェスコ一世時代にも製作ははじまっており、フランチェスコ一世は一五八六年に工房をカジーノ・ディ・サン・マルコからウフィツィ宮殿

黄道十二宮と星座と人体の照応関係

| 黄道十二宮 | 星座 | 人体 |
|---|---|---|
| 白羊宮（はくようきゅう） | 牡羊座 | 頭 |
| 金牛宮（きんぎゅうきゅう） | 牡牛座 | 首 |
| 双児宮（そうじきゅう） | 双子座 | 両腕 |
| 巨蟹宮（きょかいきゅう） | 蟹座 | 胸 |
| 獅子宮（ししきゅう） | 獅子座 | 心臓 |
| 処女宮（しょじょきゅう） | 乙女座 | 腸 |
| 天秤宮（てんびんきゅう） | 天秤座 | 腎臓 |
| 天蠍宮（てんかつきゅう） | 蠍座 | 性器 |
| 人馬宮（じんばきゅう） | 射手座 | 尻 |
| 磨羯宮（まかつきゅう） | 山羊座 | 膝 |
| 宝瓶宮（ほうへいきゅう） | 水瓶座 | 踵 |
| 双魚宮（そうぎょきゅう） | 魚座 | 足 |

内に移していた。初期のデザインの特徴は、ローマの影響を受けた幾何学文様である。

フランチェスコ一世のためにつくられた《フランチェスコ一世のキャビネットのための跳ね蓋》（銀器博物館）［図103］は、ウフィツィ宮殿のトリブーナの中央に置かれていたキャビネット「ストゥディオーロ」の断片（八点の跳ね蓋の一点）であり、四つの蝶番《ちょうつがい》で開閉できる蓋の部分である。黒檀の背景にカラフルな貴石を幾何学的に配置し金色の銅線で結びつけるという、現代美術を想わせる、とびきりエレガントな作品である。このキャビネットはブオンタレンティのデザインに基づき、ドイツ人家具職人バルトロメオ・デルマン（ヘルマンの息子バルトロメウス）を中心に各種の専門職人が共同で製作したものである。このキャビネットはフェルディナンド一世の新しいキャビネット「ストゥディオーロ・グランデ」に取り替えられたあとに解体されて、このしゃれた跳ね蓋一点だけが残った。

フランチェスコ一世は貴石の蒐集に熱中するあまり、ルッカ北方のバルガに碧玉の採石場を開設したほどである。バルガ産の「バルガ」は赤褐色と白のまだら模様がとりわけ美しい。大公お抱えのバルガ出身の薬草学者フランチェスコ・マッツェランギは鉱物の情報を頻繁に大公に伝えている。薬草学者が鉱物学者を兼ねることが多いのは、当時の医療で

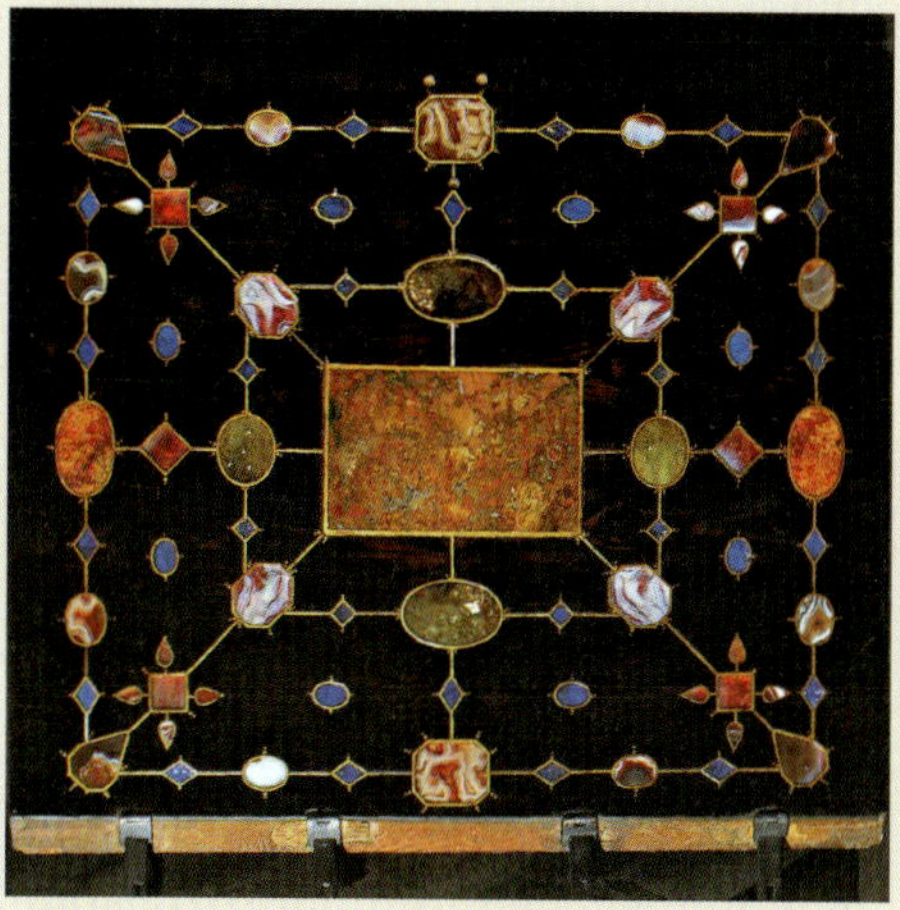

［図103］フィレンツェの工房（バルトロメオ・デルマン）《フランチェスコ一世のキャビネットのための跳ね蓋》。黒檀、貴石、金メッキした銅線。一五八〇年代。五六・七×六四・二cm。フィレンツェ、銀器博物館。

は薬草とともに呪術的治癒力のある鉱物が薬の粉末として使用されていたからである。

フェルディナンド一世のためにつくられた《貴石を象嵌した木製テーブル》(鉱物学・岩石学博物館)も、よく似た幾何学文様である。もともとトリブーナの新しいキャビネット「ストゥディオーロ・グランデ」(消失)を構成する正面の一部だったもので、現存する唯一の木製部分である。かつて、このキャビネットの表面を飾っていたのは、金、銀、真珠、瑪瑙、ラピスラズリ、碧玉、紅玉髄、水晶、トパーズ、柘榴石、トルコ石、ルビー、エメラルド、藍玉、紫水晶、サファイア、ダイヤモンドなどの宝石類である。宝物を収納する家具自体がこのうえなく豪華な宝物だったのだ。キャビネットの製作は木工師ドメニコ・デル・タッソがはじめ、「黒檀の匠」クリストフ・パウルが完成したが、一五九三年から一五九九年まで六年の歳月を要した。これがメディチ家断絶後の一七八〇年に撤去されるまでトリブーナにあったキャビネットである。

《幾何学装飾のあるテーブル天板》(銀器博物館)[図104]は、白大理石にいろいろな貴石(中心の八角形はアメジスト)が幾何学的に配置されている。遠近法を使ったシンメトリカルな構図に万華鏡をのぞくようなおもしろさがある。フランチェスコ一世時代の作品と考えられてきたが、フェルディナンド一世時代の作品とする新説も出ている。

[図104] 筆者撮影…フィレンツェの工房《幾何学装飾のあるテーブル天板》。白大理石、貴石(アメジスト、碧玉、瑪瑙、ラピスラズリ)。一五六〇〜八〇年。天板は一三二×一三二cm。フィレンツェ、銀器博物館。

# §「抽象」から「具象」へ

確実なことは、フェルディナンド一世時代に装飾デザインが「抽象」から「具象」へとしだいに変化していったことである。この変化はちょうど一五八八年の大公直轄工房の創設時期と符合しており、石と石の継ぎ目のない信じられないほど精緻な、あたかも一枚の「石の絵」のような錯覚を与えることを可能にした高度な技術の達成が背景にある。

移行期の折衷形態には、かつてペトライアのメディチ家別荘にあった《鸚鵡と花瓶と戦利品のあるテーブル天板》（貴石細工研究所博物館）［図105］やポッジョ・インペリアーレのメディチ家別荘にあった《正方形テーブル天板》（銀器博物館）［図106］がある。前者にはフランドル産碧玉を背景にローマの古代遺跡から切り出した色大理石が使用されている。後者には中央の八角形に稀少な古代石材のアンティオキア産「オッキアート（目玉模様石）」が使用され、そこから放射状にローマ風の幾何学文様がひろがり、隙間に花柄が点々と配されている。前者の黒い背景と後者の花柄が結合したデザインが、一七世紀にヨーロッパで大流行する「フィレンツェ・モザイク」あるいは「フィレンツェ風モザイク」の基本要素となるものである。同好の皇帝ルドルフ二世なども、フィレンツェの職人コジモ・カストルッチを引き抜いて首都プラハの宮廷へ招聘したほどである。

［図105］筆者撮影…大公直轄工房《鸚鵡と花瓶と戦利品のあるテーブル天板》。一六世紀末。フィレンツェ、貴石細工研究所博物館。

［図106］大公直轄工房《正方形テーブル天板》。一六世紀末から一七世紀初頭。一二一×一二一cm。フィレンツェ、銀器博物館。

## 紋章と肖像

大公直轄工房の最初の数十年間のうちに、大公冠とメディチ家の紋章のあるシリーズ、たとえば《メディチ家の紋章のある長方形テーブル》（銀器博物館）やフェルディナンド一世とクリスティーヌ・ド・ロレーヌの結婚に際して製作された《メディチ＝ロレーヌ家の紋章》（貴石細工研究所博物館）［図107］、さらに人物画のなかでも最高難度の肖像画のシリーズがつくられるようになる。

最初のモザイク肖像画は《コジモ一世の肖像》（貴石細工研究所博物館）である。一五九八年にフランチェスコ・フェッルッチが、本来サン・ロレンツォ聖堂プリンチピ礼拝堂のコジモ一世墓碑のために製作したもので、大公を称揚する意図からトスカーナ産の貴石だけが使用された。これは、前年に画家ドメニコ・クレスティ通称イル・パッシニャーノが描いた油彩画《コジモ一世の肖像》（貴石細工研究所博物館）に基づいており、現在は二点とも同室に並んで展示されている［図108］。

フランチェスコ・フェッルッチは、一六〇〇年にマリ・ド・メディシスが結婚に際して持参した《フランス王アンリ四世の肖像》（消失）、一六〇一年に《フェルディナンド一世の肖像》（消失）や《教皇クレメンス八世の肖像》（ロサンジェルス、ジャン・ポール・ゲティ美術館）［図109］もつくっ

［図107］筆者撮影…左上：大公直轄工房《メディチ＝ロレーヌ家の紋章》。一五九〇年頃。縦三九cm。フィレンツェ、貴石細工研究所博物館。

［図108］筆者撮影…左：フランチェスコ・フェッルッチ《コジモ一世の肖像》。トスカーナ産各種貴石。一五九八年。右下：ドメニコ・クレスティ《コジモ一世の肖像》。油彩。一五九七年。フィレンツェ、貴石細工研究所博物館。

ている。この最後の作品は、フェルディナンド一世が教皇クレメンス八世（在位：一五九二～一六〇五年）に贈ったもので、フランドル産の漆黒の碧玉を背景に、玉髄と真珠層でできた教皇の胸像が氷のように冷たい豪奢な輝きを放っている。

## 8 サン・ロレンツォ聖堂プリンチピ礼拝堂

ヴァザーリが「貴石はどんな細工も可能な素材であり、そのなかに過去と記憶をよく保存することができる」と述べているように、フェルディナンド一世が「メディチ王朝」の栄光を未来永劫に伝える霊廟を建造するにあたって、死の忘却を拒む不朽の煌めく貴石を採用したのは必然の帰結だった。それがサン・ロレンツォ聖堂プリンチピ礼拝堂［図110］である。これは一六〇二年のコンクールで優勝したフェルディナンド一世の異母弟ジョヴァンニ・デ・メディチ（生母はエレオノーラ・デリ・アルビッツィ）の設計により一六〇四年に着工された八角形の霊廟で、マッテオ・ニジェッティが建築監督を担当した。八角形は洗礼堂から大聖堂交差部、トリブーナと数世紀うけつがれてきた聖なる形である。ここには歴代大公が埋葬されることになるが、大公直轄工房が総力をあげてとりくんでも、内装の完成は一九世紀中葉までかかった。驚くべきは、一六〇四年の着工以前から、すでにトスカーナ諸都市の《都市の紋章》（サン・ロレ

［図109］大公直轄工房（フランチェスコ・フェルッチ）《教皇クレメンス八世の肖像》。一六〇一年。ロサンジェルス、ジャン・ポール・ゲティ美術館。

［図110］筆者撮影…ジョヴァンニ・デ・メディチ設計、プリンチピ礼拝堂。一六〇四年着工。フィレンツェ、サン・ロレンツォ聖堂。

ンツォ聖堂プリンチピ礼拝堂）やキボリウムなど貴石象嵌の製作がはじまっていたことで、造営にかける大公の並々ならぬ情熱を示している。《トスカーナの田園風景》（貴石細工研究所博物館）なども、本来はプリンチピ礼拝堂の祭壇用につくられた作品である。

石材も近くはヴォルテッラ産の碧玉や雪花石膏、遠くはアフガニスタン産のラピスラズリやインドのゴア産の瑪瑙など数百種がフィレンツェに集められた。石の蒐集には、商人、大使、学者、職人、友人、知人のネットワークが活用された。

## 大公直轄工房の具象画傑作群

職人もミラノから家族ごと招聘したカローニ家（一五七二年）とガッフーリ家（一五七五年）を中心に彫石から象嵌まで腕を競い合って、大勢が大公直轄工房で働いた。彫石と象嵌の両方の技術が融合した作例が、《キリストとサマリアの女の壁龕《へきがん》》（ウィーン、美術史美術館）である。ジャック・ビリフェルトが金細工とエナメル細工を担当し、ジョヴァンニ・アンブロージョ・カローニが水晶製の壁龕を担当し、クリストーファノ・ガッフーリが貴石製の二人の多色人物像を担当し、ベルナルディーノ・ガッフーリが背景の風景を担当して福音書の出会いの場面に騎士物語風の雰囲気を加味している。

［図11］筆者撮影…ジャック・ビリフェルト、ベルナルディーノ・ガッフーリ《シニョリーア広場の景観》。金、各種貴石。一五九九～一六〇〇年。横二五・五㎝。フィレンツェ、銀器博物館。

同時期（一六世紀末）の傑作が《シニョリーア広場の景観》（銀器博物館）［図111］である。楕円形の空間に劇場の書き割りを思わせる極端な遠近法を用いて魅力的な広場が再現されている。ジャック・ビリフェルトが水晶を素地として銀色に輝く建物（パラッツォ・ヴェッキオ、ロッジャ・デイ・ランツィ、ウフィツィ宮殿）と金箔をほどこした彫像（コジモ一世騎馬像、ダヴィデ像、ペルセウス像など）を担当し、ベルナルディーノ・ガッフーリが碧玉製の舗石とラピスラズリ製の青空を担当した。ラピスラズリに含まれる白色の方解石や長石のまだら模様がちょうど雲のように見えておもしろい。この作品はトリブーナのキャビネット「ストゥディオーロ・グランデ」を飾るためにつくられたものである。

具象画の頂点をなすサン・ロレンツォ聖堂主祭壇の《マナの恵み》［図112］は、ほとんど油彩画と見分けがつかないほど精巧である。マナというのは『旧約聖書』の「出エジプト記」に登場する神が降らせた不思議な食物のことで、それをイスラエルの民が容器に集めている場面である。下絵はベルナルディーノ・ポッチェッティ。象嵌職人は、プリンチピ礼拝堂の仕事をしていたクリストーファノ・ガッフーリの甥ジョヴァン・バッティスタ・サッシである。

［図112］筆者撮影…ジョヴァン・バッティスタ・サッシ（ベルナルディーノ・ポッチェッティの下絵に基づく）《マナの恵み》。一六二〇年。フィレンツェ、サン・ロレンツォ聖堂。

## 8 下絵画家ヤコポ・リゴッツィ

貴石象嵌細工の下絵画家としてもっとも重要な人物は、ヴェローナ生まれの画家ヤコポ・リゴッツィである。ボローニャ大学の博物学者ウリッセ・アルドロヴァンディ（一五二二～一六〇五年）の一五七七年九月一九日の記述に、フィレンツェ宮廷に動植物の細密画を描く「すぐれた画家」がいるとあることから、この人物がリゴッツィと考えられる。フランチェスコ一世以下四人の大公に仕えた万能の画家だったが、自然観察に没頭するときだけ安らぎを覚えるような、几帳面で気難しい性格だった。

リゴッツィの下絵に基づく作品に《リヴォルノ港の景観のあるテーブル》（ウフィッツィ美術館）[図113]がある。クリストーファノ・ガッフーリが三年の歳月をかけて一六〇四年に完成した。フェルディナンド一世は一五九三年に「リヴォルノ憲章」を発布してリヴォルノを「自由港」とし、ユダヤ人やムスリム商人を呼び込むことに成功した。フェルディナンド一世はこの作品の注文で自身の偉業を永遠化したのだ。

リゴッツィの下絵に基づく大作《花瓶と花々のあるテーブル》（パラティーナ美術館）[図114]は、玉虫色に輝く驚異的な作品である。本来はプリンチピ礼拝堂主祭壇の前部装飾のために七年の歳月をかけて製作されたが、のちにテーブル天板に変更された。エキゾチックな鳥や昆虫や植物

[図113] 大公直轄工房（ヤコポ・リゴッツィの下絵に基づきクリストーファノ・ガッフーリが製作）《リヴォルノ港の景観のあるテーブル》。一六〇一～〇四年。九四×一〇七㎝。フィレンツェ、ウフィッツィ美術館。

[図114] 大公直轄工房（ヤコポ・リゴッツィとベルナルディーノ・ポッチェッティの下絵に基づきジョヴァン・バッティスタ・サッシとヤーコプ・フォン・フラッハが製作）《花瓶と花々のあるテーブル》。一六〇三～一〇年。九五×一八四㎝。フィレンツェ、パラティーナ美術館。左ページは部分。

が稠密《ちゅうみつ》に描き込まれ、それらが銀色の玉髄を背景に、まるで地上の楽園の幻視のように明滅して目眩《めまい》をさそう、不可思議な色と形の饗宴である。

リゴッツィの下絵に基づく、碧玉とラピスラズリ製の市松模様が鮮やかな《チェスボード》（銀器博物館）［図115］の周囲には、とりどりの花と蝶が配され愛らしい作品に仕上がっている。蝶の羽や花びらや葉のグラデーションからは、自然を慈しむ画家のやさしさが伝わってくる。

やはりリゴッツィの下絵に基づく最高傑作の一点が、製作に七年も要した《花のテーブル》（ウフィツィ美術館）［図116］である。一一二センチ×一六二センチの碧玉製の黒いテーブル全面に無数の花々がまき散らされた驚くべき作品である。同時代の史料にも「花散らし《フィオーリ・スパルティ》」という適切な言葉で特徴が明示されている。リゴッツィ自身が特別な思い入れを込めて貴石の濃淡を選定したため、花々の形状と色調とが完璧に調和している。中央には月桂冠、四隅には四色のアザミが配されて緊張感のある空間秩序を保っているが、さらに目を凝らすと蝶の幼虫と成虫も確認できる［図117］。まさに、神は細部に宿り給うのだ。

フィレンツェからヨーロッパ諸宮廷に贈られたのは、リゴッツィ風の「自然主義」のテーブルであり、黒い背景に花や果実や鳥や昆虫が配された主題が「フィレンツェ・モザイク」の典型としてもてはやされた。そうした一例はフィレンツェからデンマークに贈られた《花と果実のあ

［図115］大公直轄工房（ヤコポ・リゴッツィの下絵に基づきジョヴァン・バッティスタ・サッシが製作）《チェスボード》。一六一七～一九年。五七×五四cm。フィレンツェ、銀器博物館。

［図116］大公直轄工房（ヤコポ・リゴッツィの下絵に基づきヤコポ・モンニッカが製作）《花のテーブル》。一六一四～二一年。一一二×一六二cm。フィレンツェ、ウフィツィ美術館。

［図117］《花のテーブル》（部分）。

るテーブル》（コペンハーゲン、ローゼンボー城）にもみられる。

## 風景石に描かれた絵

以上は貴石象嵌細工という「石で描かれた絵」であるが、「石に描かれた絵」があることも付言しておきたい。サン・マルコの修道士アゴスティーノ・デル・リッチョ（一五四一～九八年）が一五九七年に執筆した『石の歴史』のなかで「雅で愛らしい石の崇拝者たちが、アルノ川のなかを探しはじめた」と述べているように、アルノ川の底には「アルベレーゼ」という特殊な石灰石があり、模様が峨々たる岩山の風景のように見えるので「風景石《ピエトラ・パエジーナ》」と呼ばれた。神の筆になる天然石の奇抜な模様だけでも珍重されるが、画家が筆を加えるのが時代の趣味だった。

ヤコポ・リゴッツィの息子フランチェスコ・リゴッツィ（一五九〇？～一六四一年）が風景石に油彩で描いたのは、《地獄のダンテとウェルギリウス》（貴石細工研究所博物館）［図118］である。父のヤコポが『神曲』の挿絵を描いているので、息子のフランチェスコにとっても馴染深いテーマであり、左下のダンテとウェルギリウスの人物造形には父の作品からの引用が認められる。一方、本作の右側には、風景石のこの世ならぬ荒涼とした模様を背景に、地獄で拷問に苦しむ罪人たちが小さく描き込まれている。

［図118］筆者撮影…フランチェスコ・リゴッツィ《地獄のダンテとウェルギリウス》。風景石に油彩。一六二〇年。三二×三三cm。フィレンツェ、貴石細工研究所博物館。

# 一六世紀の珍品奇物と外来物

## 新世界より

一六世紀になると世界への視界が一気に広がる。新世界の珍品奇物と外来物がメディチ・コレクションに続々と加わった。

メディチ家が蒐集したアステカ工芸品の大部分は、メディチ家時代やロートリンゲン家時代やサヴォイア家時代、さらにはもっと最近の散逸の犠牲となったが、それでも何点かが現在、各地の博物館に残っている。来歴のわかるいちばん古い作品は、一五一九年にコルテスがカルロス一世（皇帝カール五世）に献上した絵文書《ヴィドボネンシス・メクシカヌスI》（ウィーン、国立図書館）［図119］である。これをカルロス一世はポルトガル王マヌエル一世に贈り、マヌエル一世は一五二一年に教皇クレメンス七世に贈った。その後、イッポーリト・デ・メディチ枢機卿の死でメディチ家の手を離れ、ミュンヘンなどを経てウィーンに落ち着いた。カラフルな横向きの人物像が黒い輪郭線で強調された平板な絵であるが、その平板さが遠近法を見慣れた目にはかえって新鮮に映る。

アステカの羽毛工芸品は財産目録に多数記録されているが、腐食しやすいものだけに世界中でわずか六点しか確認されていない。うちメディ

［図119］絵文書《ヴィドボネンシス・メクシカヌスI》。一五一九年以前のメキシコのミシュテカ・プエブラ様式の手稿。ウィーン、国立図書館。

チ家の旧蔵品は《羽毛の外套》がフィレンツェの人類学・民俗学国立博物館、そして《羽毛の盾》がメキシコ・シティーのメキシコ国立歴史博物館に伝存する。後者は羽毛がほとんど抜け落ちてしまっているが、数奇な運命をたどった品である。最後のアステカ王モテクソーマ二世からの献上品と考えられ、セビーリャからフィレンツェを経てブリュッセルへ行き、そして皇帝フランツ・ヨーゼフ一世の弟でメキシコ皇帝（在位：一八六四～六七年）として三五歳の若さで処刑されたハプスブルク家のマクシミリアンが、ウィーン近郊ラクセンブルク城からメキシコに運ばせた。つまり大西洋を往復して里帰りした唯一のメキシコ所蔵品なのだ。

枢機卿時代のフェルディナンド一世が所有していた《羽毛の司教冠》（銀器博物館）［図120］は、スペイン植民地メキシコの職人の手になるもので、アステカの伝統工芸と外来のキリスト教がであってうまれた異文化混淆の産物である。

メディチ家旧蔵品ではトルコ石のモザイクでできた《仮面》がローマの国立ルイジ・ピゴリーニ先史学民族誌学博物館に残っている［図121］。ルイジ・ピゴリーニ（一八四二～一九三三年）はイタリア王国の首都ローマにイエズス会士アタナシウス・キルヒャー（一六〇二～八〇年）のコレクションを基礎にして博物館を設立した館長であり、文化面における中央集権化を推進した学者である。トルコ石のモザイク細工は世界に二三点

［図120］筆者撮影：植民地メキシコ工芸《羽毛の司教冠》。一六世紀中葉。縦四二cm。フィレンツェ、銀器博物館。

［図121］アステカ工芸《仮面》。トルコ石。メキシコのミシュテカ・プエブラ様式。ローマ、国立ルイジ・ピゴリーニ先史学民族誌学博物館。

しか現存しないが、この仮面はアステカの火神シウテクトリ（トルコ石の神）かシウコアトル（火の蛇＝トルコ石の蛇）の顔を表した作品である。

アステカ工芸品のもっとも重要な作品が本来の保存場所であるピッティ宮殿に残っている。コジモ一世が所有していたメソアメリカ産《翡翠製仮面》（銀器博物館）［図122］である。これは前述のラピスラズリ製カメオ《怪人面》（銀器博物館）［図70］にインスピレーションを与えた作品である。口の不気味な開け方に共通性がみられる。これは穢れや不浄を食べるという伝承から、おそらくは葬儀に関連する品と考えられる。唇に赤色、歯に白色の顔料がかすかに残っているが、本来あった眼球は失われた。耳朶にあいた穴にはイヤリングがぶらさがっていたはずである。

フィレンツェ人はすぐにエキゾチックなアステカ工芸品の魅力の虜になったようで、ウフィッツィ宮殿の旧「武器の間」の天井にはルドヴィーコ・ブーティがフレスコ画でアステカ王国の首都テノチティトランの風景やアステカ攻略場面などとともに《メキシコの酋長と従者》［図123］を描いた。

等身大の《アステカ王モテクソーマ二世》（銀器博物館）は、従来一六世紀後半の逸名画家が描いたと考えられてきたが、近年の研究で、メキシコ人画家アントニオ・ロドリゲスが一六八〇年頃に描き、司書マリアベキアを介して一六九九年にコジモ三世に贈られたことが明らかになった。

［図122］筆者撮影…テオティワカン工芸《翡翠製仮面》。二五〇〜六〇〇年。高さ二五・八cm。フィレンツェ、銀器博物館。

［図123］筆者撮影…ルドヴィーコ・ブーティ《メキシコの酋長と従者》。一五八八年。フィレンツェ、ウフィッツィ美術館。

## 8 動植物画家ヤコポ・リゴッツィ

新大陸アメリカからは珍しい動物や植物がもたらされた。コジモ一世はミュンヘンのアルブレヒト五世に「インディアスの羊」と呼ばれたリャマを贈っている。

フランチェスコ一世は画家ヤコポ・リゴッツィに新大陸から来た《オオホウカンチョウ》《セイケイ》(ウフィッツィ美術館)[図124]や《パイナップル》《ルコウソウ》(ウフィッツィ美術館)[図124]など多数の動植物画を描かせた。フィレンツェやピサには動物園や植物園があったのだ。

またリゴッツィの描いた熱帯アジア原産の《オウム》(ウフィッツィ美術館)[図124]や一六世紀に初めてヨーロッパにもたらされたトルコ原産の《チューリップ》(ウフィッツィ美術館)[図124]は、華美な極彩色が愛されて貴石象嵌細工のモチーフに頻繁に借用された。

フランチェスコ一世は動植物画を皇帝ルドルフ二世やフランチェスコ・マリア・デル・モンテ枢機卿(カラヴァッジョのパトロン)、ボローニャ大学教授ウリッセ・アルドロヴァンディらに贈っている。自宅を博物館にしていたウリッセ・アルドロヴァンディにはリビアで採れた生きたままの二匹の毒蛇とリゴッツィの細密画を贈ったが、《アフリカツノマムシ》(ウフィッツィ美術館)[図125]は大公が手許に残したほうの作品である。地

[図124]ヤコポ・リゴッツィ《セイケイ》(右上)、《ルコウソウ》(左上)、《オウム》(右中)、《チューリップ》(左中)。紙にテンペラと油彩。一五七七〜八七年頃。フィレンツェ、ウフィツィ美術館。

[図125]左下：ヤコポ・リゴッツィ《アフリカツノマムシ》。紙にテンペラと油彩。一五七七年頃。フィレンツェ、ウフィツィ美術館。

中海沿岸原産のナス科植物《マンドラゴラ》（ウフィッツィ美術館）[図126]は、人の形に似ているために古来おびただしい数の異聞綺譚をうみだしたが、マキァヴェッリの喜劇『マンドラゴラ』では媚薬として活躍する。

動植物画家リゴッツィは、博物学的好奇心が旺盛なことは確かだが、別の側面では「メメント・モリ（死を想え）」の思想に基づく《死の静物画》（個人蔵）[図127]など、死を見つめつづけた画家でもあった。むしろ死の大海のうえに浮かび、多様な生の営みをくりひろげる、小さな生命の輝きに瞠目しているのだ。生きていることは、なんという驚異的な奇蹟かと。

新大陸アメリカ原産のトウモロコシ、ジャガイモ、サツマイモ、トマト、トウガラシ、カカオ、カボチャなどの新しい食材の到来もヨーロッパの食文化を大きく変えたが、いいものばかりが伝わったわけではない。カリブ海の地方病だった梅毒は、コロンブスの隊員が持ち帰ると教皇ユリウス二世、イングランド王ヘンリ八世、フランス王フランソワ一世、皇帝カール五世、学者エラスムスらを苦悶させつつ地球を駆け巡り、中国経由で日本に到達したのが一五一二年。火縄銃をもったポルトガル人が種子島に漂着する三一年前のことである。

[図126] ヤコポ・リゴッツィ《マンドラゴラ》。紙にテンペラと水彩。一五七七〜八七年頃。フィレンツェ、ウフィッツィ美術館。

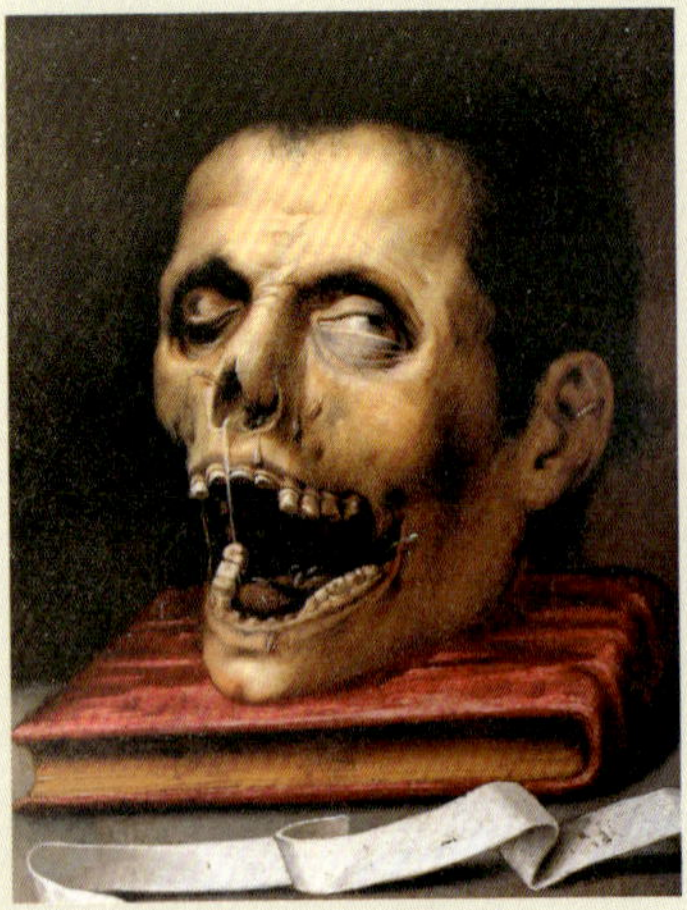

[図127] ヤコポ・リゴッツィ《死の静物画》。銅に油彩。一七世紀初頭。個人蔵。

## アフリカの象牙

アフリカ産の象牙も貴重な外来物である。アフリカ産とはいっても、必ずしもアフリカゾウの象牙とはかぎらない。すでに南インド＝北アフリカを結ぶ海上ルートが確立し、アジアゾウの象牙が北アフリカに運ばれていたからである。

《オリファント》（バルジェッロ国立博物館）[図128]は、象牙に装飾をほどこした狩猟用の角笛である。中世の武勲詩『ローランの歌』で英雄ローランが愛用した角笛の名も「オリファン」だ。やや淡い黄色味がかった白色で、硬度が低いために初歩的な技術でも加工しやすい素材である。本作はさまざまな動物がびっしりと彫られていることから、狩猟用だったことは確実である。

象牙製品はパラッツォ・ヴェッキオの一五五三年の「グァルダローバ」の財産目録に数多く記録されている。なかには所有者の紋章が彫られることによりコレクションに入った時期を特定できる場合があり、たとえば、エレオノーラがコジモ一世に贈った結婚記念品《メディチ＝トレド家の紋章付き角笛》（人類学・民俗学国立博物館）などである。象牙が実用品として利用された《メディチ＝トレド家の紋章付き鷹狩用頭巾の象牙製スタンド》（バルジェッロ国立博物館）[図129]なども明らかに一五五三年の財

[図128] 南イタリアの工房《オリファント》（部分）。象牙。金属装飾。一二世紀。長さ四五cm。フィレンツェ、バルジェッロ国立博物館。

産目録に記された象牙細工四〇点のうちの一点である。

## 財産目録の「ムーア風」と「トルコ風」

一五五三年の財産目録の記述の一部を紹介してみると、「……ムーア風の靴四足／赤いトルコ風の手綱二対／締め金のないトルコ風の鐙《あぶみ》六対／飾りふさ、頭飾り、銀メッキと金メッキとニエロ象嵌のほどこされた拍車のついた、赤い絹製のトルコ人槍兵の制服一着……／鷹匠の新しい手袋一二点／鷹匠の頭巾四〇点が入った箱一点／各種のシリア製の弓一二点／矢があったりなかったりする、トルコ風の箙《えびら》二〇点／……装飾のない大きい角一点／雄牛の小さい角四点／黒革で覆われたムーア風の大きな角笛一点／長い黒い角一点／……」。

「ムーア風」や「トルコ風」が多いことがわかるが、これは厳密な地理的区分ではなく漠然と「異国風」といったニュアンスをもつ場合があるからややこしい。グロテスクな姿が珍重された七面鳥などもメキシコ原産なのに「タッキーノ（トルコの鳥）」と間違って命名されている。

## 彫刻家ジャンボローニャの職人技

カステッロのメディチ家別荘庭園に珍しい動物像をたくさんつくったフランドル出身の彫刻家ジャンボローニャも、生き写しのブロンズ製《七

［図129］《メディチ＝トレド家の紋章付き鷹狩用頭巾の象牙製スタンド》。フィレンツェ（？）で細工。一五五〇年頃。フィレンツェ、バルジェッロ国立博物館。

面鳥》（バルジェッロ国立博物館）をつくっている。彼は人目を驚かせる天才で、仕掛け噴水のあったプラトリーノの別荘に高さ一〇メートルの《アペンニーノ》（頭部が小部屋で、火を焚くと目から光がこぼれた）をつくったかと思えば、サンタ・マリア・ノヴェッラ広場にはオベリスクを支える小さな《亀》［図130］をつくってパトロンの難題に応えた。このフィレンツェの《亀》がもし石碑を支える中国の亀からヒントを得ていたとするならば、中国の亀はじつは亀ではなく、龍の九匹の子のうちの長男で、亀の形に似た贔屓《ひいき》という幻獣である。「依怙贔屓《えこひいき》」や「贔屓の引き倒し」の、あの贔屓である。

## §オスマン帝国の武器

一六世紀当時、パラッツォ・ヴェッキオにどれだけの東方の武器があったのかを正確に知ることはできない。というのもコジモ一世の宝物室「テゾレット」など多くの私室は、財産目録の記載対象外だったからである。高級品を保管する私室の鍵は、君主に個人的に仕える召使いが預かっていた。珍品奇物や外来物の多くは、君主の私的な愉悦のための秘蔵品だったのだ。

トルコ製の《弓》（バルジェッロ国立博物館）［図131］は、全体が黒く塗られたなかにも金の模様がほどこされ、握りの部分（長さ一〇・三センチ）にマム

［図130］筆者撮影…ジャンボローニャ《亀》。一六〇八年（オベリスク建立とジャンボローニャの没年）以前。フィレンツェ、サンタ・マリア・ノヴェッラ広場。

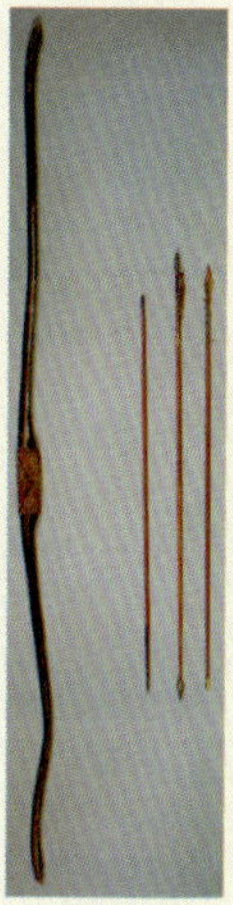

［図131］トルコ製の《弓》。一六世紀。長さ一二三・二㎝。フィレンツェ、バルジェッロ国立博物館。

ルーク朝の絨毯の断片が巻かれている。オスマン帝国の首都イスタンブルのトプカプ宮殿に保存された弓と同形であり、おそらくはコジモ一世が一五六八年にヴェネツィア商人から大量購入した弓の一本に違いない。

イスラームの細密な模様が美しい《剣》（ドレスデン美術館の兵器ギャラリー）［図132］は、イスタンブルで購入後にミラノで補修されたものである。一五八七年に「フィレンツェ公」がハインリヒ・フォン・ハーゲンに託してザクセン選帝侯クリスティアン一世の即位の祝いに贈った品と兵器ギャラリーの財産目録（一六〇六年）に記されている。

同じく《サーベルと鞘《さや》》（ドレスデン美術館の兵器ギャラリー）［図132］も、一五八七年の「フィレンツェ公F」からクリスティアン一世への贈答品である。刃には「フセイン・アリ作」の銘と魚形の商標が刻まれ、十字形の鍔《つば》には三日月と太陽の模様がある。木製の鞘には黒い鞣し革がまかれ、銀に鍍金をほどこした楕円形金属装飾（この部分はおそらくドイツ製）には二つの三日月のあいだに碧玉がはめ込まれている。

前者の《剣》はオスマン帝国とイタリアの合作、後者の《サーベルと鞘》はオスマン帝国とドイツの合作である。一五八七年の「フィレンツェ公F」というのは、同年一〇月一九日に急逝するフランチェスコ一世のことであろう。アルプスの南と北をヒトとモノが頻繁に往来していた様

［図132］右：オスマン帝国とイタリア（ミラノ）の工房《剣》。鋼鉄と木。長さ一〇六cm。ドレスデン、ドレスデン美術館の兵器ギャラリー。
左：オスマン帝国とドイツの工房《サーベルと鞘》。鋼鉄と木。長さ九〇cm。ドレスデン、ドレスデン美術館の兵器ギャラリー。

子がしのばれる。

## 日本の武器

もっとも驚くべきは、日本製品の存在である。日本製品の初出は、一五五三年の財産目録に記された「赤十字付きの銀を張った木の兜《かぶと》」である。これは日本の陣笠と考えられるが、残念ながら現存しない。次の記録は、一五九七年のピッティ宮殿の「グァルダローバ」の財産目録に記された武器である。そのうちの二点と思われる《薙刀《なぎなた》》（バルジェッロ国立博物館）［図133］が現存している。

はじめてヨーロッパの土を踏んだ日本人は、九州のキリシタン大名が派遣した天正遣欧使節すなわち伊東マンショ、千々石ミゲル、原マルチノ、中浦ジュリアンという一〇代半ばの四人の少年たちである。一五八二年に長崎を出港し、一五九〇年に長崎に帰港した。そのあいだにマドリードでスペイン王フェリペ二世、ローマで教皇グレゴリウス一三世に謁見したが、一五八五年にはトスカーナ大公フランチェスコ一世と大公妃ビアンカ・カペッロにも謁見している。リヴォルノに上陸したあと、ピサでは斜塔を見物し、フィレンツェではパラッツォ・ヴェッキオに宿泊し、郊外のプラトリーノの別荘にまで足をのばした。彼らが大公に贈り物をした可能性があるのだ。

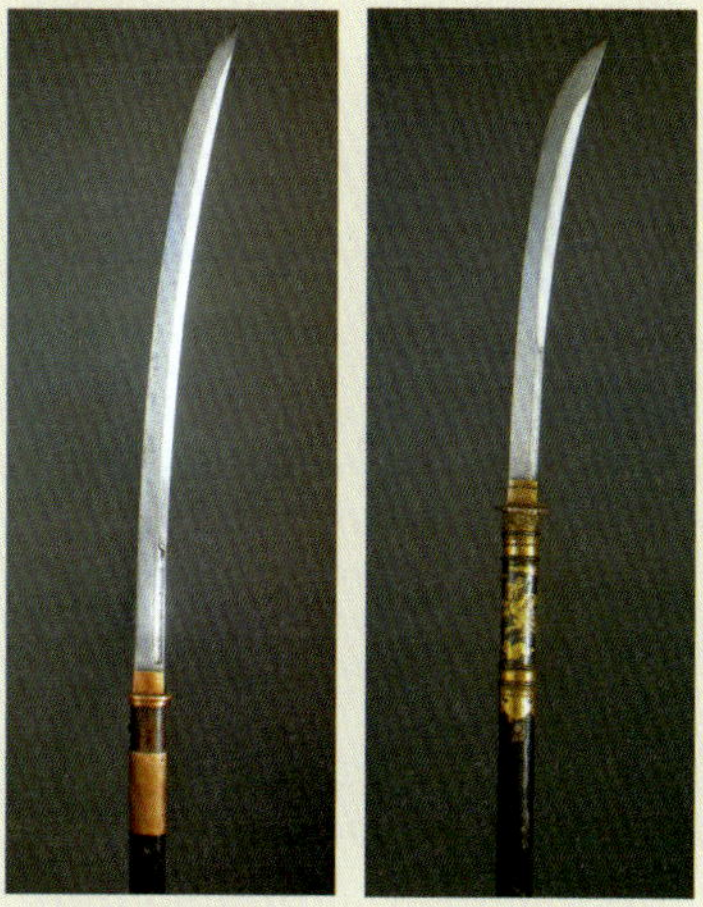

［図133］右：日本製《薙刀（1）》。鋼、真鍮、銅、赤樫。一六世紀。全長二二三cm（刀身は六九cm）。フィレンツェ、バルジェッロ国立博物館。
左：日本製《薙刀（2）》。鋼、銅、赤樫。一六世紀。全長二七二・五cm（刀身は三六・五cm）。フィレンツェ、バルジェッロ国立博物館。

右の《薙刀（1）》は柄の部分に黒漆が塗られ、金箔がほどこされた銅に鳳凰と雲の図柄。左の《薙刀（2）》は鐔《つば》と鎺《はばき》が銅製の簡素なものである。当時のヨーロッパには木材に光沢をだす技法は知られていなかったので、鞘や柄の黒光りする漆塗りは磨きのかけられた角製品と誤解された。

ところが近年の研究で新説が提出されて古い仮説がくつがえされた。右の《薙刀（1）》は、一六一三～二〇年の慶長遣欧使節の支倉常長《はせくらつねなが》が、一六一六年一月二一日にコジモ二世に贈った品と判明したのだ。慶長遣欧使節は仙台藩主伊達政宗が派遣した使節で、メキシコを経てヨーロッパに着き、マドリードでスペイン王フェリペ三世、ローマで教皇パウルス五世に謁見しているが、フィレンツェ国立中央図書館で発見された宮廷日誌から、フィレンツェに滞在した八日間の詳細な足取りが明らかになった。したがって、この薙刀は一五九七年のピッティ宮殿の財産目録に記載された武器ではなく、よって一五八五年の天正遣欧使節の贈り物でもない。ただし左の《薙刀（2）》については、天正遣欧使節の贈り物という仮説は否定しきれない。天正遣欧使節はヴェネツィアのドージェに「刀」と「脇差」を贈っているのだから。

ちなみにウフィツィ宮殿の「武器の間」の最初の財産目録（一六三一年）に登場する日本製の《「腹巻《はらまき》」型の甲冑一式》は、フィレンツェ郊外の

〔図134〕ペルシアの工房《円形盾》。犀皮。一六世紀後半。フィレンツェ、バルジェッロ国立博物館。

〔図135〕筆者撮影…インドまたはインドネシアの工房（?）《金の浮き出し模様のある鼈甲製容器（チョトラ）》。金の細密画。一五八九年以前。直径二一・五cm。フィレンツェ、銀器博物館。

スティッベルト博物館に伝わり、兜《かぶと》から鎧《よろい》、面具《めんぐ》、袖《そで》、籠手《こて》、手甲《てっこう》、草摺《くさずり》までそろっている。

## ペルシア製品と中国製品

フェルディナンド一世はペルシアでつくられた犀皮製《円形盾》（バルジェッロ国立博物館）［図134］を何点か所有していた。インパクトのある黒と金の装飾は、フィレンツェの調度品の装飾に影響を与えたが、「ペルシア風」の特徴は狩猟場面や動物文様そして全体をおおいつくす植物文様である。一五八九年の財産目録に記された《金の浮き出し模様のある鼈甲製容器（チョトラ）》（銀器博物館）［図135］もペルシアの工房でつくられたものと考えられてきたが、近年ではインドかインドネシアの工房説が有力である。鼈甲《べっこう》は、熱帯に棲む海亀の一種タイマイの甲羅の加工品のことである。

中国製の磁器は一六世紀になるとリヴォルノ港に続々と陸揚げされた。コジモ一世とフランチェスコ一世も多数所有し、フランチェスコ一世は憧憬のあまり自分で試作したことは前述のとおりである。現在も銀器博物館には相当数の皿が残っているが、それらは中央円形の「見込み」の周囲に蓮弁《れんべん》文様をほどこした「芙蓉手《ふようで》」と呼ばれるタイプのものである。《青花輪花皿（芙蓉手）》（銀器博物館）［図136］は、カラック船が運んだの

［図136］中国（明朝）の景徳鎮窯《青花輪花皿（芙蓉手）》。一六世紀末から一七世紀初頭。直径二〇㎝。フィレンツェ、銀器博物館。

でヨーロッパでは「カラック磁器」とも呼ばれる。景徳鎮窯の典型的な作例は、青花白磁の壺《青花唐草文瓶》（銀器博物館）[図137]である。首の細長い美しい器形は「玉壺春瓶《ぎょっこしゅんへい》」という。語源は不詳ながら、『水滸伝』に玉壺春という名の酒がみられるので、酒器の用途に由来する命名であろう。白地にコバルト・ブルーの可憐な宝相華《ほうそうげ》と呼ばれる花模様が典型的な作品である。この壺は一八世紀末に貴石象嵌細工《中国磁器のあるテーブル天板》（パラティーナ美術館）[図138]で正確に再現されている。

## 犀角、鹿角、珊瑚

素材の珍しさは珍品奇物の最重要条件である。犀角製《酒杯》（銀器博物館）[図98]は中国の珍品である。杯は「バダ」（インドサイ）と呼ばれた犀の角でできており、中国で加工された。シンプルすぎる銀製装飾はオリジナルではなく、フィレンツェ製だろう。犀角製酒杯は一五八九年のトリブーナの財産目録に数点記録されている。

フェルディナンド一世は前述のザクセン選帝侯クリスティアン一世と親しかったようで、一五九〇年には犀角の深皿一点と中国製磁器一六点（ドレスデンのツヴィンガー宮殿に九点現存）を贈っている。このザクセン選帝侯クリスティアン一世の家系からやがて「マイセン磁器」の生みの親となるアウグスト強王がでるのは奇縁というべきか宿縁というべきか。

[図137] 筆者撮影…中国（明朝）の景徳鎮窯《青花唐草文瓶》。一六世紀初頭。高さ三六cm。フィレンツェ、銀器博物館。

[図138] 大公直轄工房（アントニオ・チョーチの下絵に基づく）《中国磁器のあるテーブル天板》。各種貴石。一七九二年頃。フィレンツェ、パラティーナ美術館。

腰のベルトにぶらさげる《火薬入れ》（銀器博物館）［図139］は、二叉《ふたまた》に分かれた鹿の角でできている。マントヴァ出身の版画家ジョルジョ・ギージの『狩りの寓意』（一五五六年）のウィーン版（一五六三年）に基づいてドイツ語圏でつくられたものだろう。一五八七年のメディチ家の財産目録には「火縄銃用の小さい角製火薬入れ四点」が記録されている。浮彫の主題は、数匹の犬を連れた男（アクタイオンか？）の肩にのる狩りの女神ディアナである。

珊瑚はクラゲやイソギンチャクと同じ刺胞動物門に属する水棲動物であって鉱物ではないが、石灰質の固い骨格が樹枝のようなおもしろい形にのびる種は宝石として珍重された。ギリシア神話ではゼウスとダナエの息子ペルセウスが蛇の髪をもつ恐ろしい怪物メドゥーサの首を切り落としたときに、地中海にしたたり落ちた血から珊瑚が生まれたと伝える。メドゥーサの頭が軍神アテナの盾に取り付けられて敵を恐れさせたように、珊瑚にも魔除けの効果があると信じられた。

《赤珊瑚の枝》（銀器博物館）［図140］は、深海で採れる「自然の驚異」を純粋に楽しむための置物であるが、呪力を秘めているとすれば別の空想もふくらんでくる。フランチェスコ一世は、チェーザレ・タルジョーニという人物がヴェネツィアで入手した黒珊瑚を一五七九年に贈られているし、パラッツォ・ヴェッキオのストゥディオーロ（書斎）にはメドゥー

［図139］ドイツの工房またはフランスの工房（？）《火薬入れ》。鹿の角。一五六三年以後。高さ二〇cm。フィレンツェ、銀器博物館。

[図140] 筆者撮影…《赤珊瑚の枝》のショーケース。フィレンツェ、銀器博物館。

[図141] ジョルジョ・ヴァザーリ《ペルセウスとアンドロメダ》（部分）。一五七〇～七四年。フィレンツェ、パラッツォ・ヴェッキオ。

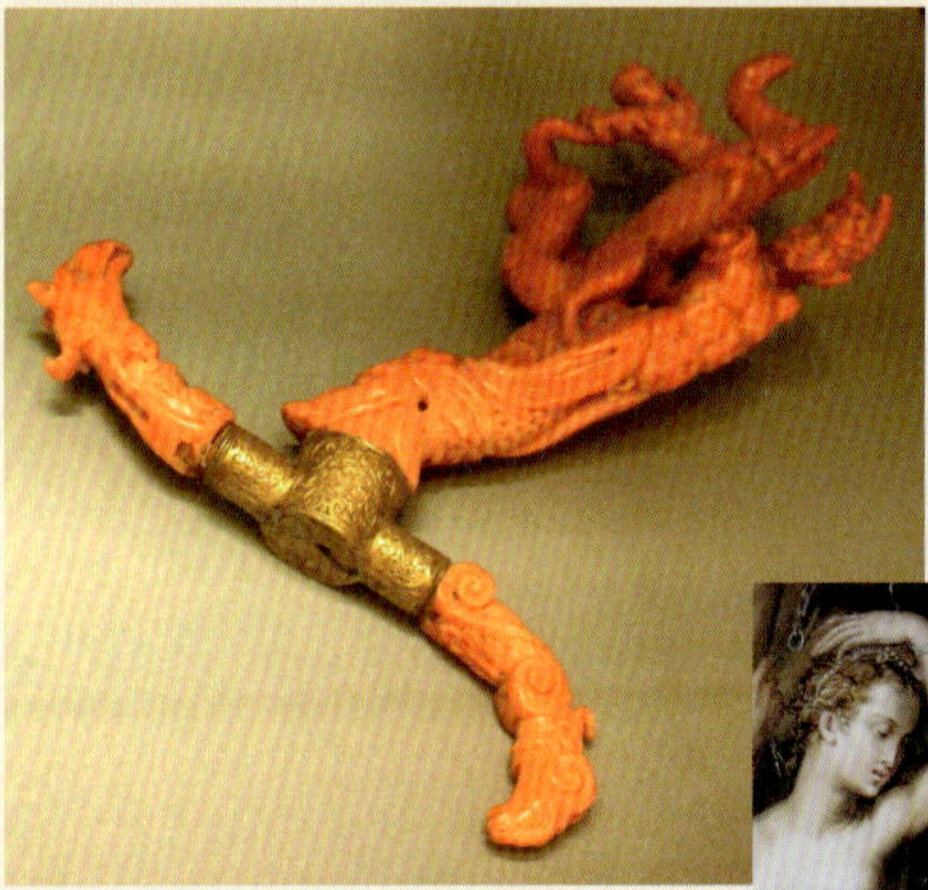

[図142] 筆者撮影…南ドイツの工房（?）《把手》。赤珊瑚、金メッキを施した銀。一六世紀後半。長さ二二cm。フィレンツェ、銀器博物館。

サの首と赤珊瑚をヴァザーリに描かせているので、珊瑚に魅了されていたことは間違いない［図141］。珊瑚については、一五八七年のカジーノ・ディ・サン・マルコの財産目録にも、一五八九年のトリブーナの財産目録にも記載がある。

そうした稀少素材に手を加えたくなるのが人情というものか、あるいは奇妙な色と形が創作のイマジネーションを刺激するのか、鮮やかな赤珊瑚製の《把手》（銀器博物館）［図142］には浮彫がほどこされている。把手かナイフの柄《つか》のような形をしているが、用途は不明である。悪鬼のようないかめしい顔の男、鹿にすわった童子、海獣、幻想的なイルカ、グリフィンか鷲、牡羊などが彫られているが、まったく意味不明である。アウクスブルクの皇帝マクシミリアン二世の弟ティロル大公フェルディナント二世のアンブラス城に類似の珍品奇物があることから、その周辺の作と推定され、ハプスブルク家の兄弟のどちらかが義弟のフランチェスコ一世に贈った可能性が高い。

## 機械時計と日時計

科学物の驚異品としては、赤いケースのついた精密な《卓上時計》（ガリレオ博物館）［図143］が現存する。この時計は時刻を示すだけでなく、天体観測器具でもあった。凝った装飾の表面にはたくさんの円形文字盤があ

［図143］筆者撮影…南ドイツの工房（商標「ＣＲ」）《卓上時計》。金メッキを施した真鍮製。一五七五年頃。高さ三一・五㎝。高さ四〇㎝の鞣し革製のケース付き。フィレンツェ、ガリレオ博物館。

り、曜日を示したり、移動祝祭日を示したり、起床ベルの鳴る時刻を設定したりと多機能を有する。

大きな文字盤にはⅠからⅫを二回くりかえす時刻を示す数字、四分儀、機械仕掛けのアストロラーベのティンパンがついている。ティンパンはリバーシブルで、表面は北緯四八度（ミュンヘンかウィーン付近）、裏面は北緯四〇度（マドリード付近）に調整されている。クーポラの頂点には小さな天球儀、その中心にはさらに小さな地球儀があって、これらは手動である。クーポラ内部には音の鳴る三つの小さな鐘が仕込まれ、六時、一二時、二四時に作動する仕掛けである。

四分儀の裏に刻まれた「CR」の商標は、他の複雑な機械時計にもついている南ドイツの時計職人カスパー・ラウバーを指すとする説が有力である。フェルディナンド一世妃クリスティーヌ・ド・ロレーヌも嫁入り道具として時計を一点持参しているが、目録の記述は本作とは一致しないから別物である。

機械時計の精密機器に比べると、《円筒形の日時計》《正十二面体の日時計》（ガリレオ博物館）[図144]などは、牧歌的なほどに単純素朴であるが、芸術品としてみると美しい。フランチェスコ一世への献上品である。後者の製作者は、パラッツォ・ヴェッキオの「地図の間」の世界地図を完成させた修道士ステファノ・ブオンシニョーリだ。指時針、メディチ家

[図144] 右：フィレンツェの工房《円筒形の日時計》。木製。高さ三五・五cm。フィレンツェ、ガリレオ博物館。
左：ステファノ・ブオンシニョーリ《正十二面体の日時計》。木製。一五八七年。高さ一九・五cm。フィレンツェ、ガリレオ博物館。

の紋章、年記、署名がある。

## ガラス工芸品

多数のガラス工芸品が、科学技術の高さを示すという意味で現在ガリレオ博物館の棚に並べられている。そのうちの一点《脚付きグラス》（ガリレオ博物館）[図145]などは、切り子のある膨らみをもつ、おそろしく繊細なバラスター形の細長い脚のうえで一気に口径が大きく開いた底の浅いグラスである。一六五七年にガリレオ・ガリレイの弟子たちが大公フェルディナンド二世と枢機卿になる以前のレオポルドの後援を受けてピッティ宮殿に設立した、ヨーロッパ最初の科学アカデミーであるアカデミア・デル・チメントの蒐集品のなかでも中核をなすガラス工芸品である。

これが一六世紀のフィレンツェでつくられたとすれば、ムラーノ島のガラス博物館に展示されているヴェネツィアン・グラスの傑作群にはおよばないとしても、比肩しうるなかなかのレベルの高さであり、一七世紀半ばの《螺旋形温度計》（ガリレオ博物館）[図145]のレベルに到達する準備はできているといえるだろう。

[図145] 右：フィレンツェの工房《脚付きグラス》。ガラス。一六世紀。高さ一九・五cm。フィレンツェ、ガリレオ博物館。
左：フィレンツェの工房《螺旋形温度計》。ガラス。一七世紀中葉。高さ三〇cmと二四cm。フィレンツェ、ガリレオ博物館。

# 第Ⅲ部

# バロック繚乱

1609-1743

# 21 コジモ二世の肖像

## 芸術を愛する趣味人のメダル

フェルディナンド一世はヴァロワ家のクリスティーヌ・ド・ロレーヌと結婚したうえに姪（兄フランチェスコ一世の娘）のマリア（マリ・ド・メディシス）をブルボン家のフランス王アンリ四世と結婚させ、フランス寄りの政策に方向転換したが、最晩年の一六〇八年には長男のコジモ二世をのちの皇帝フェルディナント二世（在位：一六一九～三七年）の妹マリア・マッダレーナ・ダウストリアと結婚させることで、ハプスブルク家との外交バランスをとることにも腐心した。

結婚の翌年に一九歳で父を継いだコジモ二世は、病弱なために国政を母クリスティーヌ・ド・ロレーヌと妃マリア・マッダレーナにゆだねざるをえなかったが、ヴァロワ家の姑とハプスブルク家の嫁は、国際対立を家庭内にもち込んだようなもので、当然のことながら仲がぎくしゃくしないはずがなかった。だが私生活でのコジモ二世はやさしい夫で、妻を心から愛し、一二年間の結婚生活で八人の子どもをもうけた。政治経済より芸術を愛する趣味人で、短命を予感していたかのように、人生の歓楽を存分に満喫しようと決意したようである。

［図146］左：ギョーム・デュプレ《コジモ二世の肖像のメダル》。鍍金ブロンズ。一六一三年。直径一一・一cm。フィレンツェ、バルジェッロ国立博物館。
右：ギョーム・デュプレ《マリア・マッダレーナ・ダウストリアの肖像のメダル》。鍍金ブロンズ。一六一三年。直径九・五cm。フィレンツェ、バルジェッロ国立博物館。

一六一二年にフランスからイタリアにやって来たメダル製作者ギョーム・デュプレ（一五七六～一六四三年）が、一六一三年からメディチ宮廷に仕え、鋭い線の美しいプロフィールのメダルを量産した。《コジモ二世の肖像のメダル》《マリア・マッダレーナ・ダウストリアの肖像のメダル》[図146]それに《フランチェスコ・ディ・フェルディナンド一世のメダル》（三点ともバルジェッロ国立博物館）などである。フランチェスコというのは、故フェルディナンド一世の九人の子どもの一人で、コジモ二世の弟にあたるが、メダル製作の翌年に二〇歳の若さで早世した。メダル本体の大きさは三点とも同じなので、《マリア・マッダレーナ・ダウストリアの肖像のメダル》にも本来は小さな貴石を四カ所にちりばめた豪華な金製フレームがついたペンダントだったはずである。

## 祝典用の武具

メディチ宮廷の造幣局で仕事をしたガスパロ・モーラ（一五八〇～一六四〇年）はコジモ二世のために数点の武具をつくった。《コジモ二世のための兜》（銀器博物館）[図147]と直径六〇センチの《コジモ二世のための円形盾》（銀器博物館）は、実戦用ではなく祝典用であり、精妙で美しいグロテスク文様を鏨《たがね》で削り出した世紀の傑作である。兜は「モリオン」と呼ばれるヘリが反り返り、前立てのついた形で、頂上にはドラゴン、

[図147] 右：ガスパロ・モーラ《コジモ二世のための兜》。黒い鋼鉄、鍍金銅、銀。一六〇九年頃。高さ二八cm。フィレンツェ、銀器博物館。
左：イタリアの工房《パレード用兜》。鋼鉄、鍍金銅。一四七〇～一五七〇年頃。高さ五四cm。フィレンツェ、バルジェッロ国立博物館。

両脇の二つの銀製楕円形装飾には「名声」と「愛徳」の寓意像。盾の六つの銀製楕円形装飾には「信徳」「望徳」「愛徳」という三つの対神徳のうちの前二者、「節制」「剛毅」「賢明」「正義」という四つの枢要徳。つまり兜と盾のセットで「名声」と七つの諸徳を表している。盾の周囲には黄道十二宮の一二の記号が配されている。

兜でもう一点紹介しておきたいのは、一七世紀初頭から財産目録に記録されている《パレード用兜》（バルジェッロ国立博物館）[図147]である。製作者も製作年も不明であり、品質も上記の兜に比べるとかなり落ちるが、兜のうえの鷲（あるいはダンテの『神曲』に登場する金色のグリフィンかアリオストの『狂えるオルランド』に登場するグリフィンの子ヒッポグリフ）の頭と二枚の翼のド派手なデザインが人目をひく効果抜群の変わり兜である。

## 大公直轄工房の輝かしい伝統

コジモ二世がひいきにした画家フィリッポ・ナポレターノ（一五八九～一六二九年）は、アルノ川の石灰石「アルベレーゼ」すなわち「風景石」をカンヴァス代わりに使うのを好んだ。彼が石に描いた《聖アントニヌスの誘惑》（パラティーナ美術館）では、まがまがしい風景模様の左下に聖人がいる。病気が悪魔憑きと信じられていた時代には、最終的に悪魔の誘惑をしりぞける聖アントニヌスが病人にとって崇敬の対象だった。

[図148] 右：大公直轄工房《コジモ二世の肖像》。玉髄、緑碧玉、黄碧玉、金。一七世紀前半。縦四・二cm。フィレンツェ、銀器博物館。
左：大公直轄工房《コジモ二世とマリア・マッダレーナ・ダウストリアの肖像》。紅玉髄、金、エナメル、真珠。一七世紀初頭。ペンダント全体の長さ四cm。フィレンツェ、銀器博物館。

貴石象嵌の《コジモ二世の肖像》（銀器博物館）[図148]は、各種の貴石を組み合わせた魅力的なカメオである。さらに紅玉髄製のカメオ《コジモ二世とマリア・マッダレーナ・ダウストリアの肖像》（銀器博物館）[図148]も二重肖像のプロフィールの浮彫がみごとである。カメオの裏面は、金と多色エナメルで冠とメディチ家の紋章と渦巻文様。これらは大公直轄工房が達成した高度な技術を証明している。

コジモ二世時代も大公直轄工房の貴石象嵌細工いわゆる「フィレンツェ・モザイク」の輝かしい伝統はつづいた。なかにはプリンチピ礼拝堂用の宗教主題の作品もあって、たとえばキボリウムを飾る予定の八点連作の聖人像は、彫石師オラツィオ・モキの手によって一六〇五年に四点が完成した。ところが《聖ペテロ像》（銀器博物館）[図149]を含む、あとの四点は、オラツィオ・モキの模型に基づいて他の職人が製作を続行し、一七世紀半ばまでに完成したが結局キボリウムには使用されなかった。色違いの貴石を組み合わせた立体の聖ペテロ像は、右手に天国の鍵をもち悲愴な面持ちで天をあおいでいる。右手の甲の血管の浮き上がりに注目していただきたい。有名なミケランジェロの《ダヴィデ像》は高さ四メートル一〇センチの大作。こちらは高さ三三・五センチの小品。だが《ダヴィデ像》に劣らない、スケールの大きさを感じさせる小さな大作であり、これが無名の職人技かと唸らされる。

[図149] 筆者撮影…大公直轄工房《聖ペテロ像》。各種貴石。一七世紀前半。高さ三三・五㎝。フィレンツェ、銀器博物館。

家具調度も数多くつくられ、非宗教主題のリゴッツィ風自然主義が主流となる。たとえば、コジモ二世の弟ドン・ロレンツォ・デ・メディチが所有していたと考えられる《ヴィッラ・ラ・ペトライアの景観のあるキャビネット》（パラッツォ・ヴェッキオ）［図150］は、リゴッツィ風の果実や花や鳥の貴石象嵌パネルをまわりに配し、中央扉に、当初この家具が置かれていたヴィッラ・ラ・ペトライアののどかな風景が貴石で描かれている。下絵を担当した、ルドヴィーコ・チゴリの弟子ジャック・ビリフェルト（一五七六～一六四四年）（大公冠を製作した同姓同名の金細工師とは別人）は、コジモ二世時代に工房で働いており、一六一五年には馬に乗ってメディチ家の別荘をあちこち訪ねまわっては、水彩でスケッチを描いてモザイク製作の下準備をしたことが知られている。

またフランス人銅版画家ジャック・カロがフィレンツェに滞在して時代の寵児になったのも、ちょうどコジモ二世時代のことであり、二人は意気投合した。カロの版画集『せむしの人びと』（一六一六年刊）に基づいて貴石象嵌の《小人たちのテーブル天板》（ロサンジェルス、カウンティ美術館）［図151］がつくられるのは、メディチ家滅亡後のことである。テーブルの周囲の雲雷紋《うんらいもん》は、中国古来の農耕儀礼に関連する吉祥文様であるが、小人の内容とは無関係なので、意味の文脈から切り離されて形だけが借用された作例である。

［図150］筆者撮影…大公直轄工房とジャック・ビリフェルト《ヴィッラ・ラ・ペトライアの景観のあるキャビネット》（部分）。一六二〇年代。横一二二cm。フィレンツェ、パラッツォ・ヴェッキオ。

［図151］大公直轄工房《小人たちのテーブル天板》（部分）。各種貴石。一七七五～八五年頃。ロサンジェルス、カウンティ美術館。

## §《神に感謝を捧げるコジモ二世》

コジモ二世が大公直轄工房に注文した最後の傑作《神に感謝を捧げるコジモ二世》（銀器博物館）[図152]には、稀少な貴石の数々が、目もくらむほどマニアックな術を駆使して絢爛豪華に並んでいる。当初は、一六一〇年におけるカルロ・ボッロメーオ（一五三八〜八四年）の列聖記念品として、ミラノの聖カルロ・ボッロメーオ聖堂の祭壇正面に設置される予定だった。冠と笏の置かれた祭壇の前で高揚してひざまずく盛装姿の大公にはルビーやダイヤモンドがちりばめられている。ミラノでも一目でトスカーナ大公とわかるように、背景にはもっともフィレンツェらしい景観すなわちサンタ・マリア・デル・フィオーレ大聖堂の円蓋とジョットの鐘塔が選ばれている。平面の象嵌細工と立体の象嵌彫刻の両方の技法が本作のなかでは完璧に融合している。しかし工房の多くの職人（ヨナス・ファルク、ミケーレ・カストルッチ、グァルティエーロ・チェッキら）の手で七年もの歳月を要したので、コジモ二世の生前には間に合わず、没後三年目の一六二四年にようやく完成した。結局、完成品はミラノに発送されなかった。母より早く世を去った三一歳のコジモ二世は、工芸水準の高さを示す貴石象嵌のうちに永遠の姿をとどめて輝きをつづけている。

[図152] 大公直轄工房（ヨナス・ファルク、ミケーレ・カストルッチ、グァルティエーロ・チェッキら）《神に感謝を捧げるコジモ二世》。各種貴石、エナメル、金。一六一七〜二四年。横六四・五cm。フィレンツェ、銀器博物館。

## §ガリレオ・ガリレイの指

コジモ二世が歴史に名を残すのはガリレオ・ガリレイとの関係である。ガリレオはフェルディナンド一世、コジモ二世、フェルディナンド二世の三代大公に仕えた。自作の三〇倍の望遠鏡で発見した木星の四つの衛星を「メディチ星」と命名し、『星界の報告』（一六一〇年）をコジモ二世に献呈するとともに、自作望遠鏡をプレゼントした。一六〇九年末から一六一〇年年頭にかけて集中的に製作した一〇〇本以上（レンズの手研磨の困難を考えれば驚異的な数）の望遠鏡のうち、現存するのはわずか二本である［図153］。

一六三二年にフィレンツェで出版された『天文対話』の正式なタイトルは、『ピサ大学特別数学者、トスカーナ大公付き哲学者兼首席数学者、リンチェイ・アカデミー会員、ガリレオ・ガリレイの対話、そこでは四日間の会合においてプトレマイオスとコペルニクスとの二大世界体系について論じられる』。こちらは大公フェルディナンド二世に献呈された。コペルニクスの地動説を支持したことで、翌年、ローマの宗教裁判で有罪判決がくだされたのは、ペストと三十年戦争で世情が騒然としていた年のこと。ガリレオ六九歳。クリスティーヌ・ド・ロレーヌ六八歳とマリア・マッダレーナ四四歳は顔をしかめたが、二三歳の若い大公フェル

［図153］筆者撮影…《ガリレオ・ガリレイ自作の二本の望遠鏡》。一六〇九年末から一六一〇年年頭。その下はガリレオ・ガリレイ自作のレンズ。一六〇九年末から一六一〇年年頭。ヴィットリオ・クロステン作の象牙と黒檀製の額縁付き。一六七七年。フィレンツェ、ガリレオ博物館。

ディナンド二世は恩師の擁護に尽力した。

フィレンツェ近郊アルチェトリの自宅で軟禁生活を送ったガリレオが死去したのは一六四二年一月八日。それから一〇〇年近く経った一七三七年三月一二日、ときの大公ジャン・ガストーネは教会外に埋葬されていた遺体をフィレンツェの万神殿《パンテオン》ともいうべきサンタ・クローチェ聖堂内（しかもミケランジェロ墓碑の真向かい）に移葬した。夕闇のなかで切り取られた右手の指三本と歯一本が現在ガリレオ博物館に展示されているのは、さながら現代版聖遺物といった趣である［図154］。

## 宗教作品

マリア・マッダレーナ・ダウストリアは寡婦となってからさらに信心深くなり、一六二〇年代に多くの聖遺物容器を発注した。《聖十字架の聖遺物容器》（銀器博物館）［図155］などは、まさに豪奢なバロック様式の典型である。頂点には救世主キリスト。浮彫のケルビム（智天使）、プット、果実、怪人面、女性寓意像、そして多彩な貴石が隙間なく埋め尽くしている。もとはピッティ宮殿のマリア・マッダレーナの個人礼拝堂に置かれていた。

マリア・マッダレーナ・ダウストリアの宝物できわだっているのは、琥珀《こはく》と象牙製の《小祭壇》（銀器博物館）［図156］である。琥珀はバルト海沿岸

［図154］筆者撮影…《ガリレオの指と歯》。一七三七年頃。フィレンツェ、ガリレオ博物館。

［図155］コジモ・メルリーニ（?）《聖十字架の聖遺物容器》。鍍金銀、貴石、エナメル。一六二〇年代。高さ七三㎝。フィレンツェ、銀器博物館。

で産出する天然樹脂（数百年から数億年前の松や杉などの樹脂）の化石であり、鉱物ではないが、鉱物に匹敵する硬度と美しさと光沢のために宝石と考えられた。黄色、茶褐色、赤褐色がある。贅沢な素材と大胆な造形の宗教作品である。

コジモ二世の弟カルロは一六一五年に枢機卿になった人物であるが、彼の所持品に《胸飾り用十字架》（銀器博物館）があった。一八五七年にカルロ枢機卿の墓を開けてみると、遺体の胸に十字架が置かれていた。金製十字架の表面はトパーズ五個と矩形の水晶八個で構成されていたが、現在は欠損がある。裏面には多色エナメルで植物文様、昆虫、カタツムリ、白馬、セイレンが描かれている。十字架の裏面は開閉式で聖遺物を収める容器になっていた。

［図156］右：ダンツィヒの工房《小祭壇》。琥珀、象牙。一七世紀中葉。高さ九三・五cm。フィレンツェ、銀器博物館。
左：ゲオルク・シェーベル《小祭壇》。琥珀、象牙。一六一九年。高さ二九cm。フィレンツェ、銀器博物館。

22

# フェルディナンド二世のプライヴェート・コレクション

## 《アレマーニャのキャビネット》と《フェルディナンド二世のキャビネット》

コジモ二世の治世はわずか一二年で終ったが、その長男フェルディナンド二世の治世は四九年におよぶ長期安定政権となった。即位時は一一歳だったため、祖母クリスティーヌ・ド・ロレーヌと母マリア・マッダレーナ・ダウストリアが摂政の地位にあったが、一八歳で成人した一六二八年からは直接政務をとった。

一六世紀のコジモ一世がパラッツォ・ヴェッキオを改造してマニエリスム画家ヴァザーリに装飾させたように、一七世紀のフェルディナンド二世はピッティ宮殿を拡張してバロック画家ピエトロ・ダ・コルトーナに装飾させた。以後、ピッティ宮殿が生活の場としても宝物庫としても重要性の比重を増していく。

コジモ二世の妹クラウディアは一六二二年、オーストリア大公レオポルト五世に嫁ぎ、フェルディナンド二世の妹アンナは一六四六年、そのオーストリア大公夫妻の息子フェルディナント・カールに嫁いだ。このような幾重もの政略結婚をとおしてメディチ家とハプスブルク家は緊密な関係を築きあげていった。

一六二八年にフェルディナンド二世がインスブルックにオーストリア大公レオポルト五世を訪問した際、オーストリア大公は六〇〇〇ターレルで購入したばかりのすこぶる豪華な贈り物をした。黒檀製の《アレマーニャのキャビネット》（銀器博物館）［図157］である。黒檀は南アジアで採れるカキノキ科の常緑高木で、漆黒の光沢と緻密で重厚な堅固さに特徴がある高価な銘木である。同じ黒檀製のフランチェスコ一世のキャビネット、フェルディナンド一世のキャビネットと並ぶフィレンツェ三大キャビネットのひとつであるが、うち現存しているのはこのキャビネット一点だけである。しかも前二者がフィレンツェ製であるのに対して、わざわざ「アレマーニャ」とロマンチックな響きのあるドイツの雅名を与えられたところにも、この作品のもつ特殊性がうかがえる。

贅を凝らしたこのキャビネットを設計したのは、アウクスブルクの美術商フィリップ・ハインホーファー（一五七八～一六四七年）である。彼はパドヴァ大学卒業後に美術商になったが、フランス王アンリ四世の宮廷などヨーロッパ各国の宮廷におもむいた外交官でもあり、そのネットワークを商売と蒐集に活かした博識の実業家である。ウルリヒ・バウムガルテン作と考えられる彫刻はすべて黒檀製であり、聖書の八二場面と

［図157］筆者撮影…ウルリヒ・バウムガルテン、ヨハン・ケーニヒまたはアントン・ムラーツ、および他の職人たち（フィリップ・ハインホーファーの設計に基づく）《アレマーニャのキャビネット》。一六一九～二六年。フィレンツェ、銀器博物館。

キリストの生涯の二〇場面を表したカラー・パネルは、貴石象嵌ではなく、貴石のうえに直接絵の具で描かれている。一方、キャビネット内部に隠されているボックスは、円柱が回転することで扉が開閉する仕掛けになっているが、その扉の装飾は貴石象嵌細工である。モチーフは小鳥や風景であり、「フィレンツェ・モザイク」をやや粗雑に模倣した「フィレンツェ風モザイク」が普及していたことがわかる。キャビネットの背面には遊び心か光学的好奇心からか、「歪んだ鏡」が点々と配されている。しかしドイツの職人技の粋を結集した、このキャビネットのもっとも驚くべき点は、機械仕掛けのオルガンを内蔵してアウクスブルク大聖堂のオルガニスト兼作曲家のクリスティアン・エアバッハ（一五六八？～一六三五年）の宗教音楽を自動演奏したことである。当初キャビネットが設置されたウフィッツィ宮殿トリブーナは、天上的な宗教音楽が響き渡ることで、瞬時に神聖な空気に満たされたはずである。

フェルディナンド二世の趣味は国際的である。マッテオ・ニジェッティがデザインし大公直轄工房が一六四二年から四六年にかけてつくった黒檀製の《フェルディナンド二世のキャビネット》（ウフィッツィ美術館）[図158]のように、多くの家具類はドイツ様式を採用していることは間違いない。ただし、このキャビネットには、二人のプットのあいだにメディチ家の紋章と大公冠、二本ずつの円柱にかこまれた中央の壁龕、そして貴石象

[図158] 大公直轄工房（マッテオ・ニジェッティの下絵に基づく）《フェルディナンド二世のキャビネット》。一六四二～四六年。フィレンツェ、ウフィッツィ美術館。

嵌細工の風景や花々がふんだんに使用されているところにフィレンツェらしさがある。これが現在ウフィツィ美術館のトリブーナに置かれている唯一のキャビネットである。

## §《フェルディナンド二世の結婚のための八角形テーブル》

大公直轄工房は、あいかわらず活発な活動をつづけていた。自然主義の家具調度の下絵画家として活躍したのが、フランチェスコ一世、フェルディナンド一世、コジモ二世、フェルディナンド二世の四代に仕えたヴェローナ出身の崇高なる自然描写の名手ヤコポ・リゴッツィである。リゴッツィが関与した作品群の頂点をなす最高傑作の一点が、現在ウフィツィ美術館トリブーナの中央に置かれている《フェルディナンド二世の結婚のための八角形テーブル》（ウフィツィ美術館）[図159]である。リゴッツィらしい「花散らし」の超絶技巧を用いた驚異的作品であることは、その細部描写の緻密さに注目するとよくわかる。リゴッツィ自身は、一六三七年のフェルディナンド二世の結婚式も、一六四九年のテーブルの完成も目にすることなく、一六二七年にフィレンツェで没し、三月二六日にサン・マルコ聖堂に埋葬された。

　ガリレオ・ガリレイの友人で庇護者だったフェルディナンド二世が、科学的精神の持ち主であり信教に寛大だったことは、イングランドの

[図159] ヤコポ・デル・モンニッカ（ヤコポ・リゴッツィ、ベルナルディーノ・ポッチェッティ、バッチョ・デル・ビアンコの下絵に基づく）《フェルディナンド二世の結婚のための八角形テーブル》。一六三三～四九年。フィレンツェ、ウフィツィ美術館。
左頁：同上の部分。

ピューリタン革命（マリ・ド・メディシスの娘アンリエット・マリと結婚していたイングランド王チャールズ一世が処刑された）の指導者オリヴァー・クロムウェルに貴石象嵌細工の《宝石箱》（ハンティントン、クロムウェル博物館）を贈っていることからもわかる。もっともこの贈り物は信教への寛大さではなく、勝者への政略的打算を物語っているのかもしれない。贈り物の政治利用を考えさせる作品である。

## §ピッティ宮殿の豪奢なコレクション

フェルディナンド二世が自分好みに増築したピッティ宮殿の「夏の居住区」と呼ばれる南向きの明るい私室で（とくに夏季を）過ごすのを好んだことはいうまでもないが、そこに蒐集した私的な愉悦のためのコレクションが現在同じ場所すなわち銀器博物館に展示されているのは興味深い。高さ七八センチの《琥珀製噴水器》（銀器博物館）[図160]などは、その最たるものである。尖端でプットたちが戯れる細工のこまかい魅惑的な《琥珀製噴水器》からは葡萄酒が吹き出していた。夏の夕暮れにボーボリ庭園で催される夜宴や祝祭、芝居やオペラをワイングラス片手に鑑賞するのは、なんという贅沢だろう。

フェルディナンド二世が所有した最高級品の一点は、ザクセン選帝侯から贈られた《蓋付き高坏《たかつき》》（銀器博物館）[図161]である。エナメル装飾には

[図160] 筆者撮影…ドイツ（おそらくアウクスブルク）の工房《琥珀製噴水器》。一六一〇年頃。高さ七八㎝。フィレンツェ、銀器博物館。

[図161] 筆者撮影…ドイツの工房《蓋付き高坏》。瑪瑙、金メッキを施した銀、エナメル、ダイヤモンド。一六五〇～六〇年頃。高さ二二㎝。フィレンツェ、銀器博物館。

ダイヤモンドがちりばめられた豪華さ。蓋に立つ兵士像は右手に槍をもっているが、財産目録によれば、本来は左手にザクセン選帝侯の紋章のついた盾をもっていた。ちなみに、このときいっしょに贈られた品には、中国製の皿、宝石箱、黒檀製の小型キャビネット、そして「薬用の」象牙などがあった。

## 魅力的な彫玉三点

この時期の魅力的な彫玉を三点紹介しておきたい。紫水晶製インタリオ《ライオンに乗るエロス》（国立考古学博物館）[図162]は、紫と青と緑が解け合った透明感のある色あいがまずもって美しい。石の彫りは二世紀にさかのぼり、ライオンの顔がなぜか人面という変り種である。一二個のダイヤモンドと白と黒のエナメルのほどこされた金のフレームは、一七世紀前半のパリの作風である。

確固たる意志の強さを感じさせるのが、カメオ《ムーア人女性の胸像》（銀器博物館）[図163]である。暗い瑪瑙を背景に黒人の横顔が浮き彫りにされている。頭にかぶるターバンと胸がバロック真珠、衣服と装身具が金とエナメルと一粒のダイヤモンドでできている。いつメディチ・コレクションに入ったか記録がないが、その独創性と奇抜さはメディチ家所有のカメオのなかでも出色である。

[図162] 紫水晶製インタリオ《ライオンに乗るエロス》。石彫は二世紀。縁は一六〜一七世紀。三・二×三・〇cm。フィレンツェ、国立考古学博物館。

[図163] カメオ《ムーア人女性の胸像》。瑪瑙など各種の貴石、真珠、エナメルを施した金。一六世紀後半。縦五・五cm。フィレンツェ、銀器博物館。

玉髄製カメオ《ヴィーナス》（銀器博物館）［図164］は、白とピンクの色の変化を巧みに利用した作品である。中央にはくつろいで横たわるヴィーナス。まわりでは二人のアモリーノが織物をささげもち、好色なサテュロスが裸身の女神をのぞき見ている。カメオの裏面には横顔の男性頭部が彫られている。一六世紀後半に仕事をした職人アレッサンドロ・マスナゴに帰される作品であるが、コレクションの記録に確実に現れるのは一七世紀後半のことである。それにしても白に浮かぶ淡いピンクがなんともいえない色香をただよわせている。

## §ヴィットリア・デッラ・ローヴェレのコレクション

フェルディナンド二世と結婚した従妹ヴィットリア・デッラ・ローヴェレもメディチ・コレクションの拡充に貢献した。ヴィットリアは大公フェルディナンド一世の娘クラウディア・デ・メディチとウルビーノ公子フェデリーコ・ウバルド・デッラ・ローヴェレの一人娘だった。ウルビーノ公爵家の唯一の遺産相続人だったために、嫁資の一部として多くの名画をフィレンツェに持参した。現在、ウフィッツィ美術館にあるティツィアーノの名作《ウルビーノのヴィーナス》に「ウルビーノ」という題名がついているのはそのためである。マントヴァ宮廷などと同様、ウルビーノ宮廷を飾っていた名画の数々は、運搬可能な油彩の神話画が多かったた

［図164］筆者撮影…アレッサンドロ・マスナゴの工房製カメオ《ヴィーナス》。玉髄。一六世紀末。横五・二cm。フィレンツェ、銀器博物館。

め、為政者の交替とともに土地を離れるリスクが高かったのだ。

《トルコ石製仮面》（銀器博物館）［図165］は、目に二個のダイヤモンドがはめ込まれた真っ青な仮面である。かつて仮面自体はメキシコ製と思われていたが、現在では一七世紀にメキシコ製品を模倣したイミテーション説が有力である。樫の二本の枝が仮面をとりかこんでいるが、樫はイタリア語でローヴェレということから、ヴィットリア・デッラ・ローヴェレのコレクションだったと考えられる。作者も来歴も所有も不確かであるが、インパクトがあってユニークなオブジェであることは確かである。

［図165］筆者撮影：フランスの工房（？）《トルコ石製仮面》。エナメルを施した銀メッキ装飾付き。一六五〇～六〇年。高さ九・七cm。フィレンツェ、銀器博物館。

# フェルディナンド二世時代の象牙彫刻

## §マリア・マッダレーナとフェルディナンド二世の象牙コレクション

一七世紀になると象牙はブロンズと並ぶ彫刻の重要な素材となった。フェルディナンド二世の母マリア・マッダレーナ・ダウストリアが所有していたのは、《スパニエル犬》（銀器博物館）［図166］である。動物好きのコジモ二世とマリア・マッダレーナ夫妻は、ポッジョ・インペリアーレの別荘に大きな犬小屋をおのおの所有し、その一棟は大公妃みずから装飾を手がけたほどである。この象牙の犬のモデルは、マリア・マッダレーナが夫からプレゼントされた小さな愛玩犬スパニエルである。記念に逸名職人に製作を依頼した。この犬の種類は、イングランド王チャールズ二世が愛玩したことから現在はキャバリア・キング・チャールズ・スパニエルに分類されている。

フェルディナンド二世が所有していたのは、《クレオパトラ》（銀器博物館）［図167］である。エジプト女王クレオパトラが毒蛇に胸を噛ませて自殺するという、主題も作風も古典的な風格のある作品である。

［図166］フィレンツェ工房《スパニエル犬》。象牙。一六二五年以前。高さ六cm。フィレンツェ、銀器博物館。

ところが《檻の中の馬》（銀器博物館）[図167]となると、驚異的な超絶技巧が駆使されている。いくら象牙が硬度の低い素材といっても、どうやってつくられるのか想像もつかない。製作者のフィリッポ・プランツォーネはシチリア生まれだが、ジェノヴァで仕事をし、一六二四年にこの作品をフェルディナンド二世に献上した。

## §マッティアスの三十年戦争の戦利品

象牙彫刻を語るうえで欠かせない歴史的出来事が、フェルディナンド二世の治世前半と重なる三十年戦争である。ドイツを主戦場としながらもヨーロッパ諸国を巻き込んだ国際的な宗教戦争で、大公フェルディナンド二世も伯父の皇帝フェルディナント二世の求めに応じてトスカーナ軍を派遣した。

フェルディナンド二世の弟フランチェスコは一六三二年に一八歳で参戦したが、二年後にペストにかかってハンガリーで斃死《へいし》した。その一歳上のマッティアスは弟より幸運だった。一六三二年九月二八日、バイエルン地方のコーブルクを攻略した際に、高さ二〇センチから六〇センチほどの「象牙の塔」三二点を戦利品として獲得した。それらの象牙製品は、ザクセン＝コーブルク公ヨハン・カジミール（一五九六～一六三三年）のために、マルクス・ハイデンと弟子のヨハン・アイゼンベルクが、

[図167] 筆者撮影…右：南ドイツの工房《クレオパトラ》。象牙。一七世紀初頭。フィレンツェ、銀器博物館。左：フィリッポ・プランツォーネ《檻の中の馬》。象牙。黒い角製の台座。一六二四年。高さ一五・八cm。フィレンツェ、銀器博物館。

一六一八年から三一年にかけて製作したものだった。何点かはザクセン＝コーブルク公自身も製作に加わっていたので、略奪には切歯扼腕したはずである。フィレンツェに届いた戦利品は一六三三年四月一一日の文書に記録されている。

マッティアスがコーブルクで獲得した象牙製品三二点中二七点が銀器博物館に現存している［図168］。これら象牙の塔は「壺」とか「カップ」と呼ばれているので何かを入れる容器だったはずだが、とても実用に耐えうるとは思えない繊細さである。事実、これらは至宝だけを集めたウフィツィ宮殿のトリブーナに展示されていた。イマジネーションのきわみと手工芸のきわみをアクロバティックに結合させた摩訶不思議な形状であり、なんじゃこりゃ！と目をみはらせるばかりで、言葉を失わせる。

三点紹介してみると、《象牙製カップ（1）》にはライオンの紋章と三日月がついている。崩れそうなコインタワーにのった《象牙製カップ（2）》には鎖がたれさがっている。《象牙製カップ（3）》では人が大きな球体を頭上にのせている［図169］。意味不明。解読不能。頭は苦しめるが、目は楽しませる。おもしろいと感じれば、眼福により寿命がのびるというものだ。

三十年戦争中の軍人マッティアスは一六三九年のネルトリンゲンの戦いでも武名をあげた。プロテスタント側の敗将ベルンハルト・フォン・

［図168］筆者撮影…マッティアスの戦利品の象牙の塔のショーケース。フィレンツェ、銀器博物館。

ザクセン＝ワイマールの軍服を奪い、戦利品としてトリブーナのそばの「武器の間」に展示した。マッティアスの肖像画に軍服姿が多いのは、こうした武勲を誇っているのだ。

［図169］右：マルクス・ハイデンとヨハン・アイゼンベルク《象牙製カップ（1）》。一六一八～二三年。高さ三一・五cm。
中：マルクス・ハイデンとヨハン・アイゼンベルク《象牙製カップ（2）》。一六一八～二三年。高さ五一・五cm。
左：マルクス・ハイデンとヨハン・アイゼンベルク《象牙製カップ（3）》。一六一八～二三年。高さ三一・〇cm。フィレンツェ、銀器博物館。

# フェルディナンド二世の弟レオポルド枢機卿

## §大コレクターの傑作カメオ二点

兄弟のなかでマッティアスと別の道を歩んだのが、枢機卿だったジャンカルロの死後、一六六七年に五〇歳で枢機卿になった末弟レオポルドである。レオポルド枢機卿は生涯に約七〇〇点の絵画、一万点以上の素描、一二〇点の自画像、約七〇〇点の細密肖像画を蒐集し、今日のウフィツィ美術館やパラティーナ美術館の基礎を形成した稀代の美術品蒐集家だった。そればかりでなく、工芸品に対する鑑識眼もすぐれており、生涯に蒐集した彫玉の数はじつに九一一点におよんだ。

当時、ローマにおける古代品取引市場は活況を呈していた。玉髄製カメオ《ティベリウスとリウィアの肖像》（国立考古学博物館）［図170］をめぐって、レオポルド枢機卿はデ・マッシミ枢機卿と激しく競り合った（一部破損していたので修復の必要があったが）。このカメオの発見者パオロ・ファルコニエーリは、レオポルド枢機卿御用達の古器物商オッタヴィオ・ファルコニエーリ（一六三六〜七五年）の従兄弟である。オッタヴィオ・ファルコニエーリはレオポルド枢機卿にカメオの情報を伝えて次のように購入を勧めた。「もちろん、できるだけ安く手に入れるように努力しなければなりません。しかし何がなんでも手に入れる必要があります。なぜなら、これほど大きくて保存状態のいい品は、いまではもう見つかりませんから」。こうしてレオポルド枢機卿は、メディチ・コレクションのなかでも極上の逸品をパオロ・ファルコニエーリから一三〇スクードという比較的安値で購入することに成功したのである。

やはりオッタヴィオ・ファルコニエーリの助言で、一六六九年から七一年にかけて、レオポルド枢機卿はレオナルド・アゴスティーニ（一五九四〜一六七六年）旧蔵の彫玉を相当数購入した。レオナルド・アゴスティーニは一七世紀ローマ文化の中心にいた古代品蒐集家で、ベルナルディーノ・スパーダ枢機卿やフランチェスコ・バルベリーニ枢機卿に仕えたほか、退位して一六五五年にローマへやって来たスウェーデン女王クリスティーナの図書館長を務めたり、教皇アレクサンデル七世（在位：一六五五〜六七年）から任命されてローマとラツィオの古代品管理の最高責任者を務めたりした人物である。一六五七年には『挿絵入り古代彫玉』を出版し、複数の蒐集家の彫玉二一四点を厳選して解説している。そのなかには自身の所蔵品も含まれているが、《アポロン》（銀器博物館）、《ヘルマフロディトゥス》（国立考古学博物館）、《「マシニッサ」の頭部》（国

［図170］右：古代カメオ《ティベリウスとリウィアの肖像》。玉髄。縦五・八cm。フィレンツェ、国立考古学博物館。左：古代インタリオ《「マシニッサ」の頭部》。紫水晶。縦二・二cm。フィレンツェ、国立考古学博物館。

立考古学博物館）［図170］などがレオポルド枢機卿のコレクションに移った。最後の「マシニッサ」は、ポエニ戦争でスキピオ・アフリカヌスと結んでハンニバルに勝利したヌミディア（現在のアルジェリア）王の名前。非ヨーロッパ系の鬚（アッシリア人かペルシア人の鬚に似ている）をもつ精悍な頭部像の通称である。紫水晶は色が濃いほど高品質で稀少価値が高い。濃い紫の高貴さと戦士の高貴さがみごとに一致した作品である。

またレオポルド枢機卿は一六七三年、彫玉の蒐集家でもある大修道院長アンドレア・アンドレイーニを通じて、ドイツで製作された同時代のカメオ二八点を一括購入した。それらは現在、ほぼすべてが銀器博物館にあるが、どれも石に異例の斑紋があるとか、主題に非凡なひらめきがあるとか、枢機卿の鑑識眼の確かさをうかがわせるものばかりである。

## 象牙彫刻のいろいろ

象牙彫刻の分野もめざましい。レオポルド枢機卿はローマでバルタザール・ペルモーザーやバルタザール・シュトッケマーのようなドイツ人象牙彫刻家を雇った。後者には《ダヴィデとゴリアテ》（銀器博物館）、《アポロン》（銀器博物館）、そしてピエトロ・ダ・コルトーナの作品に基づく《ヘラクレスとヒュドラ》（銀器博物館）［図171］などを発注した。神話の英雄ヘラクレスが退治するヒュドラは、水蛇ながら胴体が犬で、頭が多数ある怪

［図171］筆者撮影…下段右から三番目：バルタザール・シュトッケマー《ヘラクレスとヒュドラ》。象牙。一六六八〜六九年。高さ二七・六cm。下段右から二番目：バルタザール・シュトッケマー《正義と平和》。象牙。一六六五年。フィレンツェ、銀器博物館。

［図172］ドイツ人工房《曙》（右）と《黄昏》（左）。象牙。一七世紀後半。高さ八cm、横幅二二cm。フィレンツェ、銀器博物館。

物。頭は、切っても切っても、また生えてくるという不気味な執念深さである。ヒュドラの側にいる女性はヒュドラを差し向けたゼウスの妻ヘラであろうか。ヘラクレスはゼウスの浮気の子。とすると、ヒュドラはヘラの抑え切れない嫉妬の造形化という解釈もできる。息子ヘラクレスと血のつながらない義母ヘラとの壮絶なバトルが、高さ二七・六センチという小さな空間でくりひろげられている。

逆に静寂感すらただよわせるのは、同じパトロンが同じ製作者に発注した古典的な《正義と平和》(銀器博物館)[図171]である。「正義」の女性寓意像が手にする、棒の束を紐で縛りつけて斧の刃が突き出た権標は、古代ローマにさかのぼる権力の象徴であり、ラテン語で「ファスケス」、イタリア語で「ファッシ」という。「ファッシ」が「結束」を意味してファシズムの語源となる二〇世紀の事情など、当時はもちろん知るよしもない。

ミケランジェロの大理石作品をコピーした象牙彫刻《曙》と《黄昏》(銀器博物館)[図172]も、レオポルド枢機卿のコレクションにあったものである。サン・ロレンツォ聖堂メディチ礼拝堂にあるオリジナル作品と寸分違わぬみごとな出来映えであるが、驚くべきは模倣の精確さではなく、高さ八センチという小ささである。

かすかに金色の植物文様が描かれた、やや風合いの異なる作品が《象

牙製多面体》（銀器博物館）[図173]である。大小いくつもの多面体が入れ子構造になっており、前に紹介した《黒檀と象牙の回転式球体》[図74]の系譜に連なる進化形であるが、どうしてこのような複雑な形が可能なのか、まったく理解しがたい。

理解しがたい神業といえば、《深淵に身を投じるマルクス・クルティウス》（銀器博物館）[図174]だ。「フリエ（復讐の女神）の匠」と通称されるドイツ人の職人が一六四〇年代につくった象牙彫刻である。マルクス・クルティウスというのは、前三六二年、ローマの底なし沼が都市全体を丸呑みしそうになったとき、神託にしたがってわが身を生贄にささげて阻止した伝説上のローマ軍人である。フォロ・ロマーノにあるクルティウス池の名前の由来となった。虚空に勇躍する馬上の騎士の姿に、崇高な自己犠牲の精神を造形化した驚異的な傑作である。

[図173] 筆者撮影…手前右から二番目：ドイツ人工房《象牙製多面体》。一七世紀。高さ二九cm。手前右端：大公子フェルディナンド《象牙製の壺》。一六七八年。高さ三三・五cm。フィレンツェ、銀器博物館。

[図174] 筆者撮影…ドイツ人職人通称「フリエ（復讐の女神）の匠」《深淵に身を投じるマルクス・クルティウス》。象牙。一六四〇年代。高さ五七cm。フィレンツェ、銀器博物館。

# 25 コジモ三世と大公子フェルディナンド時代の黄金の黄昏

## ルイ一四世の従妹マルグリット・ルイーズ・ドルレアン

フェルディナンド二世の四九年間の治世のあと、一六七〇年に二八歳の長男コジモ三世が即位したが、彼の治世は父より長い五三年間におよんだ。二人で一世紀を超える。金製メダル《コジモ三世の肖像》（バルジェッロ国立博物館）［図7］は一六七〇年の即位記念につくられたもので、表情は意気軒昂、覇気に満ちあふれているようにみえる。

即位前の一六六一年にフランス王ルイ一四世の従妹マルグリット・ルイーズ・ドルレアンと結婚した。新郎一八歳、新婦一六歳。縁組みの背後には、教皇位をねらうマザラン枢機卿の画策があった。花嫁の輿入れには一〇〇人以上の随員（三人の侏儒《しゅじゅ》を含む）をともなったが、持参品で重要なのは、大型の玉髄製カメオ《天使に支えられたキリスト（天使のピエタ）》（銀器博物館）［図175］である。パリでは聖遺物容器の中心にあって黄金の太陽光線を放射していたが、フィレンツェに運ばれる前後に六角形の植物文様のフレームに取り替えられた。

［図175］パリの工房《天使に支えられたキリスト（天使のピエタ）》。玉髄。一四〇〇年頃。エナメルを施した金縁は一七世紀。一〇・四×九・八cm。フィレンツェ、銀器博物館。

同じ「花の都」と謳われても、一七世紀のパリとフィレンツェは盛花と残花ほどの違いがある、と陽気で活発な花嫁の目に映ったとしても不思議はない。華やかなパリが忘れられず、結婚当初から望郷の念はつのるいっぽう。フェルディナンド、アンナ・マリア・ルイーザ、ジャン・ガストーネと三人の子をもうけながら、結局、一六七五年、一三年間の不幸な結婚生活にピリオドをうち単身フランスに帰国することになる。

コジモ三世のほうは気晴らしにドイツやポルトガル、スペイン（国王カルロス二世と接見）、イングランド（国王チャールズ二世と接見）、オランダ（オラニエ公ウィレムと接見）、フランス（国王ルイ一四世と接見）などを漫遊し、同行の画家ピエル・マリア・バルディにはお気に入りのオランダの都市（ハーグ、アムステルダム、ロッテルダムなど）の景観画を描かせた。

## 木工ヴィットリオ・クロステンと画家バルトロメオ・ビンビ

オランダ、イングランド、フランスに比べるとトスカーナ大公国の政治と経済の凋落は目をおおうばかりだったが、叔父レオポルド枢機卿の薫陶をうけた大公コジモ三世と大公子フェルディナンドは金に糸目をつけずに文化を保護したので、フィレンツェ・バロックは黄金の黄昏のように豊麗な輝きを放って大公国の国際的名声を高めるのに寄与した。事実、ルイ一四世の財務総監コルベールがフランスにゴブラン織工房を創設し

［図176］ゲラールト・ヴァルダー（ヴィットリオ・クロステンの額縁付）《コジモ三世》。水晶、洋梨の木。一六七〇年頃。三〇×二七cm。フィレンツェ、貴石細工研究所博物館。

たとき、大公直轄工房のフェルディナンド・ミリオリーニら数名の職人を引き抜かざるをえなかったし、大公直轄工房が生産する貴石象嵌細工は依然としてルイ一四世の宮廷でも垂涎の的でありつづけた。

大公直轄工房には国際色豊かな職人が結集していた。オランダ出身の木工象嵌職人ヴィットリオ・クロステンは、一六六三年から一七〇四年にかけてメディチ宮廷で活躍し、《コジモ三世》（貴石細工研究所博物館）[図176]など、派手な植物装飾のある額縁を数多く製作した。

ヴィットリオ・クロステンが象嵌職人ゲラールト・ヴァルダーおよび象嵌職人レオナルド・ヴァン・デル・ヴィンネと組んで共同製作した作品が、《フェルディナンド二世の肖像》（貴石細工研究所博物館）[図177]である。本作の主役は水晶製の肖像よりもむしろクロステンが担当した周囲の額縁である。硬いツゲの木を用いた木工象嵌細工は、故人のモットーを示す装飾文字と薔薇の花と葉を組み合わせて立体的な3D効果をうみだす超絶技巧が駆使されている。

コジモ三世が栽培していた植物を描いた宮廷画家バルトロメオ・ビンビ（一六四八〜一七二九年）の油彩画《二本のカーネーション》（銀器博物館）[図178]でも、クロステンの額縁には植物の生き生きとした生命感が躍動している。地中海沿岸が原産のカーネーションは、一七世紀には三〇〇種以上に品種が増えた人気の花だった。

[図177] ヴィットリオ・クロステン、ゲラールト・ヴァルダー、レオナルド・ヴァン・デル・ヴィンネ《フェルディナンド二世の肖像》。水晶、ツゲ、黒檀。一六七〇年。フィレンツェ、貴石細工研究所博物館。

画家バルトロメオ・ビンビはヤコポ・リゴッツィの系譜をひく動植物画の巨匠であり、フィレンツェやピサの植物園、トパイアの別荘やカステッロの別荘の庭園などで栽培された珍しい植物や果樹を数多く描いた。現在はフィレンツェ郊外ポッジョ・ア・カイアーノのメディチ家の別荘が二〇〇点もの絵画を展示する静物画美術館となり観光客の目を楽しませてくれる。《ダイダイ、シトロン、レモン》に描かれた三四種の柑橘類はまだしも、《サクランボ》に描かれた同じく三四種のサクランボの品種の多さには驚かされる［図179］。画家は自然の豊饒な多様性をまるで植物園をめぐるか植物図鑑のページをめくるように開陳することで、コジモ三世の博物学的好奇心を満足させたのだ。

音楽愛好家の大公子フェルディナンドの蒐集癖を満足させるためには、《楽器》（ピッティ宮殿）を描いているが、これは楽器製造職人の神業をたたえているのだ。一方、神の創造の驚異は《双頭の子牛》（ピッティ宮殿）［図180］にきわまる。この畸形の子牛は一七一九年五月にフィリカイアの農場で生まれたが、ひとつの口で乳を飲んでも別の口で吐き出してしまうので、二日と生きることはできなかった。

## 象嵌職人レオナルド・ヴァン・デル・ヴィンネ

フランドル出身のレオナルド・ヴァン・デル・ヴィンネ（レオナルト・ファ

［図178］バルトロメオ・ビンビ画（ヴィットリオ・クロステンの額縁付）《二本のカーネーション》。一七〇〇年。油彩。八五×四七cm。フィレンツェ、銀器博物館。

［図179］上：バルトロメオ・ビンビ《サクランボ》。油彩。一六九九年。ポッジョ・ア・カイアーノ、メディチ家の別荘。
下：バルトロメオ・ビンビ《ダイダイ、シトロン、レモン》。油彩。一七一五年。ポッジョ・ア・カイアーノ、メディチ家の別荘。

［図180］バルトロメオ・ビンビ《双頭の子牛》。油彩。一七一九年。フィレンツェ、ピッティ宮殿。

ン・デア・フィネ）は、一七世紀前半のパリでフランボワイアン様式のバロック象嵌をうみだしたが、一六五九年にフィレンツェにやって来るとフィレンツェ伝統のリゴッツィ風植物文様を取り入れ、大公子フェルディナンドと同年に没するまでのあいだ、大公子のために数え切れないほどの作品を残した。一六六〇年代後半の幼年期の姿をとどめる《大公子フェルディナンドの肖像》（貴石細工研究所博物館）[図181]は、木に象牙や鼈甲を象嵌した作品で、異なる素材の象嵌にヴィンネの真骨頂がうかがえる。

ヴィンネは国内向けと国外向けにたくさんの家具をつくり、一六七七年には大公直轄工房の首席家具職人《プリモ・エバニスタ》の地位についた。彼がつくった家具の最高傑作が《胡桃材製キャビネット》（銀器博物館）[図182]である。黒人が頭で支える黒檀と胡桃材のキャビネットは、色彩の派手さはないが、象牙と真珠層と一部彩色された各種木材が複雑に組み合わさった植物模様が美しい。高度に洗練された作品である。中央が凹んだ形になっていて、内部に小さなケースがたくさん隠されている。頂上の渦形装飾のあいだに鍍金ブロンズ製の女神パラス（アテナ）像がついているが、上部の手すりに台座の痕跡が残っているので、本来はオリュンポス一二神像が鎮座していたはずである。

[図181] 筆者撮影…レオナルド・ヴァン・デル・ヴィンネ《大公子フェルディナンドの肖像》。木、象牙、鼈甲。一六六〇年代後半。フィレンツェ、貴石細工研究所博物館。

[図182] 筆者撮影…レオナルド・ヴァン・デル・ヴィンネと大公直轄工房《胡桃材製キャビネット》。各種木材、象牙、真珠層、ブロンズ。一六六七年。フィレンツェ、銀器博物館。

## 風流な貴公子フェルディナンド

コジモ三世も大公子フェルディナンドも象牙彫刻を愛したが、この分野は伝統的にドイツ人職人が独占してきた。大公子フェルディナンドなどは、一六七五年にフィレンツェに来たバイエルン出身の象牙職人フィリップ・ゼンガーに旋盤の手ほどきをうけ、手ずから《象牙製の壺》（銀器博物館）[図173]を製作したほどの熱の入れようだった。壺の内部に署名と年記があるので、一五歳時の作品だとわかる。

メディチ宮廷できわだってユニークで、まわりを明るくする楽しい存在が、この美貌の大公子フェルディナンドである。文学や美術を愛し、とりわけ音楽にいたっては作曲からチェンバロやヴァイオリンの演奏、歌唱や舞台演出までこなす多才なディレッタントだった。生きる歓びを旋律にのせたヘンデル、ヴィヴァルディ、アレッサンドロ・スカルラッティ、ドメニコ・スカルラッティのパトロンとしても知られる。好きなものはヴェネツィア、カーニヴァル、カストラート（去勢歌手）、プラトリーノの別荘とくれば、人となりはおおよそ察しがつく。

象牙職人フィリップ・ゼンガーは一七一二年、コジモ三世の宮廷からロシア皇帝ピョートル一世（在位：一六八二〜一七二五年）の宮廷に派遣され（返礼にピョートル一世はコジモ三世に自作の羅針盤を贈った）、一七二三年

[図183] 筆者撮影…下：フィリップ・ゼンガー《象牙製の二つのメダル》。一六七七年頃。縦三三・三cm。上：バルタザール・ペルモーザー《ヴィオランテ・ディ・バヴィエーラの肖像》。象牙。一六八九年頃。縦一〇・五cm。フィレンツェ、銀器博物館。

にペテルブルクで客死することになるが、フィレンツェ滞在中につくった作品が三点残っている。二点は象牙製容器、一点は《象牙製の二つのメダル》（銀器博物館）［図183］である。一方のメダルにはコジモ三世の肖像、もう一方のメダルには大公冠とモノグラムの浮彫がほどこされているが、信じられないのは、二つのメダルが象牙製の細い鎖でつながっていることである。

ドイツのカンマー出身の彫刻家バルタザール・ペルモーザーは、ブロンズ、大理石、象牙などあらゆる素材で宗教作品も世俗作品も手がけた万能人である。一六七六年から八九年にかけてつくった数々の象牙彫刻のなかに、一六八九年に大公子フェルディナンドがヴィオランテ・ディ・バヴィエーラ（フランス王太子妃の妹）と結婚した記念につくらせた《ヴィオランテ・ディ・バヴィエーラの肖像》（銀器博物館）［図183］がある。ミュンヘンから嫁いだ一六歳の花嫁は、うつむきかげんで、いくぶん神経質そうにみえる。

前述のヴィットリオ・クロステンがアダモ・ジェスターと組んで、フィレンツェ人ジョヴァン・バッティスタ・フォッジーニのデザインに基づいてつくった作品が、《黒檀製キャビネット》（ピッティ宮殿）［図184］である。ビロードのような光沢のある黒檀を背景に白い象牙の細かいグロテスク文様と植物文様が躍動的に象嵌してある。

［図184］筆者撮影…ヴィットリオ・クロステンとアダモ・ジェスター（ジョヴァン・バッティスタ・フォッジーニのデザインに基づく）《黒檀製キャビネット》。黒檀、象牙、雪花石膏、ブロンズ。一七〇四年。フィレンツェ、ピッティ宮殿。

一六九八年の記録によれば、大公子フェルディナンドの部屋には、一部に暗褐色に輝く鼈甲を使用した家具が数点あった。そのうちの一点は、雪花石膏製のテーブル天板が失われて、現在は鼈甲を使用した脚部の《トリトン》（ピッティ宮殿）だけが残っている。ジョヴァン・バッティスタ・フォッジーニ作の三人のトリトンが真珠の入った大きな貝殻を手にしているが、その真珠がちょうどメディチ家の紋章の六つ玉のようにみえる趣向が凝らされている。

このように一七世紀には異なる素材を組み合わせることが流行したが、一六八九年の年記のある《容器》（パラティーナ美術館）[図185]もフランドル産の黒大理石と銀と鍍金ブロンズが組み合わされている。そのため黒い容器から黄金のプットがむくむくと湧き出してくるような印象を与える。ブロンズ彫像の作者はマッシミリアーノ・ソルダーニ・ベンツィ（一六五六～一七四〇年）で、フォッジーニと同様、フィレンツェ・バロック彫刻の第一人者である。この容器は大公子フェルディナンドが所有していた四点セットの一点であり、現在も四点が一室の四面の壁に配置されている。

ジョヴァン・バッティスタ・フォッジーニとバルタザール・ペルモーザーが共同製作したと考えられる《時計》（個人蔵）[図186]が残っている。製作時期は、ペルモーザーがフィレンツェの宮廷からドレスデンの宮廷

［図185］筆者撮影…マッシミリアーノ・ソルダーニ・ベンツィと大公直轄工房《容器》。黒大理石、銀、ブロンズ。一六八九年。フィレンツェ、パラティーナ美術館。

［図186］ジョヴァン・バッティスタ・フォッジーニ、バルタザール・ペルモーザー《時計》。一六八九年以前。黒檀、貴石、鍍金ブロンズ。高さ九八cm。個人蔵。

〔図187〕ドメニコ・レムプス《だまし絵の静物画》。油彩。一七世紀。フィレンツェ、貴石細工研究所博物館。

へ移る一六八九年より以前である。ボディは黒檀と黒く塗った洋梨の木。最下層はコルシカ産の碧玉と黒大理石に象嵌された貴石の花模様。中央の文字盤にも同じ花模様。両脇の渦形装飾はバルガ産の碧玉で飾られている。頂上に立つ鍍金ブロンズ像は鎌を片手に天翔ける有翼のクロノス神いわゆる「時の翁」である。「イル・テンポ・ヴォラ（光陰矢の如し）」を意味している。

大公子フェルディナンドの芸術的感性の鋭さをよく示す作品が彼の部屋に飾られていた。フランドル人画家ドメニコ・レムプスが人目をあざむくために描いた《だまし絵の静物画》（貴石細工研究所博物館）[図187]である。信じられない精密さで描かれたキャビネットには、風景画や浮彫やカメオに混じって赤珊瑚、黒珊瑚、白珊瑚がある。髑髏《どくろ》もカブトムシもある。銃も凸面鏡もある。すでに紹介した《象牙製多面体》[図173]もある。まさに「驚異の部屋」の「驚異のキャビネット」である。扉に差し込まれた手紙の署名「フランチェスコ・リッカルディ侯爵」が本来の所有者を暗示しているのかどうか確かなことはわからない。確かなことは、ピッティ宮殿の大公子フェルディナンドの部屋の一七一三年の財産目録にこの作品が記載されていることである。

同じ一七一三年の財産目録にあるのが、水晶製《イルカ形塩容れ》（銀器博物館）[図188]である。イルカの頭部に皿が乗り、尾鰭が鯱《しゃちほこ》のように高々

[図188] 筆者撮影…ミラノ人工房（ジョヴァンニ・バッティスタ・メテッリーノ）《イルカ形塩容れ》。水晶。高さ四一・三cm。一七世紀末から一八世紀初頭。フィレンツェ、銀器博物館。

とはねあがった大胆な造形である。

## 奇抜な貴石製の高坏（コッパ）三点

一七世紀後半の貴石製容器を三点紹介しておきたい。白い瑪瑙製《蓋付き高坏《たかつき》（コッパ）》（銀器博物館）には、器にアカンサスの葉模様、脚には螺旋状の彫りがほどこされている。蓋のうえでは「アン・ロンド・ボス」という技法でつくられたエナメル製のクピドが弓矢を手にくつろいでいる。

他の二点はアウクスブルクの職人ヨハン・ダニエル・マイヤーの作と推定されているものである。まず碧玉製《高坏（コッパ）》（銀器博物館）［図189］は、カラフルな三片の石を組み合わせて、海獣が抱きかかえる貝殻の形を表現している。このアシンメトリーの奇抜な形状は、かつてプラハでも活躍したミラノ人ガスパロ・ミゼローニが得意としたものをドイツ人工房で再現したものである。同じ作者が同時期に製作した血紅色碧玉または血滴石と呼ばれる石の《高坏（コッパ）》（銀器博物館）［図190］も、赤と緑がどぎついほどにカラフルな三片の石を組み合わせているが、こちらは口縁《こうえん》に羽のある昆虫が一匹とまっている類例のない驚異品である。ともに花柄のエナメル装飾が美しい。

［図189］筆者撮影…ドイツ人工房（ヨハン・ダニエル・マイヤー？）《高坏（コッパ）》。碧玉、金銀、エナメル。一六六二～七〇年。高さ二〇・二㎝。フィレンツェ、銀器博物館。

## 大公直轄工房の貴石象嵌細工

コジモ三世の治世を通じて大公直轄工房ではさまざまな素材をあつかう専門の職人集団がすぐれた作品を生産しつづけていたが、やはり中心は貴石象嵌細工である。プリンチピ礼拝堂では常時四〇人もの職人が仕事に従事していた。

工房の作品は遠くインドのゴアまで運ばれることもあった。コジモ三世は、ゴアから聖フランシスコ・ザビエルの遺品の枕を贈られた返礼に、ザビエルの遺体を安置する祭壇をゴアに贈るため、一六八六年にジョヴァン・バッティスタ・フォッジーニに製作を依頼した。約七年の歳月をかけて完成した祭壇は、工房の二人の職人（詳しい旅日記を残している）といっしょに船にゆられること一年ばかり、ようやく一六九七年に目的地ゴアに到着し、いまもボン・ジェズ聖堂聖フランシスコ・ザビエル礼拝堂でみることができる。

しかし職人のインド派遣はこれが初めてではない。すでに一七世紀の初頭にフェルディナンド一世が石材を求めて職人をインドに送っていた。それからまたたくまに「フィレンツェ・モザイク」が普及した証拠に、ムガル帝国の首都デリーにあるレッド・フォートの玉座の間に貴石象嵌パネルが飾られている。そこには花や鳥の中心で竪琴を弾くオルフェウ

［図190］筆者撮影…ドイツ人工房（ヨハン・ダニエル・マイヤー？）《高坏（コッパ）》。一六六二～七〇年。血紅色碧玉または血滴石、鍍金銀、エナメル。高さ二三㎝。フィレンツェ、銀器博物館。

スが描かれている。音楽の普遍的な魔力で冥界をも魅了したオルフェウスは、異国への贈答品の主題にはうってつけだ。

オルフェウス主題の作品を大公直轄工房は数多く製作しているが、そのうちの一点が《オルフェウスのいるキャビネット》（デトロイト美術館）［図191］である。本作では中央のオルフェウスは竪琴ではなくリラ・ダ・ブラッチョかヴァイオリンを弾き、周囲の扉の一八枚のパネルには象、駱駝、犀などエキゾチックな動物を含む一八種の動物がいる。オルフェウスとエウリュディケの物語は貴族のあいだに広く知れわたっていたからこそ、スコアの残る最初のオペラであるヤコポ・ペーリ作曲『エウリディーチェ』（一六〇〇年初演）や、本格的なオペラの誕生を告げるクラウディオ・モンテヴェルディ作曲『オルフェオ』（一六〇七年初演）の題材に選ばれたのである。

神話主題のキャビネットには、《神話場面のあるキャビネット》（パラッツォ・ヴェッキオ）［図192］がある。現在はパラッツォ・ヴェッキオにあるが、一六九一年の記録によれば、ポッジョ・インペリアーレのメディチ家の別荘にあった。黒檀に多色木材と真珠層の流麗な植物文様が象嵌されている。貴石象嵌パネルの神話の主題は、左上から反時計回りに「ガニュメデスの掠奪」「エウロペの掠奪」「ピュラモスとティスベの死」「アタランテとヒッポメネス」「泉をのぞくナルキッソス」「ディアネイラの掠

［図191］大公直轄工房《オルフェウスのいるキャビネット》。一六二〇年頃。デトロイト、デトロイト美術館。

奪」「ペガソスとベレロフォン」、そして中央が「アドニスの死」である。ヴィーナスに愛されたアドニスは、ゼウスが送り込んだ猪に突進されて落命するが、その猪がアドニスの猟犬に追われて逃走するさまも描かれている。

多くのキャビネットのなかでも、当時、依然としてウフィツィ宮殿のトリブーナに君臨していたのは、フェルディナンド一世がブオンタレンティにつくらせた「ストゥディオーロ・グランデ」である。ミケランジェロ画《聖家族（トンド・ドーニ）》（ウフィツィ美術館）の真下に置かれたキャビネットの引出しには、多数のルビー、サファイア、トパーズ、エメラルド、オパールが収められていた。一七〇九年にデンマーク王フレゼリク四世（在位：一六九九～一七三〇年）が来訪した際、コジモ三世はみずからキャビネットに手を入れ、掌いっぱいに彫玉をとりだして自慢げに見せびらかした。国王側は次のように記した。「誰でもここでは何かを言わずに素通りすることはできなかった。彼らは膨大な数の貴重な彫玉のほんの一部を披露しようと思っており、大公殿は緑色のビロードのクロスのかかったテーブルにそれらを並べた。ダイヤモンド、エメラルド、ルビーは大きさの順に三列に並べられたが、全部で二〇〇点以上はあった。縞瑪瑙、トパーズ、玉髄のコレクションはまったく信じられないほどであり、……いろいろな大きさのダイヤモンドは、複数のケースのあ

［図192］筆者撮影…大公直轄工房《神話場面のあるキャビネット》。黒檀、貴石、多色木材、真珠層。一七世紀後半。フィレンツェ、パラッツォ・ヴェッキオ。

ちらこちらに陳列されていた。大公殿はとりわけトパーズに精通していたので、いろいろなトパーズを蒐集しては、いちばん腕のいい職人に細工をさせていた」。当時、トリブーナには一三〇〇点の彫玉が天鵞絨《ヴェルヴェット》を敷き詰めた三二の整理棚に収納されていた。

## 8《植物装飾と動物装飾のあるテーブル》

コジモ三世は古代品を蒐集するだけでなく、同時代の彫玉師アンドレア・ボルゴニョーネ（またはボルゴニョーニまたはベルゴニョーニともいうが、おそらくはフランスのブルゴーニュ地方出身）やフィレンツェで生まれたその息子フランチェスコ・マリア・ガエタノ・ギンギ（一六八九～一七六二年）にも彫玉を注文した。ギンギ自身が書き記すには、コジモ三世の肖像一点、コジモ三世の娘アンナ・マリア・ルイーザの肖像二点、彼女の夫プファルツ選帝侯ヨハン・ヴィルヘルムの肖像一点を製作した。ギンギは、最後のメディチ大公ジャン・ガストーネが没した一七三七年、フィレンツェを去ってシャルル・ド・ブルボンの治めるナポリ宮廷におもむくことになるが、そのとき「貴石細工の技術をもつ名匠がいなくなったので、この分野は著しく衰退した」と回想している。

だが、実際には彼のライバルだったガエタノ・トッリチェッリ（一七五七年没）などの名匠がフィレンツェにはいて、赤縞瑪瑙製《クレオパトラ》

［図193］筆者撮影…ガエタノ・トッリチェッリ《盾をもつピュロス》。瑪瑙製カメオ。一八世紀前半。縦三・八㎝。フィレンツェ、銀器博物館。

（銀器博物館）や黄瑪瑙製《ミネルウァ》（銀器博物館）、そして瑪瑙製《盾をもつピュロス》（銀器博物館）［図193］などを製作していた。ピュロスは古代ギリシアのエペイロス王で、マキァヴェッリの『君主論』『戦争の技術』『ディスコルシ』『書簡』にも登場する軍事的天才。ハンニバルは偉大な指揮官として、「第一にアレクサンドロス大王、第二にエペイロスのピュロス、第三に自分」と答えたという。

貴石象嵌細工の到達した頂点のひとつは、《植物装飾と動物装飾のあるテーブル》（パラティーナ美術館）［図194］である。これはジョヴァン・バッティスタ・フォッジーニの素描に基づき、一七一六年に完成したテーブル天板の傑作である。果物や動物や鳥の写実はリゴッツィ風の自然主義的要素を残しているが、そうした要素を圧倒してしまうほどの曲線の過剰な植物模様が全体を支配している。とりわけ幻想的なのが四隅に描かれた百合の王冠をかぶるイルカの、泡立つような、鱗のような、植物のような、有機的な曲線の過剰な装飾である。自然と幻想、直線と曲線、黒と色彩、すべての対極が本作に凝集している。くりかえすが、これらは石を細かくカットし、配色を考えながら一片一片ていねいにはめ込んだものである。白い葡萄なども石の濃淡を利用して立体的にみえる。形容しようのない、溜め息のでる、目のくらみそうな作品である。

［図194］大公直轄工房（ジョヴァン・バッティスタ・フォッジーニの素描に基づく）《植物装飾と動物装飾のあるテーブル》。一七一六年。フィレンツェ、パラティーナ美術館。次頁は拡大図。

## 柔らかい蠟細工のような貴石彫刻

一七世紀の貴石彫刻の特徴のひとつは、硬い石材であたかも蠟細工のような柔らかさを表現することだった。当時人気のあった蠟細工師ガエタノ・ズンボ（一六五六～一七〇一年）は、シラクサに生まれてナポリ宮廷からコジモ三世のフィレンツェ宮廷（一六九〇～九四年）、さらにルイ一四世のパリ宮廷へと渡り歩いてパリに没する人物である。フィレンツェには《ペスト》《時の凱旋》《屍の腐爛》（ラ・スペーコラ動物学博物館）〔図195〕などの作品を残し、フィレンツェで七〇〇〇人以上の人命を奪った一六三〇～三三年のペストの恐ろしい記憶をよみがえらせた。その蠟細工師ズンボのもとで修業したのが、当時最高の貴石彫刻家ジュゼッペ・アントニオ・トッリチェッリ（一六五九～一七一九年）。前述のガエタノ・トッリチェッリの父である。そのジュゼッペ・アントニオ・トッリチェッリの作が、盾形の玉髄製カメオ《コジモ三世とトスカーナ》（貴石細工研究所博物館）〔図196〕である。右側にコジモ三世、左側に大公冠をかぶる「トスカーナ」の寓意像、二人の足許にライオン、そして背景には「平和」の神殿。構図は一六八四年にマッシミリアーノ・ソルダーニ・ベンツィがつくったブロンズ製メダルに基づいているが、本作は淡いピンク色と灰色の混ざった、なめらかな、官能的なあつらえである。

〔図195〕筆者撮影：ガエタノ・ズンボ《屍の腐爛》（部分）。蠟。一六九〇年代。フィレンツェ、ラ・スペーコラ動物学博物館。

《大公妃ヴィットリア・デッラ・ローヴェレの胸像》（銀器博物館）［図197］もジュゼッペ・アントニオ・トッリチェッリの作品である。コジモ三世の母の死から三年後の一六九七年の記録には、「すでに頭部はできあがり、胸部を製作中」とある。だがこれは七二歳の肖像ではなく、若い盛りの、ということは息子コジモ三世にとっては思慕の対象としての母の等身大の胸像である。顔はヴォルテッラ産の肌色の玉髄、眉はエジプト産の黒いカイヨ石、唇は黄碧玉、髪は木の化石、肌着はヴォルテッラ産の白碧玉、服とヴェールはフランドル産の黒大理石。まるで絵の具で彩色したように石の色を組み合わせている。信心深い彼女が支援したモンタルヴェ女子修道院の黒衣を身につけている。

やはりジュゼッペ・アントニオ・トッリチェッリが貴石彫刻、コジモ・メルリーニが金細工を担当した《幼児イエスのいるゆりかごの聖遺物容器》（銀器博物館）でも、透明な水晶製のゆりかご（これが聖遺物容器）のうえの白い布と幼児に玉髄を使用しながら、ぷよぷよとした柔らかい触感をだすことに成功している。瑪瑙製の台座の四隅にいるのはケルビム。セラフィム（熾天使）とケルビム（智天使）は天使の九隊のうちの最上位を占め、翼のついた赤子の顔だけで表現される。第八隊に属する大天使のミカエルやガブリエル、ラファエルやウリエルよりもずっと上位に位置する天使である。

［図196］筆者撮影…ジュゼッペ・アントニオ・トッリチェッリ作カメオ《コジモ三世とトスカーナ》。玉髄。一七世紀末から一八世紀初頭。縦一七cm。フィレンツェ、貴石細工研究所博物館。

［図197］筆者撮影…ジュゼッペ・アントニオ・トッリチェッリ《大公妃ヴィットリア・デッラ・ローヴェレの胸像》。玉髄、碧玉、カイヨ石、黒大理石、化石。高さ七〇cm。一六九七年頃。フィレンツェ、銀器博物館。

## C 愛娘アンナ・マリア・ルイーザへの贈り物

コジモ三世の愛娘アンナ・マリア・ルイーザはプファルツ選帝侯ヨハン・ヴィルヘルムと結婚してデュッセルドルフで暮らしたため、コジモ三世は数々の贈り物をデュッセルドルフへ向けて発送している。なかでも次の大小二点は、一六九四年から一七二五年まで宮廷首席彫刻家兼建築家をつとめた前述のジョヴァン・バッティスタ・フォッジーニが企画したばかりかブロンズ・モデルまで手がけた作品であり、特筆に値する。

一点目はジュゼッペ・アントニオ・トッリチェッリとアダモ・ジェスターの共作《三人のケルビムのいる祈禱台》（ピッティ宮殿）［図198］である。黒檀製の台座にヴォルテッラ産の玉髄で三人のケルビムが彫られている。カラフルな碧玉製の果物がたわわに実る装飾芸術の傑作である。

もう一点は、祝祭的な豪華さを誇る《プファルツ選帝侯のキャビネット》（銀器博物館）［図199］である。黒檀にモミ、ポプラ、クルミ、真珠層を組み合わせて、貴石象嵌のパネルと浮彫で装飾されている。キャビネット最上部には両家の紋章とともに「雅量」と「剛毅」を表す女性寓意像。中央の壁龕には、貴石と鍍金ブロンズ製のプファルツ選帝侯ヨハン・ヴィルヘルムが「英雄《エロイカ》」風に武装して戦利品（メドゥーサのついた盾もある）にすわる堂々たる座像。アンナ・マリア・ルイーザはこれをフィレンツェ

［図198］筆者撮影…ジュゼッペ・アントニオ・トッリチェッリ、アダモ・ジェスター（ジョヴァン・バッティスタ・フォッジーニの企画に基づく）《三人のケルビムのいる祈禱台》。黒檀、貴石（玉髄、碧玉）、鍍金ブロンズ。一七〇六年。高さ九一cm。フィレンツェ、ピッティ宮殿。

［図199］筆者撮影…大公直轄工房（ジョヴァン・バッティスタ・フォッジーニの企画に基づく）《プファルツ選帝侯のキャビネット》。黒檀、貴石、貴重な木材、真珠層、鍍金ブロンズ。一七〇九年。高さ二八〇cm。フィレンツェ、銀器博物館。

に持ち帰ってピッティ宮殿で晩年を過ごすことになるが、現在、この《プファルツ選帝侯のキャビネット》が東壁に設置された銀器博物館「謁見の間」第三室の内装は往時をしのばせる。アンジェロ・ミケーレ・コロンナとアゴスティーノ・ミテッリが一六四一年にフレスコ画を完成したこの部屋にはたくさんの大理石製胸像が並び、床の中央にはコジモ一世時代につくられた斑岩製天板のある円形テーブルが置かれているのだ。

コジモ三世は帰郷した愛娘アンナ・マリア・ルイーザを慰めるために、ジョヴァン・バッティスタ・フォッジーニに一七二二年から二四年にかけて一二点連作の小ブロンズ像をつくらせた。そのうちの一点が《キリストの洗礼》（パラティーナ美術館）[図200]である。彫刻家の名ジョヴァン・バッティスタはフィレンツェの守護聖人洗礼者聖ヨハネのことなので、《キリストの洗礼》は文字どおり都市と彫刻家の双方をたたえる最適の主題だった。高さ四五センチの小品ながらバロック的な壮大さを感じさせる。マニエリスムの彫刻家ジャンボローニャと同様、バロックの彫刻家フォッジーニも、アクロバティックな妙技を披露してパトロンを楽しませる多芸多才な名匠だった。

## 破壊を免れた宗教的な銀製品

ピッティ宮殿にあった贅沢な家具調度の多くは早晩湮滅する運命にあ

[図200] 筆者撮影…ジョヴァン・バッティスタ・フォッジーニ《キリストの洗礼》。ブロンズ。一七二三年。高さ四五cm。フィレンツェ、パラティーナ美術館。

り、たとえば貴石象嵌をほどこした多数の天蓋付きベッドは現在、破片をのぞき一台も残っていない。なかでも真っ先に失われたのが銀製品で、ほとんどはロートリンゲン家時代やナポレオン時代の略奪によって鋳潰されてしまった。大公子フェルディナンドが所有していた二点の銀製鳥籠なども略奪の犠牲になった。ところが世俗的な銀製品がこうむった破壊行為を宗教的な銀製品が免れた例がある。

前述のマッシミリアーノ・ソルダーニ・ベンツィは当時のもっともすぐれた彫刻職人のひとりで、一六八二年にパリに派遣された際には、ルイ一四世を感激させてモデルのポーズをとらせたほどである。フィレンツェに帰国するとメディチ家を称揚するメダルやコインを量産した。一六九四年から大公直轄工房の最高責任者になったフォッジーニが異なる素材を贅沢に組み合わせたのに対して、ベンツィはもっぱら貴金属の加工に精力を注いだ。金と銀の素材の特性をいかんなく発揮した彼の最高傑作が《聖カジミエシュの聖遺物容器》（サン・ロレンツォ聖堂）［図201］である。聖カジミエシュはクラクフ出身のポーランド王子だったが、宗教的な隠遁生活に入り、一五二一年に列聖、一六〇二年にポーランドの守護聖人に指定された人物である。この聖遺物容器では、にぶい光を放つ銀とところどころに配された金の輝きが絶妙である。金のまさる下半分は天使にからみつく葉をモチーフにした螺旋状の装飾、銀のまさる上半

［図201］マッシミリアーノ・ソルダーニ・ベンツィ《聖カジミエシュの聖遺物容器》。銀、金。一六八七年。フィレンツェ、サン・ロレンツォ聖堂。

分は天使が抱きかかえる生命力にあふれる百合の花の装飾。天使をめだたない銀にしたところが心にくい。ベンツィが偉大な彫刻家というだけでなく、現代にも通じるすぐれたセンスをもつデザイナーだったことを実証する作品である。

コジモ三世はインプルネータのサンタ・マリア聖堂の祭壇と天蓋を注文し、ジョヴァン・バッティスタ・フォッジーニ、ベルンハルト・ホルツマン、コジモ・メルリーニが一六九八年から六年の歳月をかけて製作にあたった。一七一四年に完成した銀製の《祭壇前部装飾》(インプルネータ、サンタ・マリア聖堂)[図202]が残っている。中央円形には、祖父の貴石製パネル《神に感謝を捧げるコジモ二世》[図152]を模倣した構図で、コジモ三世がひざまずく姿で表現されている。《祭壇前部装飾》は病床にある大公子フェルディナンドの快癒を祈念して聖母マリアに奉納した作品であるが、不吉な予兆などまったく感じさせない、権力の永続性を誇る作品に仕上がっている。しかし大公子フェルディナンドは作品ができる前年に五〇歳で不帰の客となった。コジモ三世がいちばん期待をかけていた「トスカーナの偉大なる光明」が早々と消えてしまったのだ。

[図202]ベルンハルト・ホルツマン、コジモ・メルリーニ(ジョヴァン・バッティスタ・フォッジーニのデザインに基づく)《祭壇前部装飾》(部分)。銀と貴石。一七一四年。インプルネータ、サンタ・マリア聖堂。

# コジモ三世の聖遺物容器

## §禁欲的な妄信に凝り固まる

長男が他界したとき、コジモ三世は七一歳。もともと信心深かったが、晩年の変化は、禁欲的な妄信に凝り固まり、他の宗教に不寛容になったことである。孫がいないため、家系断絶が必定となったのだから、沈鬱にならざるをえない。コジモ三世は歴代大公のうちで最長の八一歳まで憂愁に満ちた長すぎる晩年を過ごさねばならなかった。彫玉師フランチェスコ・マリア・ガエタノ・ギンギが製作した二点の玉髄製カメオ《コジモ三世の肖像》（銀器博物館）[図203]でも、即位時の溌溂とした面影は消え、老残の苦渋が隠せない。外貌が痛々しく崩れている。そして魂だけが天国を志向する。

## §ベンツィの聖遺物容器

聖遺物容器のほとんどが一六九〇年から一七一五年のあいだに製作された。私的な信仰心の高揚と大公直轄工房の爛熟があいまったバロック様式の見応えある作品ばかりであるが、これらは公開展示を目的とした作品ではないので、かえって大公の心の闇に触れる造形といえる。以下

[図203] 右：フランチェスコ・マリア・ガエタノ・ギンギ作カメオ《コジモ三世の肖像》。玉髄。一七二三〜二四年頃。縦五・一cm。フィレンツェ、銀器博物館。
左：フランチェスコ・マリア・ガエタノ・ギンギ（?）作カメオ《コジモ三世の肖像》。玉髄。一八世紀初頭。縦一一・八cm。フィレンツェ、銀器博物館。

に紹介する聖遺物容器はすべてサン・ロレンツォ聖堂メディチ礼拝堂博物館にある。

一六九〇年、マッシミリアーノ・ソルダーニ・ベンツィが製作した《聖ライムンドゥスの聖遺物容器》から、黒檀製のアーチ状壁龕に聖人と天使が表現される祭壇形式の聖遺物容器の連作がはじまる。

同形のものは《トゥールーズの聖ルイの聖遺物容器》である。ナポリ王シャルル・ダンジューの次男トゥールーズの聖ルイは、かつてドナテッロも彫像をつくったことがあるほど、フィレンツェでは人気の高い聖人である。王家に生まれながら宗教の道に入って司教になった高潔さがコジモ三世の心をもとらえたのだろう。右下の王冠と左の司教杖が聖人の両義的立場を示している。

《聖パスカリス・バイロンの聖遺物容器》も同形である。フランシスコ会原始会則派托鉢修道士のスペイン人パスカリス・バイロンは、聖体への崇敬の念が熱烈だったため、ちょうど一六九〇年に列聖されたばかりだった。聖体とはキリストの肉（パン）と血（葡萄酒）のことであり、本作でも聖杯を捧げる天使から聖体を拝領している。

《聖アレクシウスの聖遺物容器》[図204]も同形である。五世紀のローマ貴族アレクシウスは、婚礼前夜に裕福な花嫁を残して出奔し、物乞いに身を落として貧民救済に生涯を捧げた。この伝説に後日談がついて、ロー

[図204] 筆者撮影：マッシミリアーノ・ソルダーニ・ベンツィ《聖アレクシウスの聖遺物容器》。黒檀、銀、貴石。一六九〇年頃。高さ五四㎝。フィレンツェ、サン・ロレンツォ聖堂。

マに戻ったあとも、正体を知られることなく、父の家の下僕として階段の下で暮らしたという。本作では階段の下の片隅で息絶える場面をあつかっている。ベンツィの一連の聖遺物容器のなかでも、もっとも芝居がかった劇場的《テアトラーレ》な傑作である。もしかしたらステファノ・ランディ作曲のオペラ『聖アレッシオ』（一六三二年初演）の影響をうけているのかもしれない。身をやつして生き、死後に正体が露顕するというのは、古今東西の演劇で愛される普遍的テーマである。

## §フォッジーニの聖遺物容器

ジョヴァン・バッティスタ・フォッジーニが下絵を準備し、ジュゼッペ・アントニオ・トッリチェッリが貴石彫刻、コジモ・メルリーニが金細工を担当して、一七〇四年に完成した《エジプトの聖マリアの聖遺物容器》〔図205〕は、別のタイプに属する。この三人の共作で一〇年間ほど同じタイプの聖遺物容器が複数つくられた。バロックの過剰な装飾趣味はここにきわまる、といった感がある。五世紀のエジプトの聖マリアは、アレクサンドリアで娼婦だったが、エルサレムで回心し、荒れ野で懺悔の隠遁生活を送った。といえば、有名なマグダラのマリアを連想させるが、逆にマグダラのマリアのほうがエジプトのマリアと混同されて伝説に尾鰭がついたのだ。中央には痩せさらばえたマリアの姿。彼女の聖遺物を捧

〔図205〕右：大公直轄工房（ジョヴァン・バッティスタ・フォッジーニ、ジュゼッペ・アントニオ・トッリチェッリ、コジモ・メルリーニ）《エジプトの聖マリアの聖遺物容器》。貴石、鍍金ブロンズ、黒檀。一七〇四年。高さ六八cm。フィレンツェ、サン・ロレンツォ聖堂。
左：大公直轄工房（ジョヴァン・バッティスタ・フォッジーニ）《聖シギスムンドゥスの聖遺物容器》。黒檀、貴石、銀、鍍金ブロンズ。一七一九年。高さ五七・七cm。フィレンツェ、サン・ロレンツォ聖堂。

持する黄金の天使の堂々たる姿。そのコントラストが地上界と天上界の価値の逆転を劇的に示している。

大公直轄工房が製作した《聖シギスムンドゥスの聖遺物容器》[図205]は、これまた別のタイプになる。ジョヴァン・バッティスタ・フォッジーニがデザインしただけでなく、ダイナミックな銀の人物群像の鋳造にも直接関わったはずである。パラティーナ礼拝堂のために一七一九年に完成した作品である。聖シギスムンドゥスはブルグント王国における最初のキリスト教の王（在位：五一六〜五二三年）であり、本作では負傷した若者の幻に聖人の姿が出現している。銀で統一された人物の群像とごくわずかに使われた貴石の配色にセンスのよさを感じさせる。

それにしても伝説的な世界に属する五世紀のエジプトの聖マリアや六世紀の聖シギスムンドゥスの聖遺物が本当にあるのだろうか、と疑いをいだくのは現代人の合理的な発想であって、幼児キリストの襁《むつき》に価値をおく時代のことだから何があっても不思議ではない。聖遺物の存在を信じていたことは、疑いない事実なのだ。

# メディチ家最後の大公ジャン・ガストーネ

## 落日

八一歳のコジモ三世が失意のうちに世を去ったとき、四歳で母と離別したジャン・ガストーネ（メディチ家らしからぬ名は母方の祖父で、フランス王ルイ一三世の弟ガストン・ドルレアンにちなむ）はすでに五二歳になっていた。兄フェルディナンドは亡くなり、姉アンナ・マリア・ルイーザはピッティ宮殿に戻って暮らしていた。

一四年間の治世には、『法の精神』を準備中のフランス人哲学者モンテスキュー、スペイン王フェリペ五世に仕える前の「ザ・カストラート」ことナポリ人歌手ファリネッリらが、トスカーナ大公国に立ち寄っている。また、スイス人ジッリが一七三三年に創業した老舗カフェ・ジッリ（カルツァイウオーリ通りから一九二〇年代に共和国広場に移転）も、この時期にさかのぼる。

ジャン・ガストーネは一六九七年、二六歳のときザクセン＝ラウエンブルク公の娘アンナ・マリア・フランチェスカ二五歳（知性と美貌は欠けていたが、亡夫とのあいだに娘がいた）と結婚してプラハ近郊ライヒシュタットに暮らしたが、そんな田舎暮らしに耐えられるはずもなく、一七〇八年、三七歳のときに妻を残してフィレンツェに戻るや、聡明な兄姉に比べて自分を無能視した父への復讐でもあるかのように、頑迷固陋な老父のいちばんの希望すなわち継嗣をつくることを拒否し、酒色と男色にふける怠惰な放蕩生活を送った。

## 彫玉の蒐集

彼は何ひとついいことをしなかった、で終われば話は簡単だが、そこは腐ってもメディチ家。古代品蒐集家だった大修道院長ピエトロ・アンドレア・アンドレイーニの遺品から一七三一年、約三〇〇点の彫玉をごっそり購入した。それ以前から所有していたアンドレイーニの旧蔵品にも、オネスタ銘のある紅玉髄製インタリオ《ヘラクレスの頭部》（国立考古学博物館）［図206］やプロタルコス銘のある玉髄製カメオ《ライオンに乗るエロス》（国立考古学博物館）［図206］など古代の名品が含まれていた。《ライオンに乗るエロス》については、大修道院長アンドレイーニが生前に大公に贈与したものだとか、いや盗まれて大公に転売されたものだとか、同時代の史料にも食い違う証言が残っている。

同じ一七三一年、ジャン・ガストーネは同時代の彫玉師カルロ・コス

［図206］右：オネスタ《ヘラクレスの頭部》。紅玉髄製インタリオ。フィレンツェ、国立考古学博物館。
左：プロタルコス《ライオンに乗るエロス》。玉髄製カメオ。一七世紀のフレーム付き。フィレンツェ、国立考古学博物館。

タンツィ（一七〇五～八一年）がつくった彫玉二三点を購入。コスタンツィは古代品を模倣する専門家だったが、現在フィレンツェで確認されるのはサファイア製《フィリッポ・ストッシュ男爵の肖像》とトパーズ製《教皇ベネディクトゥス一三世の肖像》（ともに銀器博物館）の二点だけである。一七三二年から三五年までフィレンツェに滞在した同時代の彫玉師ロレンツォ・ナッターの作品も《ポンペイウス・シクストゥスの頭部》と《男の肖像》（ともに銀器博物館）の二点が現存しているが、トパーズ製の彫玉《ジャン・ガストーネの肖像》は失われた。

ジャン・ガストーネの生前からイギリス、フランス、スペイン、オランダ、オーストリアなどの列強諸国が大公位を虎視眈々とねらっていた。列強諸国に死を待たれる気の毒な身のジャン・ガストーネであったが、死の床でひとつだけいいことをした。大公国がどの国にも併合されないという約束をとりつけたのだ。一七三七年七月九日、六六年の生涯を閉じ、ピッティ宮殿には姉アンナ・マリア・ルイーザが残された。

# 28 メディチ家最後の相続人アンナ・マリア・ルイーザの宝飾品

## §長い残照

アンナ・マリア・ルイーザはコジモ三世とマルグリット・ルイーズの第二子として一六六七年八月一一日に生まれた。母がフランスに帰国したとき、八歳にも満たなかったため、祖母ヴィットリア・デッラ・ローヴェレに養育された。幼少期から宝飾品を好んだことが何点もの肖像画からわかる。肖像画には、ダイヤモンドとルビーのついた十字架形ペンダント、ダイヤモンドとルビーのついた金とエナメル製のブレスレット、彫玉のついた金とエナメル製のチェーン、八角形の宝石のついたブローチ、二個のサファイアのついたブローチなどが描かれている。

一六九一年四月二九日、フィレンツェの大聖堂で（慣例どおり新郎不在のまま）結婚式をあげた。相手はドイツでも指折りの有力者（皇帝レオポルト一世、ポルトガル王ペドロ二世、スペイン王カルロス二世の義兄弟でもある）プファルツ選帝侯ヨハン・ヴィルヘルムである。同年五月六日、デュッセルドルフへの出発に際し、コジモ三世は愛娘にたくさんの宝物をもたせた。二度妊娠し、二度とも流産した。夫から梅毒をうつされ、子どもが産めない身体になった。一七一六年六月七日、夫は死去した。二五年間の結婚生活は必ずしも不幸とはいえない。夫は国外旅行のたびに土産物をもち帰り、宮廷祝典のたびに妻に贈り物をしたのだ。一七一七年一〇月二二日、父の待つフィレンツェに帰着した五〇歳の寡婦は、ドイツからたくさんの美術工芸品や宝飾品をもち帰った。

しかしなかには帰郷がかなわなかった彼女の所持品もある。豪華な《キャビネット時計》（ロンドン、ギルバート・コレクション）[図207]の上部の「時計」もそのひとつである。瑪瑙製の二本の円柱にはさまれた中央パネルには、黒大理石を背景にグロテスク人面やアカンサスの渦形装飾、そしてラピスラズリ製のヒルガオなどの可憐な花々がちりばめられている。文字盤もラピスラズリ製。両サイドには鍍金ブロンズの花飾りに貴石製の果物がぶらさがっている。時計の内部に埋め込まれた細い金糸の飾り文字「AMEP」というアナグラムは「プファルツ選帝侯妃アンナ・マリア」のものであり、コジモ三世がデュッセルドルフにいる愛娘に贈った品であることがわかる。一六世紀には機械時計の製造は南ドイツの独占であったが、一七～一八世紀になるとフィレンツェでも製造されたばかりか、フィレンツェ特有の優美な装飾がほどこされた。

一九世紀に「時計」の下にキャビネットが追加されて「キャビネット

[図207] 右：大公直轄工房（レオナルド・ヴァン・デル・ヴィンネ、ジョヴァン・バッティスタ・フォッジーニ）《キャビネット時計》。貴石、黒檀、鍍金ブロンズ、真鍮。一七〇四～〇五年。ロンドン、ギルバート・コレクション。
左：同上のキャビネットの「中央パネル」部分。一七〇〇年頃。

時計」になったが、キャビネットの中央パネルには一七〇〇年頃にフィレンツェで製作された写実的な花模様（チューリップ、カーネーション、キンポウゲなど）の貴石象嵌が用いられている。普通、時代を超えた組み合わせは違和感を生じさるものだが、これはまったく違和感なく全体がみごとに調和した好例である。軽快にして豊潤、荘重にして華やいだ作品である。

現在、銀器博物館に所蔵されている宝飾品は、彼女の所持品の一部にすぎないが、それらをざっと見渡すだけでも製作年代は一六世紀から一八世紀までの幅がある。メディチ・コレクションの最後の彫玉として一対のカメオを紹介しておきたい。ドイツでつくられた《アンナ・マリア・ルイーザの肖像》と《プファルツ選帝侯ヨハン・ヴィルヘルムの肖像》（銀器博物館）［図8］である。赤縞瑪瑙の背景に、真珠のついたエナメル製の冠をいただく白い縞瑪瑙のプロフィールが浮かびあがるオマージュ作品である。

一七四三年二月一八日、七五歳数カ月のアンナ・マリア・ルイーザは豪華な家具調度にかこまれながらピッティ宮殿で息を引き取った。ウィーンにいる大公フランツ・シュテファンの代理をつとめる摂政政治の指導者の一人リシュクール伯が、一七四三年五月二七日に彼女の財産目録の編纂を完成させ、遺産総額を四二七万八五七四スクードと評価した。この財産目録は二部構成で、とくに第二部が「至福の宝飾品」と名づけられた七八九項目（一項目に複数の品を含む）の宝飾品を記載している（夫妻の上記カメオを含む）。以下、銀器博物館にある彼女の宝飾品を紹介してみたい。

## バロック真珠の動物シリーズ

輿入れと帰郷の長旅をともにした作品に、バロック真珠と宝石細工を組み合わせた魅力的な動物シリーズがある。

「バロック」とは「歪んだ真珠」のことである。真珠は二枚貝の体内に偶然できる光沢のある丸い貝殻質の物体だが、プリニウスの『博物誌』も指摘するように、最高級品はインド洋やペルシア湾で採取されたオリエントの産物である。ところが新大陸が発見されるとその海域から多くのバロック真珠がもたらされた。

そのバロック真珠の歪みを逆手にとって動物に見立て、別の宝石と組み合わせる遊び心から優品がうみだされた。一七四三年の財産目録に「至福の宝飾品」と特別に分類・明記されたものの一部は、一六世紀後半の大公フェルディナンド一世が枢機卿だった時代に仕えたフランドル人金細工師レオナルト・ザーレースの作品と推測されている。というのはフェルディナンド枢機卿の財産目録に作者名と作品名が頻出するからで

〔図208〕筆者撮影…バロック真珠の動物シリーズ。フランドル人工房《亀》。真珠、エナメル、金、七個のダイヤモンド。一六世紀末。長さ三・二cm。フランドル人工房《蜥蜴》。真珠、エナメル、金、一四個のダイヤモンド。一六世紀末。長さ九・〇cm。フランドル人工房《雄牛》。真珠、エナメル、金、六個のダイヤモンド、五個のルビー、五個のエメラルド。一五九〇年。長さ三・四cm。フィレンツェ、銀器博物館。

ある。
フェルディナンド一世は一五八四年、姪（フランチェスコ一世の娘）のエレオノーラをマントヴァ公爵ヴィンチェンツォ・ゴンザーガに嫁がせた際に「蜥蜴一点」「蛙二点」「蝶二点」「蜘蛛二点」「ドラゴン一点」などを贈っているが、エレオノーラの逝去と同時にフィレンツェに返還された可能性が高い。

それらをいくつか見てみると、《亀》［図208］の甲羅には大きな楕円形のバロック真珠が使われ、腹部には青と緑のエナメル、頭と目には七個のダイヤモンド。《蜥蜴》［図208］の背中には細長いバロック真珠が使われ、四本脚と頭と尾に一四個のダイヤモンド。《雄牛》［図208］にはバロック真珠の胴体のほかに、六個のダイヤオンド、五個のルビー、五個のエメラルドが使われている。この《雄牛》がエレオノーラ・ゴンザーガの所持品と一致したことから、ローマでフェルディナンド枢機卿が金細工師レオナルト・ザーレースにつくらせた作品と類推する決め手になった。

とりわけ豪華な《トンボ》［図209］は、選帝侯妃が所有していた他の動物作品と異なり、胴体に異例に長いバロック真珠が使われているほか、とくに変わっているのは、エナメルが重要な要素となっている羽の精妙な細工である。

その他の動物には《駝鳥》《孔雀》《梟》《鳩》《コウノトリ》から《猿》《羊》

［図209］筆者撮影…バロック真珠の動物シリーズ。フランドル人工房《トンボ》。真珠、エナメル、金、銀、九個のダイヤモンド、二個のルビー。一六世紀末。二・二×六・二×六・九㎝。フランドル人工房《ドラゴン》。真珠、エナメル、金、銀、四個のダイヤモンド、二個のルビー。一六世紀末。高さ二・九㎝。フィレンツェ、銀器博物館。

《犬》《鼠》《蜘蛛》《蛙》にいたるまでであり、まるでミニチュア動物園の様相を呈している。このミニチュア動物園には、高さ二・九センチのひょうきんな《ドラゴン》[図209]までいる。異郷に嫁いだ花嫁の孤独を慰める愉快な仲間たちだが、たわいない小品に最高の贅が凝らされている。

## バロック真珠の人物シリーズ

一七世紀末の製品には、ターバンを巻き短いスカートをはく黒人商人が引き連れたエキゾチックな《駱駝》や《象》[図210]も登場してくる。《象》の背にのる塔形の輿《こし》には一二個のダイヤモンド、エメラルド製の台座には二五個のダイヤモンド、合計三七個のダイヤモンド！ 遊び心にも程があるというものだ。

バロック真珠を利用した人物像は、真珠の形が形だけにどこか滑稽さをただよわせる。一七世紀末にドイツの宮廷工房でつくられた《スイス人兵士》と《靴職人》[図211]は、同形の台座に立つので、二点セットで選帝侯夫妻が入手したものだろう。《スイス人兵士》はユーモラスな侏儒《しゅじゅ》、《靴職人》はシリアスな子ども。後者は、子どもながらに立派な服を着て帽子をかぶり、金製の三脚椅子に座っているところをみると、宮廷お抱えの靴の修繕屋であろう。胴体だけでなく、右手にもつ靴もバロック真珠である。

[図210] 上：ドイツ人工房《駱駝》。真珠、銀、ラピスラズリ、六個のダイヤモンド、八個のルビー。一七世紀末。高さ六・〇cm。フィレンツェ、銀器博物館。
下：オランダ人工房《象》。真珠、エナメル、銀、エメラルド、三七個のダイヤモンド。一七世紀末。高さ五・八cm。フィレンツェ、銀器博物館。

[図211] 筆者撮影…右：ドイツ人工房《靴職人》。二個の真珠、エナメル、金、四個のダイヤモンド。一六八〇年。人物像の高さ七・一cm。フィレンツェ、銀器博物館。
左：ドイツ人工房《スイス人兵士》。真珠、エナメル、金、五個のローズ・カット・ダイヤモンド。台座は金メッキ、二四個のダイヤモンド、一三個のルビー。一六八〇年。人物像の高さ七・一cm。フィレンツェ、銀器博物館。

五八個のダイヤモンド（！）がちりばめられた《バッコス》［図212］は置物としてすぐれているので、小型キャビネットかテーブルか棚の上に飾られていたはずである。円形に組まれた葡萄の樹枝のなかで、酒神バッコスは葡萄酒をしたたか飲んで酩酊している。左下の林檎を口にする猿は人間の堕落の象徴であるが、飲酒＝堕落という教訓も付け足しのようにみえ、逆に、堕落もまた愉快、といわんばかりである。腹の出ぐあいは、モルガンテからインスピレーションを得たのではないか、とイタリア人研究者が指摘している。モルガンテ（一五三五？〜九四年以降）というのはロレンツォ・イル・マニフィコの友人ルイジ・プルチの叙事詩『モルガンテ』の主人公の巨人の名前をつけられた侏儒で、すでに名前からして滑稽なのだが、「自然の驚異」として彫刻家のジャンボローニャやヴァレリオ・チョーリ、画家のブロンズィーノやヴァザーリなど多くの芸術家から愛されたメディチ家の宮廷道化師である［図213］。

ルネサンス宮廷における異形の道化師の存在がどんなものだったか、ヴェルディの傑作オペラ『リゴレット』（一八五一年初演）があますところなく描いている。『リゴレット』の舞台設定は検閲の関係上ユゴー原作のフランス王フランソワ一世の宮廷から「マントヴァ公爵」の宮廷に移されているが、この「マントヴァ公爵」というのは、一説によれば、作曲家モンテヴェルディや画家ルーベンスのパトロンだったヴィンチェ

［図212］筆者撮影…ドイツ人工房《バッコス》。真珠、エナメル、金、五八個のダイヤモンド、一二個のルビー。一六七〇年。高さ七・九㎝。フィレンツェ、銀器博物館。

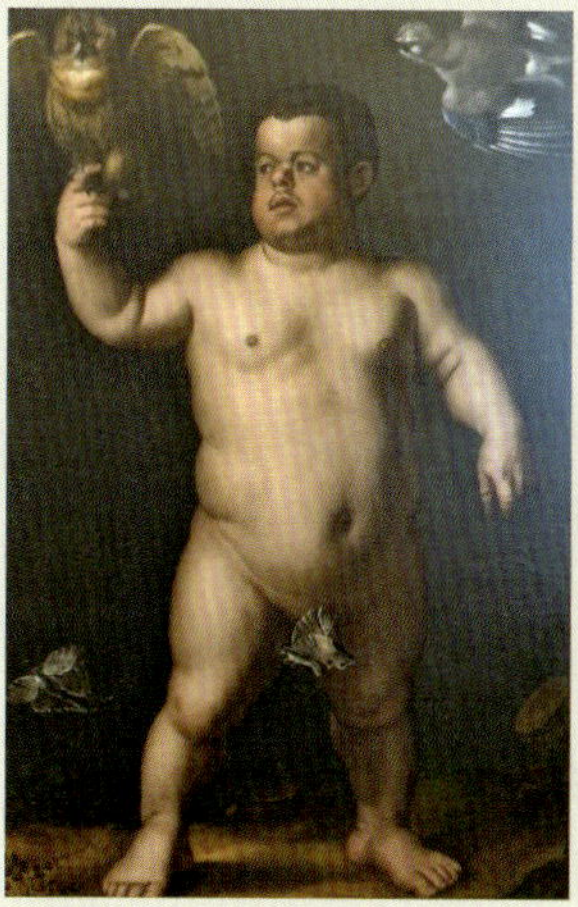

［図213］筆者撮影…アーニョロ・ブロンズィーノ《侏儒モルガンテ》（表と裏）。油彩。一五五三年以前。フィレンツェ、ウフィツィ美術館。

ンツォ・ゴンザーガであり、その妃はフランチェスコ一世の長女エレオノーラ（フランス王妃マリ・ド・メディシスの姉）だから、まんざらメディチ家と無縁というわけではない。

つづいて《ゆりかごの赤ん坊》[図214]は、一六九五年に、宝石職人アンドレ・ヨセフ・ファン・デア・クライセが選帝侯宛の手紙で作品ができしだい発送すると約束しているので、製作年代が限定できる作品である。金線の組紐でできた豪華なゆりかごのなかで赤ん坊が眠っている。ゆりかごには真珠からなる四つの把手がついており、日よけにも半円形の真珠、ふわふわの肌掛けも真珠。赤ん坊の頭部も真珠に顔が彫られている。めでたい真珠づくしである。裏面の二つの脚のあいだに金糸で記されたラテン語の「かくあれかし」の文字は後継者の誕生を暗示しているが、それはかなわぬ夢に終った。

## §バロック真珠のペンダント

バロック真珠を使ったペンダントも数多い[図215]。一六世紀末にフランドル人工房でつくられた《鸚鵡のペンダント》は、金とエナメル製（四個の真珠と四個のルビー）のカラフルな鸚鵡が小枝にとまって苺をついばんでいる。バロック真珠が動物の体に使われていないという意味では例外的な一点である。

[図214] 筆者撮影…オランダ人工房（アンドレ・ヨセフ・ファン・デア・クライセ）《ゆりかごの赤ん坊》。二個のバロック真珠、二二個の真珠、金、エナメル、二八個のダイヤモンド、小さい真珠を縫いとめた青い絹。一六九五年頃。長さ五・五cm。フィレンツェ、銀器博物館。

[図215] 筆者撮影…バロック真珠のペンダントのショーケース。フィレンツェ、銀器博物館。

《蜜蜂に刺されたドラゴンのペンダント》[図216]は、ドラゴンの体がバロック真珠。ドラゴンは左翼のかぎ爪で必死の抵抗を試みるが、蜜蜂（二個のルビー）に刺された痛みに耐えかねて目と口を大きく開け、白い歯と赤い舌をみせる間抜けな姿である。蜜蜂のシンボリズムは「良き統治」であり、フェルディナンド一世のためにミケーレ・マッツァフィッリがつくった金製メダル《フェルディナンド一世の肖像》（バルジェッロ国立博物館）の裏面にも、ジャンボローニャがつくった《フェルディナンド一世騎馬像》（サンティッシマ・アヌンツィアータ広場）の台座裏面にも、大公冠を戴く女王蜂のまわりに働き蜂が群がり、君主の美徳を表す「ただ尊厳によりて（MAIESTATE TANTUM）」というインプレーザが記されている。このインプレーザは、フェルディナンド一世が大公に即位した一五八八年にシピオーネ・バルガーリが大公個人のために選んだものである。

　一六世紀末の金細工師のあいだで人気の高い主題は人魚である。男の人魚はトリトン、女の人魚はセイレンと区別される。本来、神話のセイレンはハルピュイアに似て鳥の姿をした女であるが、美声で船乗りを惑わしたことから人魚のイメージが派生したのだろう。オウィディウスの『恋愛指南』が「海の怪物」としたのを嚆矢《こうし》として、中世には半女半鳥から半女半魚に姿を変えることになる。

　フィレンツェにあるセイレンのペンダント三点のうちでもっとも重要

[図216] 筆者撮影…右：フランドル人工房《蜜蜂に刺されたドラゴンのペンダント》。一個の真珠、エナメル、金、二個のルビー。一五八〇年。縦六・五cm。フィレンツェ、銀器博物館。左：フランドル人工房（またはドイツ人工房）《セイレンのペンダント》。七個の真珠、金、エナメル、五個のダイヤモンド、二六個のルビー。一五七〇～八〇年。縦一〇・八cm。フィレンツェ、銀器博物館。

なのは、バロック真珠が胸部に使われた《セイレンのペンダント》[図216]である。セイレンは幸運の女神フォルトゥーナのように王冠をかぶり、両手には太陽のついた笏と砂時計をもっている。太陽の裏面は濃紺の夜景に浮かぶ三日月であり、これは潮の満干と同様に好運と不運が表裏一体の関係にあることを暗示している。砂時計は時が容赦なく過ぎ去る儚さの象徴であり、大きく湾曲する華美な尾鰭は刹那的な快楽の象徴であろう。

《セイレンのペンダント》と一対と思われる《トリトンのペンダント》も、バロック真珠が胴体に使われている。こちらはヘルメットをかぶり、両手には棍棒と盾（大粒の柘榴石）をもって臨戦体勢にある。ディオニュソスかヘラクレスと戦うところかもしれないが、いずれにせよ敗北の運命が待っているのだから、なべての戦はむなし、という教訓か。

神話主題のペンダントは人気があり、《ヴィーナスとマルスのペンダント》《ヒッポカンポス（半馬半魚の海馬）に乗るクピドのペンダント》《キマイラと戦うペルセウスのペンダント》など枚挙にいとまがない。

神話主題以外のペンダントもある。鎖は失われているが、《雄鶏》はペンダントだったはずである。雄鶏の脚は二匹の蛇が巻きついた杖カドゥケウス（伝令神メルクリウスの持物）に乗っているが、この図像はチェーザレ・リーパの『イコノロギア』（一五九三年初版）によれば「責任ある警戒」

を意味している。

職人が国境を越えて移動したことは、大公直轄工房にフランドル人やフランス人はもちろん、スウェーデン人までいたことからわかるが、逆方向つまり南から北への移動もこれに劣らず多かった。ナポリ出身の宝飾職人ジョヴァン・バッティスタ・スコラーリがつくった《ゴンドラのペンダント》[図217]には興味深いエピソードがある。珍しい三日月形のバロック真珠を用いたゴンドラの舳先《へさき》には鷲の頭が装飾されている。波間には二匹の魚が顔をのぞかせている。ゴンドラのうえにいるのはコンメディア・デッラルテの登場人物たちで、左の赤服が金持ちのパンタローネ、右の白服が召使いのザンニ。楽器を手にした二人が恋人たちにセレナーデを歌っているところである。この作品は、一五六八年にコンメディア・デッラルテがアルプス以北で初めて上演された記念にミュンヘンで製作された。上演の主催者は、皇帝フェルディナント一世の娘アンナと結婚していたバイエルン公爵アルブレヒト五世である。その息子のヴィルヘルムがロートリンゲン（ロレンーヌ）公爵フランツ一世の娘レナータ（彼女の従妹クリスティーヌがトスカーナ大公フェルディナンド一世の妃）と結婚したときの催し物のひとつであった。ペンダントは芝居の一場面なのだ。

ところがおもしろいことに、職人ジョヴァン・バッティスタ・スコラーリは別の機会にはザンニを演じた役者でもあって、彼が立つ舞台で別の

[図217] 筆者撮影…右：ジョヴァン・バッティスタ・スコラーリ《ゴンドラのペンダント》。三個の真珠、エナメル、金、三個のルビー、五個のダイヤモンド、二個のエメラルド。一五六八年。縦六・五cm。フィレンツェ、銀器博物館。
左：フランドル人工房《ホイッスルに乗る猿》。金、エナメル、三個のダイヤモンド、二四個のルビー、五個のエメラルド、四個の真珠。一五八〇～九〇年。縦五・〇cm。フィレンツェ、銀器博物館。

役者が惨殺されたことがあった。レオンカヴァッロのオペラ『道化師』(一八九二年初演)を地でいくような話ではないか。職人が役者を兼ねたところも興味深い。旅芸人は小道具もつくらねばならないから手先の器用な職人であることが望ましい。大公直轄工房の職人リストにも音楽家が含まれているように、彼らは宮廷から宮廷を遍歴して王侯貴族を楽しませる万能の職能集団だったのだ。

もっとも奇抜なペンダントは《ホイッスルに乗る猿》[図217]だろう。ここでは真珠は四個使用されているだけでメインの要素ではない。その代わりにダイヤモンドが三個、エメラルドが五個、ルビーが二四個使用されている。緑の服を着た猿は杖をつく行商人の恰好をして果物のつまった荷籠を背負っている。見栄を張って偽物を売り歩いているのだろうか。虚栄の戒めが豪華な宝飾品というところが、逆説的な諧謔になっている。「猿知恵」のパロディーはとりわけネーデルラント地方で流布しており、一六九一年のデュッセルドルフの財産目録によれば、この図像もアントウェルペンで出版された一二枚連作の銅版画の一枚に基づいている。しかし、このペンダントでいちばん奇抜なのは、豊饒の角《コルヌコピア》の形をしたホイッスルが実際に鳴ることであり、子ども用に製作された可能性が指摘されている。

[図218] 筆者撮影：象牙彫刻の庶民像のショーケース。フィレンツェ、銀器博物館。

[図219] 上：ドイツ人工房《男性巡礼者》。象牙、金、四個のダイヤモンド。台座には二個のルビー、一二個のダイヤモンド。一七世紀末。高さ七・八cm。フィレンツェ、銀器博物館。
下：ドイツ人工房《女性巡礼者》。象牙、金、銀、一四個のダイヤモンド。台座には二個のルビー、一二個のダイヤモンド。一七世紀末。高さ八・一cm。フィレンツェ、銀器博物館。

## 象牙彫刻の庶民像

一七世紀末に製作された一連の象牙彫刻［図218］は、エナメルや宝石と組み合わせたところに特徴があり、アクロバティックな形状と違って、むしろ古典的と形容したい作風である。蒐集したアンナ・マリア・ルイーザの美的センスを感じさせる作品群である。

帽子をかぶる《男性巡礼者》［図219］は、金製のホタテ貝を飾った肩掛けをまとい、右手に巡礼杖をもち、腰帯には財布と水筒をぶらさげている。対をなす《女性巡礼者》［図219］が腰帯にぶらさげているのは、財布と水筒と二〇個のダイヤモンド製ロザリオ。靴と肩掛けの釦《ボタン》もダイヤモンド。《男性巡礼者》の台座には「このように我が道を行け」、《女性巡礼者》の台座には「初めから終わりまで」とフランス語の文字が黒いエナメルで書かれている。人生の旅路をともに歩む夫婦の姿であるが、巡礼の清貧とはほど遠い。

同じく男女一対の行商人像は、さらに手が込み、さらに魅力的な立ち姿である。《男性行商人》［図220］は背負う荷物の重さで前屈みになっているが、荷物のなかの商品は化粧品、医療器具、眼鏡、そして「jas」「ros」「eu」と読める三本の薬瓶などである。一方の《女性行商人》［図220］は、頭上に果物や花を満載した枝網籠をのせて運ぶ豊饒《アッボンダンツァ》の女神の古典的な風情をた

［図220］右：ドイツ人工房《女性行商人》。象牙、金、エナメル、三八個のダイヤモンド、各種貴石。台座は瑪瑙、三三個のルビー、真珠層、エナメル。一七世紀末。人物像の高さ二・五cm。フィレンツェ、銀器博物館。
左：ドイツ人工房《男性行商人》。象牙、金、エナメル、一五個のダイヤモンド。台座は瑪瑙、三三個のルビー、真珠層、エナメル。一七世紀末。人物像の高さ九・三cm。フィレンツェ、銀器博物館。

だよわせている。これらはアンニバレ・カラッチの『ボローニャの芸術』（一六四六年）やジョヴァンニ・マリア・ミテッリの『路上の芸術』（一六六〇年）といった銅版画集から着想を得たものである。

その他の手の込んだ細工に《刃物の研ぎ師》や《ラバ追い》[図221]があるが、後者の異国風ラバ追いが牽くラバの背には猿の王が乗り、荷物は香水瓶の容器になっている。前者には五五個のダイヤモンド、後者には二四個のダイヤモンドが使用されている！

これら象牙製の小彫刻群が表す各種の職業は、いったい何を意味しているのか？じつは城主が宿の主人に扮し、招待客が宿泊客に扮する、宮廷における宴会の余興を表したものなのだ。宮廷人は庶民に身をやつすことで、日頃の厳格な宮廷作法を忘れ、下層身分にだけ許される自由を満喫する。宴会の終わりには、招待客は高価な「引出物」を贈られるのだが、宴会での身分にあわせて、庭園に仮設された売店でそれらを買うふりをした。買い物ごっこである。一例をあげれば、のちにプロイセン王フリードリヒ一世となるブランデンブルク選帝侯フリードリヒ三世とその妃ゾフィー・シャルロッテ（息子が有名な「兵隊王」フリードリヒ・ヴィルヘルム一世）が、一六九〇年一月九日、ベルリンの宮廷で「研ぎ師の宴会」を催している。ゾフィー・シャルロッテは哲学者ライプニッツと親交があるほどで、宮廷には知的な雰囲気が満ちていた。宴会の進行役をつと

[図221] 右：ドイツ人工房《刃物の研ぎ師》。象牙、金、エナメル、五五個のダイヤモンド、一二個のルビー、各種貴石、黒檀、鏡。一七世紀末。人物像の高さ二〇・五cm。フィレンツェ、銀器博物館。
左：ドイツ人工房《ラバ追い》。象牙、金、エナメル、二四個のダイヤモンド、水晶、黒檀。一七世紀末。人物像の高さ二四・五cm。フィレンツェ、銀器博物館。

めた詩人ヨハン・フォン・ベッサーは、「研ぎ師」を偽者だとことわり、天下国家の大問題を憂慮する必要のない自由気ままな庶民であると、ことさらに強調したという。

## 豪華な日用品

金とダイヤモンドの豪華な装飾がほどこされた日用品として、三本の細い香水瓶を収納した《香水瓶用容器》[図222]がある。赤く彩色した象牙の素材も独特ならば、三羽の鳥の頭と怪人面（額にダイヤモンドが一点）の形も独特であり、ドレスデンの宮廷工房の作品と考えられる。アンナ・マリア・ルイーザはもう一点同様の《香水瓶用容器》を所有していたが、そちらは現在ウィーンにある。

豪華な《ふいご》[図223]の表面には、冠と金羊毛勲章の鎖にかこまれたプファルツ選帝侯の紋章とメディチ家の紋章がエナメルで表現されている。プファルツ選帝侯ヨハン・ヴィルヘルムが金羊毛勲章を授与されたのは一六九六年のこと。選帝侯の紋章に「黄金の宝珠」があしらわれているが、選帝侯がこれを使用した期間は一七〇八年から一四年までのこと。したがって本作の製作年代が限定できる。裏面には、冠の下に「AMLCPR」とアンナ・マリア・ルイーザのモノグラムが大書され、その下の赤色エナメル地には緑の葉のついた小枝にとまる二羽の白鳩（夫

[図222] 筆者撮影…ドイツ人工房《香水瓶用容器》。彩色象牙、金、一二個のダイヤモンド、水晶、絹。一六八〇年。高さ六・〇cm。フィレンツェ、銀器博物館。

婦愛の象徴）が嘴に緑色のリボンをくわえている（リボンの形は数字の「3」）。一七一一年一二月二二日、夫妻はそろってフランクフルトにおける皇帝カール六世（マリア・テレジアの父）の戴冠式に出席しているので、おそらく同年に選帝侯が妃へのプレゼントとして発注したものだろう。製作者は、リューベック出身の宝飾職人ピーター・ボーイ・イル・ヴェッキオ（一六四八～一七二七年）で、一六七五年からフランクフルトで仕事をしていたが、一七一二～一三年にプファルツ選帝侯にしたがってデュッセルドルフの宮廷に移り、選帝侯のために仕事をした。

［図223］筆者撮影…ピーター・ボーイ・イル・ヴェッキオ《ふいご》。金、エナメル、皮革、絹。一七〇八～一四年。長さ六・四㎝。フィレンツェ、銀器博物館。

# 29 アンナ・マリア・ルイーザの宝飾品後日譚

## 《兵士像のあるブローチ》

アンナ・マリア・ルイーザの遺品は来歴の不明なものが多いが、特殊な形状のために正確な来歴を財産目録でたどることのできる例外的な作品がある。一五八〇年代の図案に基づく九点セット（本来一二点セットだったが九点のみフィレンツェに現存）の《兵士像のあるブローチ》（フィレンツェ、銀器博物館）[図224]である。意匠は「歩兵」「旗手」「マスケット銃兵」「剣士」「フルート奏者」「旗手」「槍兵」「マスケット銃兵」「剣士」。これらのブローチはプファルツ選帝侯フリードリヒ四世（在位：一五八三～一六一〇年）が一五九九年に購入したものだが、当初は帽子の黒いビロードのリボンに縫いつけられていた。その後、一六九一年（結婚の年）のプファルツ選帝侯ヨハン・ヴィルヘルムの財産目録に記載があり、目録の余白に妃（アンナ・マリア・ルイーザ）に譲渡された旨が記されている。一七四三年のフィレンツェの財産目録に記載があるが、一七六八年にはウィーンの財産目録に再度記載がある。いったいどうしてウィーンに戻り、また、どうし

[図224] 筆者撮影…フランドル人工房《兵士像のあるブローチ》。金、エナメル、真珠（合計六四個）、ルビー（合計一九個）、ダイヤモンド（一作品のみに三個）。一六世紀後半。各々四・三×三・八cm。フィレンツェ、銀器博物館。

てフィレンツェに戻ったのだろうか？　アンナ・マリア・ルイーザの遺品を追跡してみる必要がある。

## §「家族協定」以後の攻防

弟ジャン・ガストーネの死からわずか三カ月後の一七三七年一〇月三一日、七〇歳のアンナ・マリア・ルイーザと二九歳の新大公フランツ・シュテファン双方の代理人がウィーンで「家族協定」に署名した。彼女がこだわったのは、メディチ家の家財道具や絵画、彫刻、書物、宝物などを大公位継承者に譲渡するが、「首都および大公国の領地から何ひとつ持ち出してはならない」という条件をつけた第三項だった。

だが執拗に宝物をねらうフランツ・シュテファンは条項を有利に解釈しようとしたので楽観はできない。一七三九年一月二〇日から四月二七日までフランツ・シュテファンはマリア・テレジアを伴ってフィレンツェに滞在した際、これが唯一の滞在だったが、公式行事でメディチ家の宝冠や宝飾品を身につけた。だが出立時には、アンナ・マリア・ルイーザの鋭い眼光が持ち去りを断念させた。

気が気でないアンナ・マリア・ルイーザは一七三九年四月五日、国有化を再主張したが、フランツ・シュテファン側も一七四一年一月一四日、「家族協定」を無視して宝物の引き渡しを要求した。アンナ・マリア・

ルイーザは断固拒否し、一七四一年三月一〇日に財産目録を作成して宝物を再確認した（大公冠や後述の巨大ダイヤモンドを含む）。両者の攻防は終らなかったのだ。

## §アンナ・マリア・ルイーザ没後の攻防

アンナ・マリア・ルイーザの没後、一七四三年五月二七日にリシュクール伯が財産目録を編纂したことは前述した。その第二部「至福の宝飾品」七八九項目の末尾の余白に「残留」「分解」「売却」などの文字が書き足されている。なかでもいちばん多いのは、簡単に「ウィーンへ」と書かれたものである。おびただしい数の宝物が一度ウィーンへ運ばれたのだ。大公冠もそのなかに含まれていた。さらにフランツ・シュテファンはオーストリア継承戦争の軍資金を得る必要から、一七四七年一〇月九日、イスタンブルに売却する宝物の長大なリストを作成させた。

フランツ・シュテファンの死後作成されたウィーンの財産目録には、現在フィレンツェにある「至福の宝飾品」のほとんどすべて（ただし《靴職人》《蜘蛛》《ドラゴン》《ゆりかごの赤ん坊》《鳩》《ライオン》の六点を除く）が記載されている。もちろん前記の《兵士像のあるブローチ》が含まれていたことはいうまでもない。

フランツ・シュテファン（皇帝フランツ一世）から数えて八代目の皇帝

カール一世（在位：一九一六〜一八年）が第一次世界大戦末期に退位したことでハプスブルク＝ロートリンゲン家の支配するオーストリア＝ハンガリー帝国は瓦解した。一九一九年九月一〇日のサン・ジェルマン条約締結につづき、一九二〇年五月四日、イタリアはオーストリアとのあいだに芸術品に関する特別協定を結んだ。

一九二〇年代にフィレンツェとウィーンの財産目録を比較照合し、不正に持ち出された芸術品の一部をイタリアに返還させることができた。協議に参加したイタリア代表団のひとりはブレラ絵画館館長エットレ・モディリアーニ（一八七三〜一九四七年）である。しかしメディチ家の宝物奪還にもっとも貢献したのは、それよりさかのぼること二世紀の昔、コレクション散逸の悲運を見越して「家族協定」を固守したアンナ・マリア・ルイーザの先見の明にほかならなかったというわけである。

# 30 一七世紀と一八世紀の珍品奇物と外来物

## §ペルシア工芸品

メディチ宮廷とペルシアの関係は深い。シーア派の十二イマーム派を国教とするサファヴィー朝は第五代国王アッバース一世（在位：一五八七～一六二九年）の時代に新都イスファハーンを中心に全盛期をむかえたが、西のオスマン帝国、東のムガル帝国と対立したので、反トルコ同盟を結ぶためにヨーロッパ諸国とよしみを通じた。一六一三年、指揮官ファカルディンがコジモ二世に贈った献上品のなかに、美麗なペルシア製の《円形盾》（バルジェッロ国立博物館）[図225]が含まれていた。白銀に煌めく真珠層で動植物と人物が象嵌され、豹《ひょう》狩りの場面には家鴨《あひる》や魚影もみえる。細部まで神経の行き届いた天下の絶品は、目のこえた賓客にとっても、メディチ宮廷の豊麗なるコスモポリタニズムを示すものとして感嘆の声をあげさせずにはおかなかったはずである。

　まばゆい真珠層をはりめぐらした《水差し》（貴石細工研究所博物館）や《円形容器》（銀器博物館）[図226]も端麗なペルシア製品であり、コジモ二世への

[図225] ペルシアの工房《円形盾》。金を象嵌した黒い鋼鉄、籐、絹、真珠層、鞣し革、ビロード。一七世紀初頭。直径五九・四cm。フィレンツェ、バルジェッロ国立博物館。

贈り物だったと考えられる。

## §《メドゥーサ》と《貝殻擬人像》

一七世紀のうちに「驚異の部屋」が一方では科学博物館へ、他方では美術館へ、ゆっくりとではあるが分化しはじめる。コジモ二世とフェルディナンド二世時代に、塩容れや水差しに付属する貝殻、珊瑚、ココナッツなどがカジーノ・ディ・サン・マルコに再編される一方で、外来物のナイフや翡翠、宝石、象牙、そして貴重品でできた把手のある道具類がウフィツィ宮殿のトリブーナや「武器の間」に配置変えされたのは、分化の兆しを示しているかもしれない。

ただし「武器の間」などがいまだ未分化の折衷的な部屋だったことは、たとえば、カラヴァッジョが描いた円形盾《メドゥーサ》（ウフィツィ美術館）[図227]の展示方法にうかがえる。この作品はフランチェスコ・マリア・デル・モンテ枢機卿が一六〇八年にフェルディナンド一世に贈ったものであるが、記録によれば、前述のアッバース一世が一六〇一年にフェルディナンド一世に贈った武具類といっしょに「武器の間」に展示され、ペルシア製と想像される東方の衣装をまとった騎兵が手にしていた。この展示方法は、レオナルド・ダ・ヴィンチが円形盾に迫真のドラゴンを描き、薄暗がりでそれを見た依頼主を驚かせたという逸話を想起させる。

[図226] 筆者撮影…ペルシアの工房《円形容器》。鍍金金属、真珠層、貴石。一六三一年以前。高さ二五・五cm。フィレンツェ、銀器博物館。

〔図227〕筆者撮影…カラヴァッジョ《メドゥーサ》。板とカンヴァスの円形盾に油彩。一五九六～九八年頃。直径五五cm。フィレンツェ、ウフィツィ美術館。

〔図228〕筆者撮影…大公直轄工房《貝殻擬人像》。木、興混疑紙、貝殻。一七世紀末。九点の高さは二五～五〇cm程度。フィレンツェ、銀器博物館。

「驚異」を演出する展示方法は、現代の上品にとりすました美術品鑑賞の展示方法とは異なっていたのだ（近年の模様替えで《メドゥーサ》が壁から離されたことは、適切な展示方法と評価すべきである）。

分化と未分化。背反する二つのベクトルの拮抗のなかで、分化が完全にすすむのは、啓蒙主義の洗礼をあびた一八世紀後半のこと。そのとき科学的でも美的でもない「牡蠣の殻」や「魚の骨」などは、価値のないガラクタとして捨て去られる運命にあった。

ところが幸いにもガラクタとして廃棄されなかった究極の珍品奇物が現存している。コジモ三世のコレクションにはフェルディナンド二世やカルロ枢機卿、ジャンカルロ枢機卿やレオポルド枢機卿、そして大公子フェルディナンド没後のコレクションが合流したので、誰が注文主かはっきりしないが、ともかくコジモ三世のコレクションに記録された珍品奇物。それが興混疑紙《こんくりし》と貝殻でできた《貝殻擬人像》（銀器博物館）［図228］である。明らかに綺想の画家アルチンボルドの影響をうけているが、こちらは本物の貝殻で人物を立体的に再現しているぶん、よけいに胡散臭くキッチュな作品だ。コジモ三世は一六八三年、ボローニャのフェルディナンド・コスピ侯爵に貝殻を大量に贈っているので、貝殻の蒐集家だったことは確かだろう。現在、銀器博物館にはアルチンボルド風《貝殻擬人像》は九点残っているが、よくぞ廃棄されなかったものだと感心させられる。

［図229］右：逸名画家《甲冑姿のマッティアス・デ・メディチ》。油彩。一六三〇年頃。フィレンツェ、パラティーナ美術館。
左：ドイツかフランドルの工房《兜》。鋼鉄。一六二〇〜三〇年頃。高さ二二cm。フィレンツェ、バルジェッロ国立博物館。

## 珍しい武器

一七世紀にウフィッツィ宮殿が新しく獲得した主要品目が、ドイツ製やトルコ製の武器だったことは確実である。

ドイツ製かフランドル製の《兜》（バルジェッロ国立博物館）[図229]は、油彩画《甲冑姿のマッティアス・デ・メディチ》（パラティーナ美術館）[図229]からもわかるように、武人マッティアスが使用した騎兵用甲冑の一部だった。一六世紀風の古めかしいタイプだが、三十年戦争でヴァレンシュタインに仕えた際に実戦で着用されたものである。一九六六年のアルノ川の大洪水で青黒い塗料ははげ落ちたが、彫りのあるリベットの鍍金などは残った。

瑪瑙製の柄が特徴的な《短剣》（銀器博物館）[図230]は、大公子フェルディナンドが所有していた。実戦向きでないこういう贅沢な武器は贈答品だった可能性が高い。

《狩猟用の剣》（銀器博物館）[図230]は象牙製の柄に特徴がある。鍍金（かなり剥落して地金が青錆びている）がほどこされたゾーリンゲン製の刃にはメディチ家の紋章、冠、サント・ステファノ騎士団の十字架が彫られている。鍍金ブロンズの鍔《つば》にはライオンの頭、鹿の頭、猪の頭。この豪華さは、大公子フェルディナンドかコジモ三世の所有以外には考えにくい。もし

[図230] 右：南ドイツの工房《短剣》。瑪瑙、銀、鋼鉄。長さ三九・八cm。一七世紀前半。フィレンツェ、銀器博物館。
左：フィレンツェの工房（？）《狩猟用の剣》。象牙、ブロンズ、鋼鉄（刃はゾーリンゲン製）。長さ七〇cm。一七〇〇〜一〇年頃。フィレンツェ、銀器博物館。

大公子フェルディナンドかアンナ・マリア・ルイーザの結婚に関わる贈答品とすれば、象牙製の柄は一角獣の角と解されていた可能性がある、とイタリア人研究者が指摘している。というのも、一角獣の角の粉末は男性機能を回復させる強壮剤として子孫繁栄（二人の場合それが脅かされていた）を祈念する呪術的な力があると信じられていたからである。ピエロ・デッラ・フランチェスカの有名な《ウルビーノ公夫妻の二連肖像画》（ウフィツィ美術館）でも「バッティスタ・スフォルツァ夫人」の裏面で凱旋車を牽引する動物が一角獣であることは案外見過ごされがちである。

一七世紀の二挺のマスケット銃は火縄銃以後の火器の発達をよく示している。一六二八年にフェルディナンド二世のために製造された《マスケット銃》（バルジェッロ国立博物館）[図231]は、「ホイールロック（歯車式）」と呼ばれるタイプで、回転する金属ホイール（歯車）にコックに挟まれた黄鉄鉱が触れて発火し、着火する方式である。それまでの「マッチロック（火縄式）」よりも操作が簡単だったが、構造が複雑なために故障が多く、完全に「マッチロック（火縄式）」に取って代わることはなかった。

一方、一六八七年にコジモ三世か大公子フェルディナンドのために製造された《マスケット銃》（ガリレオ博物館）[図231]は、新しい「フリントロック（燧石《ひうちいし》式）」タイプである。燧石の打撃によって自動的に火蓋が開く単純な構造で、発射準備が短時間ですむので連射を可能にした。このタイ

[図231] 上：ダニエル・ザトラー、大ヒエロニュムス・ボルストホッファー《マスケット銃》。一六二八年。フィレンツェ、バルジェッロ国立博物館。
下：マッテオ・チェッキ通称アクアフレスカ《マスケット銃》。鋼鉄、胡桃材。一六八七年。長さ一三二cm。フィレンツェ、ガリレオ博物館。

プが一八世紀に普及して旧式の「マッチロック（火縄式）」を駆逐することになる。本作はその最初期の作例である。コックと当たり金のついた金属装飾部分には、蔓性植物や霊鳥の頭や人物が鑿で手彫りされている。裸体女性と猟師は女神ディアナとアクタイオンだろうか。もちろん戦闘用ではなく狩猟用である。銃匠はボローニャ近郊バルジ出身のマッテオ・チェッキ通称アクアフレスカ（一六五一～一七三八年）。「一六八七年」の年記と「アクアフレスカ（清水《せいすい》）」の銘の入った、イタリアのみならずヨーロッパでも屈指の名銃である。

オスマン帝国も武器の先進国である。異国の武器は宮廷画家の創作意欲を刺激し、静物画のモチーフを提供した。大公子フェルディナンドのためにバルトロメオ・ビンビが描いた油彩画《トルコの武器》（ウフィツィ美術館）は、描写がじつに正確なので、現在バルジェッロ国立博物館にある「グルツ」と呼ばれるペルシア製鋼鉄笏杖《しゃくじょう》を容易に識別できるほどだ。トルコの武器は、大公が団長をつとめるサント・ステファノ騎士団の戦利品だったはずである。オスマン帝国軍による第二次ウィーン包囲（一六八三年）にも、皇帝レオポルト一世の求めに応じて大公は軍隊を派遣して勝利をおさめたばかりだった。武器を陳列し、武器を描かせる、パトロン＝コレクターとしての大公子フェルディナンドの少年のような笑みが目に浮かぶようである。

## 象牙、犀角、翡翠

象牙と犀角はあいかわらず稀少素材である。象牙製の《笏杖》（銀器博物館）[図232]は、シンプルな棒の形状とは裏腹に彫りの模様は複雑で、メディチ家の紋章や大公冠、プット、黙示録の一連の場面などが表現されている。笏杖は高位聖職者の必需品であり、レオポルド枢機卿が所有していたことが財産目録で確認されている。

大公子フェルディナンドが所有していた《脚付き酒杯》（銀器博物館）[図232]は、犀角の酒杯が一七世紀中国（清朝）製、銀製脚部が一七世紀末のフィレンツェ製である。インドサイの角は、ヨーロッパでは中世以来、一角獣の角と混同されて呪術的な治癒力があると信じられていた。角に、花《か》託《たく》が蜂の巣に似ていることから蜂巣《はちす》と呼ばれる蓮《はちす》の模様が彫られている。蓮の根が蓮根《れんこん》。泥水から咲く清浄な蓮の花が蓮華《れんげ》。仏像のすわるのが蓮座《れんざ》。仏教を荘厳《しょうごん》する工芸品かもしれないが、そういう理解はヨーロッパにはなかった。

翡翠もやはり稀少石材である。中国でつくられた丸い把手付翡翠製《カップ》（銀器博物館）[図233]は、やや緑がかった白色の明るい色調の一塊の石でできている。中央アジアと同様、中国でも翡翠は解毒作用があると信じられ、高級カップの素材に使用された。把手は様式化した渦巻文

[図232] 右：南ドイツ（おそらくミュンヘン）の工房《笏杖》。象牙。長さ九八cm。一七世紀。フィレンツェ、銀器博物館。左：中国（清朝）とフィレンツェの工房《脚付き酒杯》。犀角、銀。高さ一〇・七cm。フィレンツェ、銀器博物館。

様だが、カップには二匹の猫めいた未熟な龍のようなものが彫られている。じつはこれは龍ではなく、宋代の図像にさかのぼる「豸《ズィー》」という霊獣である。頭に角がないので伝統的な龍とは区別しうる。同種の翡翠製カップをルイ一四世の側近マザラン枢機卿が所有していたので、コジモ三世への贈り物かとも推測しうるが記録上来歴不明である。アラベスクな葉状文様の金属装飾は、一六〇〇年頃にイスラーム圏（おそらくはトルコ）で追加されたものだろう。

## §中国の《つづれ織り》

一七一一年の財産目録に記録された中国（明朝）製の《つづれ織り》（銀器博物館）［図234］は、来歴がはっきりしている。新都ペテルブルクを築いたロシア皇帝ピョートル一世がコジモ三世に贈った貴重品である。一八四二年までパラッツォ・ヴェッキオの「グァルダローバ」で天蓋として使用されていたが、一九八四年に修復されてオリジナルの色彩がよみがえった。金糸銀糸を織り込んだ色鮮やかな絹織物の図柄は、パターン化された雲と波と植物（蓮、菊、椿など）のあいだに鶴と太陽、上方には芍薬《しゃくやく》をはさんで鳳凰《ほうおう》が二羽飛翔している。龍が皇帝を象徴する場合、鳳凰は皇后を象徴する。鳳は雄、凰は雌、ペアで永遠の愛を表す。麒《き》麟《りん》も麒が雄、麟が雌。鳳凰は麒麟、霊亀《れいき》、応龍《おうりゅう》と並ぶ四霊（四瑞）のひ

［図233］中国製《カップ》。翡翠、金属。一二～一五世紀。高さ四・七㎝。フィレンツェ、銀器博物館。

とつに数えられ、朱雀《すざく》と同一視される場合には、表のように四神（四獣）のひとつとして方位、色、季節とも対応している。

イタリアでは鳳凰はもちろん火の鳥の不死鳥フェニーチェ（フェニックス）と同一視された。ピョートル一世の六枚セットの《つづれ織り》はどれも似たような図柄だが、そのうちの一枚の図柄だけは、例外的に子どもが遊びに興じる「百子図」である。高度な織りの技術から明朝末期の皇帝直轄織物工房で製作された最高級品と考えられる。

［図234］中国（明朝）製《つづれ織り》。絹、金糸、銀糸。八一×九六cm（三枚）、一六三×五二cm（二枚）、一六〇×一八四cm（一枚）。一七世紀前半。フィレンツェ、銀器博物館。

四神（四獣）と方位、色、季節の対応関係

| 四神（四獣） | 方位 | 色 | 季節 |
|---|---|---|---|
| 青龍（せいりゅう） | 東 | 青 | 春 |
| 白虎（びゃっこ） | 西 | 白 | 秋 |
| 朱雀（すざく） | 南 | 赤 | 夏 |
| 玄武（げんぶ） | 北 | 黒 | 冬 |

## §メキシコの《「ブッケーロ」製容器》

大公子フェルディナンドは異文化混淆のバロック精神をもつ数寄者《すきしゃ》だったので、猟銃や短剣からイギリス製の置き時計やフランス製の絨毯まで、古今のフィレンツェ製ブロンズ像などといっしょにキャビネットやテーブルに雑然と陳列していた。異文化をわけへだてなく同等に愛する美質が大公子にはそなわっていたのだ。

大公子はさらに中国（清朝）製磁器の《獅子》（銀器博物館）からメキシコの都市グアダラハラで生産された《「ブッケーロ」製容器》（銀器博物館）［図235］まで、各種外来物の蒐集に熱中した。「ブッケーロ」というのは特殊な「土」（赤土が基本だが稀に黒土のこともある）のことで、その土器はアステカ文明で製造されていたが、スペイン統治下でも製造がつづけられ、ときにはハプスブルク家の紋章が入ることもあった。ピッティ宮殿の大公子の居室の財産目録からはエキゾチックな赤土製容器を多数集めていたことがわかる。

「……それぞれに四つの把手がついた、高い台座のある丸い胴体の赤土製の小さい容器二点、高さは三分の一ブラッチョ。……二つの把手のついた浮彫装飾のある同種の容器一点、高さは五分の一ブラッチョ。……それぞれが金で装飾されているが、金装飾の一点は壊れている、同種の容器三点、高さ約一ブラッチョ。……把手のある白い縁飾りのついた丸い胴体の同種の容器四点」などなど。これらは現在も銀器博物館に数多く残っている。

## 中国の磁器

もっとも遠来のエキゾチックな外来物はコジモ三世と大公子フェルディナンドとアンナ・マリア・ルイーザが愛した極東の製品である。極東の製品はピッティ宮殿に数百点現存するが、多くは一八世紀後半以降にフィレンツェに渡来したもので、メディチ時代にさかのぼって特定できるものは数が限られている。それでも何点か厳選して紹介してみよう。

もっとも驚嘆すべき中国製磁器は、福建省徳化でつくられた《千手度《せんじゅど》母《ぼ》像》（銀器博物館）［図236］である。一七四三年の財産目録に記されたアンナ・

［図235］筆者撮影…グアダラハラの工房《「ブッケーロ」製容器》。左端は、一七世紀末から一八世紀初頭。フィレンツェで銀製の線細工を追加。高さ二七㎝。フィレンツェ、銀器博物館。

マリア・ルイーザのコレクションである。彼女が暮らしたピッティ宮殿「磁器の間」（現、銀器博物館「ロレンツォの宝物の間」）の棚に並べられていた磁器の一点である。仏教は後漢時代の後一世紀に中国に伝来し、千手観音も唐に伝播するや日本の奈良平安時代に広く普及した。本作はわれわれにもなじみ深いその千手観音と思いきや、じつはそうではない。明朝以後、仏教の菩薩信仰と道教の北極星（北辰）信仰が習合し民間信仰として広まった北極星の女神「度母」である。二人の脇侍《きょうじ》と二匹の龍をひきつれて蓮座《れんざ》にすわり、額には白毫《びゃくごう》ではなく「第三の目」がある。北極星の女神は北斗七星を生んだので、七本の手に「太陽」「月亮《げつりょう》」「宝鈴」「金印」「湾弓」「矛」「戟《げき》」の七つ道具をもっている。度母信仰は現在も北京の白雲観元辰殿に残っている。同種の作品は、オランダのホンゼルアルスダイクの居城やイングランドのケンジントン宮殿に「磁器の間」をつくったオラニエ公ウィレムと妃マリア（すなわちイングランド王ウィリアム三世と女王メアリ二世）も所有していた。西洋の王侯貴族の度肝をぬく超絶的造形だったことは間違いない。

　同じく徳化系の中国（清朝）製磁器《観音と羅漢の群像》（銀器博物館）［図236］も、ピッティ宮殿「磁器の間」にあったアンナ・マリア・ルイーザのコレクションである。一七六一年の財産目録には「壁龕にすわる金衣をまとう日本人女性一人、その下には金衣をまとうさまざまな姿勢の日

［図236］筆者撮影：右：中国（清朝）製《千手度母像》。徳化系の磁器。一七世紀後半。高さ二三・五cm。フィレンツェ、銀器博物館。左：中国（清朝）製《観音と羅漢の群像》。徳化系の磁器。一七世紀末。高さ三七cm。フィレンツェ、銀器博物館。

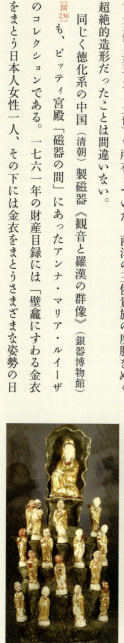

本人男性一八人を表す五層の山。高さ三分の二ブラッチョ」と記されている。仏教関連の認識はなかったようだが、正しくは観音菩薩と羅漢である。羅漢の人数について、イタリア人研究者は四層に四＋三＋四＋三＝一四の十四羅漢と計算しているが、財産目録本来の数字からすれば十八羅漢だったと解するのが自然だろう。彩色はヨーロッパでほどこされたものである。

中国（清朝）製磁器《山岳人物群像》（銀器博物館）［図237］は、アンナ・マリア・ルイーザが暮らしていたピッティ宮殿「磁器の間」にあって、一七六一年の財産目録に「磁器の山」と記録されている二点中の一点である。長寿を象徴する松のしげる峻険な山の隘路を麒麟やカラフルな獅子に乗って仙人がくだっている。脱俗の仙界を表す道教に関わる作品であるが、当時のフィレンツェではボーボリ庭園のグロッタと関連づけられて天国への道程を表していると解釈された。

## 日本の磁器

ピッティ宮殿には日本製磁器（皿、壺、人形）も大量にあるが、史料上メディチ時代までさかのぼりうるものは、残念ながらほとんど確認できない。しかし一七世紀はオランダの世紀であるとともに日本初の磁器である伊万里焼の世紀でもある。オランダ東インド会社（略称ＶＯＣ）の

［図237］右：中国（清朝）製《山岳人物群像》。磁土、エナメル。一八世紀初頭。高さ四六cm。フィレンツェ、銀器博物館。
左：日本（伊万里）製《色絵金襴手獅子文蓋付大壺》。一八世紀初頭。高さ六一cm。フィレンツェ、ピッティ宮殿。

オランダ商人が頻繁に海路を往来していたことは間違いない事実である。たとえば一六四七年一月一五日、ジャワ島のバタヴィア（現ジャカルタ）発アムステルダム行きのオランダ東インド会社の船舶は中国磁器を一二万三三三七個積載していたという。ところが明末清初の混乱と清朝が発布した一六五八年の海禁令（輸出禁止）から、中国磁器を埋め合わせるかたちで輸出用伊万里が急速に生産量をのばした。伊万里焼は「初期伊万里」（一六一〇年代〜）、「古九谷様式」（一六四〇年代〜）、「柿右衛門様式」（一六七〇年代〜）、「伊万里金襴手《きんらんで》」（一六八〇年代〜）と発展する。色絵の柿右衛門はもちろんのこと、色絵に金彩を加える濃艶な装飾に特徴がある金襴手は、ヨーロッパへの輸出用にヨーロッパ人好みにつくられた。オランダ東インド会社による伊万里焼の買付けは一六五二年の一二六五個を皮切りに、一六六四年の四万五七五二個でピークをむかえ、一七五七年までつづいた。

メディチ家の人びとが目にした可能性は低いかもしれないが、金襴手を一点だけ紹介しておきたい。《色絵《いろえ》金襴手《きんらんで》獅子文《ししもん》蓋付《ふたつき》大壺《おおつぼ》》（ピッティ宮殿）[図237]は、一七九一年のピッティ宮殿の財産目録に多数の金襴手とともに記録された一点である。腰や胴よりふくらんだ肩、太く短い首、釣り鐘状の蓋のつまみ（鈕《ちゅう》）には岩によじのぼる獅子。壺の器形はどれもほぼ同じ「沈香壺」と呼ばれるものだが、本作の図柄には獅子と牡丹、梅や桜があしらわれている。白地を埋めつくす直線と曲線の赤、黒、青そして何より金の過剰！和のバロックと形容したい、めくるめく作品である。

## 日本の漆器《しっき》

日本製の磁器と並んで日本製の漆器も数多く現存する。ヨーロッパでは日本は「漆《うるし》の国」だった。漆器に金粉を蒔《ま》き夜光貝をはめ込んだ「蒔《まき》絵螺鈿《えらでん》」は『源氏物語』にも登場する日本独自の技法だが、幸いメディチ家所有の名品が残っている。

《花鳥蒔絵螺鈿《かちょうまきえらでん》大箱》(ピッティ宮殿)[図238]は、一六七五年のレオポルド枢機卿没年の財産目録に「真珠層が象嵌されたインド風の円形の箱」と記載された品と同定される。「インド風(all'indiana)」は、狭義には「西インド＝アメリカ風」と「東インド＝(本来の)インド風」の両方の意味があるが、広義には「異国風」程度の漠然とした意味である。これが一六九一年の財産目録になると、はっきり「日本の(del Giappone)」と記されている。「ジャッポーネ(ジャパン)」は「漆器」を意味する場合もあるが、ここでは「G」が大文字なので国名と解すべきである。「南蛮漆器」と呼ばれた輸出用和製漆器の特徴は、螺鈿の多さと花鳥の稠密《ちゅうみつ》さにある。「南蛮漆器」はオランダ商人が長崎からアムステルダムに運ん

[図238]日本製《花鳥蒔絵螺鈿大箱》。木、漆、真珠層。一六世紀末から一七世紀初頭。高さ二二cm、直径五三・五cm。フィレンツェ、ピッティ宮殿。

でヨーロッパ人を虜にした。文字どおりの漆黒に、黄金に輝く蒔絵で梅や椿、柳や葡萄、鳥の意匠、それに煌めく真珠層の螺鈿がちりばめられた「漆の国」の究極の櫃《ひつ》である。

フィレンツェにある蒔絵螺鈿の最高傑作は《花鳥人家《かちょうじんか》蒔絵《まきえ》螺鈿《らでん》洋箪《ようだん》笥《す》》（ピッティ宮殿）［図239］だろうが、初出は一七七一年の財産目録なので、メディチ家の人びとが見た可能性は低いと考えざるをえない。一八世紀後半にフランスでつくられたロココ風の木製箪笥に日本の蒔絵螺鈿パネルが前面と側面に使用されている。前面は楼閣、中国風貴人、庶民、鶴、鹿、植物（ワジュロやカエデなど）。側面は稠密な花鳥。国内向けならば花鳥風月の意匠に抑えるところが、輸出用の意匠だけに、あえて東洋趣味満載だ。京都の蒔絵師の工房に依頼主の西洋人の指示があったものと想像される。しかも周囲のロココ風装飾帯には「七宝つなぎ」という高度に幾何学的な吉祥文様までつけて、職人技の粋を見せつけている。ヨーロッパ人が目を輝かせることを意図してつくられたのがよくわかる。

［図239］フランスと日本製《花鳥人家蒔絵螺鈿洋箪笥》。箪笥は一八世紀後半のフランス製、蒔絵螺鈿は一六世紀末から一七世紀初頭の日本製。木、漆、真珠層、ブロンズ、緑色大理石。高さ八四cm。フィレンツェ、ピッティ宮殿。

# 消えたダイヤモンド

## §「フィオレンティーノ」

なぜダイヤモンドは人を魅了するのだろうか？ 透明な石の輝きもさることながら、最大の理由はなんといっても地球上でもっとも硬い物質という点にあるだろう。最高硬度の鉱物が生成される条件には、四六億年前の地球誕生以来の気の遠くなるような長い時間を地中深く高温高圧の環境で眠る必要がある。さらに火山活動や地殻変動によって、マグマが音速以上のスピードで急上昇して瞬間冷凍される必要がある。幾重もの奇蹟的な条件が重なって生成されるのだ。硬度を考えるならば、将来にわたっても不変不朽。悠久の過去と永劫の未来が一個の石に詰まっている。その永遠性こそ、人が手に入れたいものなのだ。

ギリシア語で「征服されざるもの」を意味するアダマスに語源があるダイヤモンドを権力と権威の永続性をねがう世界中の王家が所有したがるのも無理はないが、メディチ家とて例外ではない。「フィオレンティーノ」と呼ばれる巨大な一個のダイヤモンドを所有していた。

このダイヤモンドの来歴について、さまざまな伝説があるなかでもいちばん荒唐無稽な説は、一四七六年のグランソンの戦いのどさくさでシャルル豪胆公が紛失した品というものである。しかしながら「フィオレンティーノ」の入手経路については、近年発見されたフェルディナンド一世時代の記録からつまびらかになっている。

一六世紀末にダイヤモンドを所有していたのは、ポルトガル人のモンサント伯爵ルイス・デ・カストロ夫妻である。夫妻はダイヤモンドの元の所有者だったと思われるインドのナルシンハラ藩王と関係の深い人物である。ダイヤモンドは古代から一八世紀初頭まで、インド以外の地では発見されていなかった。伯爵夫妻はダイヤモンドを一〇万スクードで売りに出そうとしたが、高額すぎて、なかなか買い手が現れない。二〇年間ほどダイヤモンドはローマのイエズス会の金庫に保管された。そのうちフランチェスコ・マリア・デル・モンテ枢機卿が仲介となってフェルディナンド一世に購入をもちかけた。大公お抱え金細工師ジャック・ビリフェルトが一五九九年からローマで交渉をはじめた。いっとき皇帝ルドルフ二世も競り合いに加わったが撤退し、結局、ローマの代理人オラツィオ・ルチェッライがフェルディナンド一世のために三万四〇〇〇スクードという価格で売買契約書に署名したのが一六〇一年一〇月一二日のこと。これが入手の経緯である。

やや黄色味がかったダイヤモンドの元の重さが、一三八カラットだったか一三九・五カラットだったか二説ある。一六〇五年四月、フィレンツェでダイヤモンド職人ポンペオ・ストゥデントーリにカットが依頼された。当時の宮廷日誌は次のように語る。「殿下［フェルディナンド一世］はアーモンド型の多面体にカットするようにお望みになって、ポンペオ・ストゥデントーリという名のヴェネツィア人のせむし男と契約し、ダイヤモンドのカットが終るまで毎月五〇ドゥカートの支払い、完成時には四〇〇〇ドゥカートの報奨金を約束して、［ウフィツィ宮殿の］大公直轄工房で仕事をおさせになった。本日、一六一五年一〇月二八日、ダイヤモンドは完成し、アーモンド型の多面体［一二七面］に仕上がった。重さは二三ダナーロすなわち一一二カラットで、あまたの宝石商や目利きが鑑定した結果、二〇万ドゥカートと評価された」。根気のいる細かい作業が終るまでに一〇年、すでにコジモ二世の治世になっていた。

当時ヨーロッパ最大。それがどれほどの大きさだったかは、アントウェルペン出身のメディチ宮廷画家ユストゥス・ステルマンス（一五九七〜一六八一年）がコジモ二世妃を描いた《マリア・マッダレーナ・ダウストリアの肖像》（ウフィツィ美術館）［図240］のなかの髪飾りにぶらさがっているのを見れば想像できようというものだ。

フィレンツェのマルチェッリアーナ図書館の銅版画やパリの国立図書館の銅版画、あるいは一六七六年にパリで出版されたダイヤモンド商人ジャン・バプティスト・タヴェルニエの旅行記『トルコ・ペルシア・イ

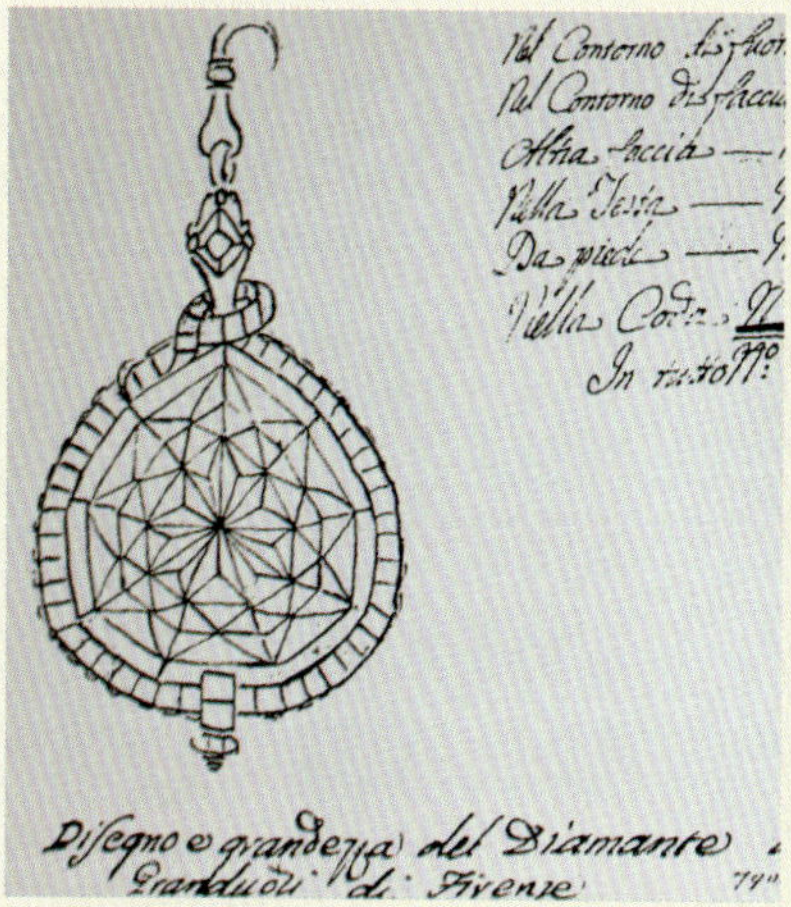


［図240］右：ユストゥス・ステルマンス《マリア・マッダレーナ・ダウストリアの肖像》（部分）。油彩。一六二三年二月二三日。フィレンツェ、ウフィツィ美術館。
左：《「フィオレンティーノ」ダイヤモンドの素描》。一七四五年以前。ロンドン、ヴィクトリア&アルバート美術館。

ンドへの六回の旅』の挿絵にも描かれている。一七四一年の財産目録には、「小粒のダイヤモンドがちりばめられた細長い蛇が、その牙にはさんで前述のダイヤモンドを中空に吊るしている」と記されているが、《「フィオレンティーノ」ダイヤモンドの素描》(ロンドン、ヴィクトリア&アルバート美術館)[図240]には、財産目録の記述とぴったり一致するフレームが描かれている。

模造品も少なからずあり、たとえば淡黄色のガラス製の《「フィオレンティーノ」ダイヤモンドの模造品》(ミラノ、「レオナルド・ダ・ヴィンチ」国立科学技術博物館)[図241]などはその一点。別の興味深い作例は、一六一八年に完成した十字架形の《受難の聖遺物容器》(大聖堂付属博物館)[図241]の頂についた一点である。というのも、これは、わずか三年前に「フィオレンティーノ」のカットを仕上げた大公直轄工房の作品(こちらはコジモ・メルリーニ作)だからである。

## §それからの「フィオレンティーノ」

「フィオレンティーノ」の運命はどうなったのか? アンナ・マリア・ルイーザの没後、それはロートリンゲン家の指令でウィーンに運ばれ、一七四五年一〇月四日、フランツ・シュテファン(皇帝フランツ一世)がフランクフルトで戴冠式をあげた際に、帝冠の頂に堂々と飾られた。

[図241]右:《「フィオレンティーノ」ダイヤモンドの模造品》。ガラス。直径二・九cm。ミラノ、「レオナルド・ダ・ヴィンチ」国立科学技術博物館。
左:ビザンティンの工房と大公直轄工房(コジモ・メルリーニ、ベルンハルト・ホルツマン)《受難の聖遺物容器》。一二～一八世紀。頂のダイヤモンド形水晶は一六一八年完成。高さ一三〇cm。フィレンツェ、大聖堂付属博物館。

「フィオレンティーノ」はオーストリア＝ハンガリー帝国が崩壊するまでウィーンの「宝物の部屋《シャッツカンマー》」に保存され、第二次世界大戦直前までハプスブルク家が所有していた。ところがフィレンツェの新聞『ラ・ナツィオーネ』紙が一九三八年七月一二日に報じるところでは、最後の皇帝カール一世の長男オットー・フォン・ハプスブルク（一九一二〜二〇一一年）がダイヤモンドを売ると決め、一定方向に割れやすい劈開《へきかい》性を利用して三片に割らせた。ちょうどオーストリアがドイツに併合された直後で、ヒトラーに命をねらわれていたオットーには逃走資金が必要だったのだ。

三分割されたダイヤモンドのその後の行方は杳《よう》として知れない。

# 【付録1】宝物にであえるフィレンツェの博物館・美術館めぐり

## 驚きがいっぱいのワンダフルな人生に

本書ではメディチ家が支配する一五世紀から一八世紀のフィレンツェの歴史をたどってきた。かつてメディチ家の人びとが少数の賓客にだけこっそり見せていた宝物の数々を、現在われわれはいくつかの博物館と美術館で目にすることができる。ここでは宝物にであえる、とっておきの博物館と美術館を紹介したい。といっても特別な場所に行くわけではない。ちょっとした知識があるだけで、普段なら見過ごしてしまうところに目がとまるのだ。人は知っているもの、見たいものだけを見る。知らなければ見ない、見えない。本書を読まれた読者は、見慣れたはずのフィレンツェの街がまったく新しい相貌のもとに現出したことに驚かれたはずである。知らなかったでは、もったいない。それだけの魅力がフィレンツェにはまだまだ詰まっている。人生も旅も同じで、新しい発見にワクワクしたいものである。

## ウフィツィ美術館周辺から大聖堂周辺へ

まずはフィレンツェ観光の定番ウフィツィ美術館周辺から歩きはじめよう。これを見ないでは、フィレンツェに来た意味はないのだから。

## ①ウフィッツィ美術館（Galleria degli Uffizi）

ウフィッツィ広場6番地。コジモ一世の命令、ヴァザーリの設計により一五六〇年に着工。フランチェスコ一世とブオンタレンティのコンビで一五八〇年に竣工。当初は一三の行政事務所（英語のオフィス、イタリア語のウフィッツィ、正しい発音はウッフィーツィ）が置かれたことからウフィッツィ宮殿といった。同じフランチェスコ一世とブオンタレンティのコンビは宮殿内にメディチ劇場を建設（一五八六年落成）したが、現在は「素描版画資料室」（リゴッツィの動植物画があるが、特別な機会を除き一般には非公開）などになっている。

ウフィッツィ美術館はルネサンス美術の殿堂でありボッティチェッリなどの名作は必見であるが、注目してほしいのは、最古の美術工芸品展示室だった八角形の「トリブーナ」だ。この部屋から「美術館」がはじまった。いまでは前一世紀の通称《メディチのヴィーナス》が展示されているが、かつての「驚異の部屋」の面影を残すのは、ブオンタレンティの設計による四大元素を象徴する内装の秘教めいた雰囲気だ。トリブーナの中央には貴石象嵌細工の傑作《フェルディナンド二世の結婚式のための八角形テーブル》が置かれている。トリブーナのそばの旧「武器の間」の天井画にはアステカ王国の風景が描かれている。

ウフィッツィ美術館はコの字形であり、アルノ川までのびてUターンし、

# フィレンツェ地図

フィレンツェ中央駅
大聖堂
共和国広場
ヴェッキオ橋
アルノ川
1
2
3
4
5
6
7
8
9
10
11
12
13
14
15
16
17
18
19
20
21
22
23
24

パラッツォ・ヴェッキオ

ピッティ宮殿

銀器博物館

ラ・スペーコ

大聖堂付属博物館

プリンチピ礼拝堂

カジーノ・メディチェオ

貴石細工研究所博物館

①ウフィツィ美術館
②パラッツォ・ヴェッキオ
③ガリレオ博物館
④バルジェッロ国立博物館
⑤人類学・民俗学国立博物館
⑥大聖堂付属博物館
⑦パラッツォ・メディチ・リッカルディ
⑧サン・ロレンツォ聖堂
⑨サン・ロレンツォ聖堂プリンチピ礼拝堂
⑩カジーノ・メディチェオ・ディ・サン・マルコ
⑪アカデミア美術館
⑫貴石細工研究所および貴石細工研究所博物館
⑬自然史博物館（鉱物学・岩石学博物館など）
⑭植物園「センプリチ庭園」
⑮国立考古学博物館
⑯ピッティ宮殿
⑰銀器博物館
⑱ラ・スペーコラ動物学博物館
⑲サンタ・マリア・ノヴェッラ聖堂
⑳サンタ・クローチェ聖堂
㉑サン・マルコ聖堂
㉒サント・スピリト聖堂
㉓オニサンティ聖堂
㉔サンタ・トリニタ聖堂

ロッジャ・デイ・ランツィの屋上テラス（一五八三年建設）にいたる。屋上テラスはかつてメディチ家歴代大公が独占的に夕涼みを楽しんだ場所だが、現在はうれしいことにカフェテラスになっている。カフェテラスの片隅にあるジャンボローニャの佳作《幻想動物にまたがる侏儒モルガンテ》のブロンズ・コピー（一五八〇〜八四年作のオリジナルはバルジェッロ国立博物館）［図242］を見逃している人は案外多いのではなかろうか。

シニョリーア広場に建つのが政治の中心パラッツォ・ヴェッキオだ。ウフィツィ美術館とは空中廊下でつながっている。

②パラッツォ・ヴェッキオ (Palazzo Vecchio)

シニョリーア広場。アルノルフォ・ディ・カンビオの設計により一二九九年に着工。一三一五年竣工。一六世紀に拡張。かつては共和国の政庁舎だった。一五四〇年にコジモ一世が移り住んで公爵宮殿と呼ばれたが、コジモ一世がピッティ宮殿に移ったあと、「パラッツォ・ヴェッキオ（旧宮殿）」と呼ばれて現在にいたる。フィレンツェがイタリア王国の首都だった一八六五〜七一年は国会議事堂、一八七二年以降は市庁舎として機能している。現在は「パラッツォ・ヴェッキオ博物館」と呼ばれて一般公開される部屋が多くなった。

フランチェスコ一世の「ストゥディオーロ（書斎）」は、一九世紀に五百人広間に出入口が設置されたために、かつての密室性は失われたが、

［図242］筆者撮影…ジャンボローニャ《幻想動物にまたがる侏儒モルガンテ》のブロンズ・コピー。高さ三六・五㎝。フィレンツェ、ロッジャ・デイ・ランツィの屋上テラス。

本来は奥の隠し扉から出入りできる仕掛けになっていた。扉絵をみると、ダイヤモンド鉱山や真珠採りがどんなものと誤解されていたかわかる。宝物の観点からは「地図の間」が必見。南米大陸にいると信じられた怪物や食人種の絵も探してみていただきたい。本書で紹介したキャビネットに誰ひとり目をとめないのは残念である。

ウフィッツィ美術館東隣、アルノ川に沿ってジューディチ広場がある。

### ③ガリレオ博物館（Museo Galileo）

ジューディチ広場1番地。広場に面して建つカステッラーニ邸がガリレオ博物館。一五七四年、民事裁判所（一五〇二年に創設された三年任期の外国人裁判官五人で構成）がパラッツォ・デル・バルジェッロからカステッラーニ邸へ移ったため、ファサードにはカステッラーニ家の紋章と裁判官の紋章があり、前の広場も「ジューディチ（裁判官）」の名を残している。一九三〇年に「科学史博物館」になったが、ガリレオ・ガリレイの『星界の報告』出版四〇〇周年を記念し、二〇一〇年に「ガリレオ博物館」と改称してリニューアルオープンした。フェルディナンド一世がパラッツォ・ヴェッキオ「地図の間」のためにアントニオ・サントゥッチにつくらせた巨大な《天球儀》[図243]などはすぐ目につくが、ガリレオの指は見逃しがちなので要注意。ガリレオ以降の科学の発達は、天体望遠鏡の巨大化によって視覚的に実感できる。出産の人体模型はロートリンゲン

[図243] 筆者撮影…アントニオ・サントゥッチ《天球儀》。金メッキした木製。一五八八～九三年。高さ三七〇㎝。フィレンツェ、ガリレオ博物館。

家のコレクションである。

④バルジェッロ国立博物館（Musco Nazionale del Bargello）

プロコンソロ通り4番地。一二五五年着工。一三四五年竣工。その後、拡張。当初はパラッツォ・デル・ポデスタ、一五七四年からパラッツォ・デル・バルジェッロと呼ばれた。かつては拷問部屋や牢獄や刑場があった。一八六五年に博物館になり、ドナテッロやミケランジェロのルネサンス彫刻の名作が並ぶので、ぜひとも立ち寄りたい。素通りしがちなのが、「イスラームの間」「カッランドの間」「ブルッツィケッリの間」「象牙の間」「マヨルカ陶器の間」「ブロンゼッティの間」「武器の間」「メダリエーレの間」である。じつは卒倒しそうなほど多くの宝物がある。

博物館の中庭に横たわるコジモ・チェンニ作ブロンズ製《カノン砲サン・パオロ》[図244]は、フェルディナンド二世がピサかリヴォルノの要塞用に発注したもので、聖パウロの頭部、マルゾッコ、メドゥーサ、メディチ家の紋章などの装飾が美しい大砲の名作だが、一九世紀にはラテンアメリカ諸国の独立戦争からイタリア統一戦争まで実戦で活躍した輝かしい戦歴を秘めている。

バルジェッロ国立博物館と大聖堂を結ぶのがプロコンソロ通り。その10番地にパッツィ邸があり、隣の12番地にフィレンツェ大学付属の自然史博物館の一セクションである人類学・民俗学国立博物館がある。

［図244］筆者撮影…コジモ・チェンニ作ブロンズ製《カノン砲サン・パオロ》。一六三八年。フィレンツェ、バルジェッロ国立博物館。

## ⑤人類学・民俗学国立博物館（Museo Nazionale di Antropologia ed Etnologia）

プロコンソロ通り12番地。建物のパラッツォ・ノンフィニートは、アレッサンドロ・ストロッツィのためにおそらくブオンタレンティが設計して一五九三年に着工されたが、未完成なので「ノンフィニート（未完成）」と呼ばれている。一八六九年に博物館になり、世界中の人種と民族の風俗（日本のアイヌ関連多数）に関する資料が展示されている。

パラッツォ・ヴェッキオは政治の中心だが、宗教の中心はサンタ・マリア・デル・フィオーレ大聖堂である。大聖堂には誰でも行くが、東隣の博物館はリニューアルオープンして見やすくなったので、ぜひとも立ち寄りたい。

## ⑥大聖堂付属博物館（Muzeo dell'Opera del Duomo）

ドゥオーモ広場9番地。大聖堂の着工は一二九六年。同年、別の場所に大聖堂造営委員会（オーペラ・デル・ドゥオーモ）が組織されたが、一四〇〇年、ギベルティの工房があった現在の場所に移った。ミケランジェロが《ダヴィデ像》を制作した場所でもある。一八九一年、博物館として一般公開。大聖堂や洗礼堂などを飾った彫刻群のオリジナルが必見だが、宝物の観点からは、何をおいてもまず《リブレット聖遺物容器》だ。本書でその価値を知った読者は、見逃していたことに臍を噛む想いをされたのではなかろうか。小さな八角形の「聖遺物礼拝堂」という展示室には、洗礼者聖ヨハネ、聖ペテロ、聖ヒエロニムス、聖アガタ、聖レパラータ、聖アントニヌスら錚々たる聖人の聖遺物が並んでいる。

## メディチ家周辺からサン・マルコ修道院周辺へ

次に大聖堂の北側にあるメディチ家周辺に行ってみよう。

### ⑦パラッツォ・メディチ・リッカルディ(Palazzo Medici Riccardi)

カヴール通り(旧ラルガ通り)3番地。一四四四年着工。一四六〇年竣工。一六五九年にフェルディナンド二世がリッカルディ家に四万スクードで売却したため、現在の名称になった。中庭と礼拝堂がルネサンス邸宅の雰囲気を感じさせてくれる。

メディチ邸の斜め向かいにあるのが、メディチ家の菩提寺サン・ロレンツォ聖堂である。

### ⑧サン・ロレンツォ聖堂(Basilica di San Lorenzo)

サン・ロレンツォ広場9番地。フィレンツェ最古の聖堂のひとつで、最初の献堂式は三九三年。メディチ家の支援で再建されたのは一四六一年。ミケランジェロに依頼されたファサードは未完のままだが、聖堂内につくられた「聖遺物のトリブーナ」を本書ではじめて知られた読者は多いはずである。中央祭壇の貴石象嵌にも注目したい。

サン・ロレンツォ聖堂にはブルネッレスキやドナテッロが関わった旧

聖具室とミケランジェロが関わった新聖具室（《ウルビーノ公ロレンツォ墓碑》と《ヌムール公ジュリアーノ墓碑》のあるメディチ礼拝堂）がある。現在はメディチ礼拝堂とプリンチピ礼拝堂と宝物室をまとめて「メディチ礼拝堂博物館」と総称し、聖堂とは別の入口になる。

⑨サン・ロレンツォ聖堂プリンチピ礼拝堂（La Cappella dei Principi in San Lorenzo）

マドンナ・デリ・アルドブランディーニ広場6番地。サン・ロレンツォ聖堂の裏側にまわったところに「メディチ礼拝堂博物館」の入口がある。高さ五九メートルのクーポラは大聖堂のクーポラに次ぐフィレンツェ第二の高さ。その真下のプリンチピ礼拝堂は、全面が貴石象嵌でおおいつくされた絢爛たる歴代トスカーナ大公の霊廟である。フェルディナンド一世の異母弟ジョヴァンニ・デ・メディチが設計し、一六〇四年着工。石棺の二つには、フェルディナンド二世が注文したピエトロ・タッカ作《フェルディナンド一世》と《コジモ二世》の二体のブロンズ像が立っている。宝物室には多くの聖遺物容器が保存されている。

メディチ邸から北東にのびるカヴール通りをすすむとサン・マルコ修道院にいたる。画僧フラ・アンジェリコや修道院長サヴォナローラでおなじみの場所だ。修道院周辺もメディチ家ゆかりの場所が多い。

⑩カジーノ・メディチェオ・ディ・サン・マルコ（Casino Mediceo di San Marco）

カヴール通り57番地。塀のプレートによれば、この場所にかつてロレンツォ・イル・マニフィコの「サン・マルコ庭園」があり、ロレンツォとミケランジェロ少年がであった場所。フランチェスコ一世がブオンタレンティにカジーノを建設（一五七〇～七五年）させ、工芸品製作工房と科学的オカルト的実験工房をかねて「メディチ磁器」を製造した場所でもあった。現在は裁判所になっており非公開。わずかにファサードにメディチ家の紋章とブオンタレンティらしい意匠が残るばかりである。

⑪アカデミア美術館（Galleria dell'Accademia）

リカーゾリ通り60番地。一五六三年一月一三日にコジモ一世が肉屋組合会館に創設した「アカデミア・デル・ディゼーニョ」に遠源があるが、一七八四年にピエトロ・レオポルドが「美術アカデミー」と改称して現在の場所に移し、同時に美術館を付設した。ミケランジェロ作《ダヴィデ像》は一八七三年にシニョリーア広場からアカデミア美術館に移され、一八八二年から一般公開。

宝物の観点からは、じつは《ダヴィデ像》のすぐ隣に見るべきものがある。

⑫貴石細工研究所（Opificio delle Pietre Dure）

アルファーニ通り78番地。一五八八年、フェルディナンド一世が、各種の職人工房を集合して創設した大公直轄工房に起源がある。当初、大公直轄工房はウフィッツィ宮殿内にあったが、一七九六年に現在の場所に

［図245］筆者撮影…製作工程と製作道具と鉱石標本。フィレンツェ、貴石細工研究所博物館。

移った。一九世紀末に「貴石」という古風な名称を残したまま美術工芸品の修復研究所になり、現在もローマと並ぶ二大国立修復研究所のひとつとして活動している。一九六六年一一月四日のアルノ川大洪水による甚大な被害が皮肉にも修復技術を世界最高水準にひきあげた。研究所は一般には非公開だが、同所に付設された貴石細工研究所博物館が必見の場所。

⑫貴石細工研究所博物館 (Museo dll'Opificio delle Pietre Dure)

研究所と同じアルファーニ通り78番地。貴石象嵌細工を展示する現代版「驚異の部屋」である。長蛇の列をつくるアカデミア美術館と違い、閑散とした観光の穴場だ。一九九五年に現在の室内配置になり、製作工程や製作道具、六〇〇種以上の鉱石標本も展示され、貴石象嵌細工のすべてを理解できるように工夫されている[図245]。貴石象嵌ではないが《だまし絵の静物画》もここにある。

サン・マルコ修道院のそばにフィレンツェ大学付属の自然史博物館がある。

⑬自然史博物館 (Museo di Storia Naturale)

ジョルジョ・ラ・ピーラ通り4番地。ピエトロ・レオポルドが一七七五年、ウフィツィ美術館から美術品以外の科学的コレクションを分離してロマーナ通りのトッリジャーニ邸(現、ラ・スペーコラ動物学博物館)

に移して自然史博物館の前身となる博物館を創設。現在はフィレンツェ大学の付属機関として八セクションが市内各所に点在しているが、ここには次の三セクションが集中している。

⑬鉱物学・岩石学博物館（Museo di Mineralogia e Litologia）

エルバ島の鉱石、ブラジル産トパーズ、エメラルドなど世界中の鉱石標本を多数展示している［図246］。

⑬地質学・古生物学博物館（Museo di Geologia e Paleontologia）

イタリア最大規模の標本を所有している。

⑬植物学博物館（Museo Botanico）

イタリア最大規模の四〇〇万点以上の標本を所有している。付属の植物園は「センプリチ庭園」ともいう。

⑭植物園（Orto Botanico）別名「センプリチ庭園」（Giardino dei Semplici）

入口はピエル・アントニオ・ミケーリ通り3番地。現在はフィレンツェ大学自然史博物館の施設で、約九〇〇〇種の植物が栽培されている［図247］。コジモ一世が一五四五年一二月一日、外国の珍しい植物を集めて医学生のために開園した「センプリチ庭園」が起源。「センプリチ」とは「薬草」の意味。ピサ植物園（一五四四年にコジモ一世が開園）、パドヴァ植物園（一五四五年開園）と並ぶヨーロッパ最古の植物園のひとつである。最初の庭園設計者は、ボーボリ庭園などを設計したニッコロ・トリーボ

［図246］筆者撮影…鉱物標本のショーケース。フィレンツェ、鉱物学・岩石学博物館。

ロ（一五〇〇？〜五〇年）。一七一八年にコジモ三世が高名な植物学者ピエル・アントニオ・ミケーリを植物園の園長に任命して拡充させたことから、通りにその名を残している。

サンティッシマ・アヌンツィアータ聖堂とインノチェンティ捨児養育院にかこまれたサンティッシマ・アヌンツィアータ広場には、ジャンボローニャが着手しピエトロ・タッカが完成した《フェルディナンド一世騎馬像》（一六〇八年）が立っている。広場の角に考古学の殿堂がある。

⑮国立考古学博物館（Museo Archeologico Nazionale）

サンティッシマ・アヌンツィアータ広場9b番地。建物は一六二〇年にコジモ二世の妹マリア・マッダレーナの邸宅として建設されたもの。一八七〇年に国王ヴィットリオ・エマヌエーレ二世が「エトルリア博物館」を別の場所に開設したが、一八八〇年に「エジプト博物館」と統合して現在の場所に移した。エジプト、ギリシア、エトルリア、ローマの出土品を展示している。エトルリア彫刻の名作《キマイラ》があるが、コジモ一世が愛したエトルリアの小ブロンズ像もたくさんある。メディチ家が蒐集した古代ローマのカメオやコインのなかには、銀器博物館やバルジェッロ国立博物館ではなく、考古学的価値からこちらに展示されているものがある。

［図247］筆者撮影…植物園別名「センプリチ庭園」。フィレンツェ。

## ピッティ宮殿周辺

いよいよヴェッキオ橋を渡って「オルトラルノ」と呼ばれるアルノ川左岸（南岸）へ行ってみよう。現在のヴェッキオ橋は、一三三三年の大洪水で流されたあと、一三四五年に再建されたもの。橋の上には一五六五年、フランチェスコ一世とジョヴァンナ・ダウストリアの結婚を機にパラッツォ・ヴェッキオとピッティ宮殿を結ぶ「ヴァザーリの通廊」が建設された。一五九三年には、フェルディナンド一世が悪臭を放つ肉屋を橋上から放逐し、「より上品な」金細工の店に取り替えた。その関係から有名な金細工師チェッリーニの生誕四〇〇周年を記念して、ラファエッロ・ロマネッリ作《ベンヴェヌート・チェッリーニの胸像》が落成したのは、一年遅れの一九〇一年（五月二六日）のこと。ヴェッキオ橋から旧市街最南端のローマ門までロマーナ通りがまっすぐにのびている。

⑯ピッティ宮殿（Palazzo Pitti）

ロマーナ通りに面するピッティ広場1番地。豪商ルカ・ピッティがブルネッレスキの設計により一四五〇年代に着工。一四六九年に住みはじめた当初のファサードは七径間（窓七つ分）の横幅だった。ルカ・ピッティ没時（一四七二年）に未完だった邸宅を一五四九年にコジモ一世妃エレオノーラが九〇〇〇フィオリーノで購入。一五五一年、ニッコロ・トリーボロがボーボリ庭園の造園を開始（完成は一九世紀）。この庭園がその後のヨーロッパ各国におけるイタリア式庭園の模範となる。一五五八～七〇年、アンマナーティが宮殿の第一次拡張を実施し、中庭を造営（中庭の「カルチョーフォの噴水」は、フランチェスコ・スジーニとフランチェスコ・デル・タッダにより一六四一年に完成）。ブオンタレンティが一五八三～九三年にグロッタ（洞窟）、一五九〇～一六〇〇年にベルヴェデーレ要塞を建設。一六一八～三一年、ジュリオ・パリージとアルフォンソ・パリージ父子が宮殿の第二次拡張でファサードの横幅を三倍に広げた。中庭に面する野外劇場は、一六一八年にジュリオ・パリージが設計し、一六三四年にアルフォンソ・パリージ・イル・ジョーヴァネが完成。劇場の柿《こけら》落《おとし》は一六三七年、ヴィットリア・デッラ・ローヴェレの戴冠式にあわせた騎馬戦だったが、最大のスペクタクルは一六六一年、コジモ三世とクリスティーヌ・ド・ロレーヌの結婚祝典の一環として開催された「祝祭の世界」である（劇場中央のオベリスクは一八四一年に設置）。レオポルド二世が一八三三年、建物の一部を博物館として一般公開。一九世紀初頭にはナポレオン、一九世紀後半にはイタリア王ヴィットリオ・エマヌエーレ二世やウンベルト一世（その妃マルゲリータはピッツァに名を残す）が住んだこともある。

一九一九年以降順次、館内に複数の美術館が整備され、ピッティ美術館と総称される複合施設になった。「パラティーナ美術館(狭義のピッティ美術館)」「近代美術館」「アッパルタメンティ・レアーリ(旧称アッパルタメンティ・モヌメンターリ)」「衣装博物館」「銀器博物館」、そしてボーボリ庭園をはさんだ「陶磁器博物館」である。

パラティーナ美術館はラファエッロの名作が充実しているが、宝物も点在している。とくに宝物の観点から見逃せないのが、大公や国王の居室を保存したアッパルタメンティ・レアーリ(大公子フェルディナンドの居室は没後に「礼拝堂」に改装)のインテリア(伊万里金襴手の大壺も多数展示)。そして何より銀器博物館である。

## ⑰銀器博物館(Museo degli Argenti)

ピッティ宮殿内一階と中二階にあり、パラティーナ美術館などとは別の入口になる。フェルディナンド二世が結婚した一六三四年からフレスコ画装飾を開始させた「夏の居住区」に位置する。南の庭園に向いた明るい諸室が大公たちの私室だったところ。「銀器」の名称は、ナポレオン没落後の一八一五年に大公フェルディナンド三世がフィレンツェに運んだ「銀器」コレクションに由来し、必ずしも適切とはいえない。銀器よりむしろ、本書でとりあげた、おびただしい数のメディチ家の宝物が重要である。現代版「驚異の部屋」であり、必見中の必見。本書は銀器博物館再発見の書といっても過言ではない。

### ⑱ラ・スペーコラ動物学博物館（Muzeo Zoologico〈La Specola〉）

ピッティ宮殿をローマ門に向かって通り過ぎた先の、ロマーナ通り17番地のトッリジャーニ邸にある。「ラ・スペーコラ」とは、ピエトロ・レオポルドが屋上につくらせた「天文台」の意味。ピエトロ・レオポルドが一七七五年に創設した自然史博物館の一セクションで、多数の動物の剥製を展示する動物学部門と多数の蠟細工人体模型を展示する解剖学部門がある。一八世紀後半に蠟細工師クレメンテ・スジーニ（一七五四〜一八一四年）が製作したおびただしい解剖学的人体模型に混じって、蠟細工師ズンボがコジモ三世のために製作した比較的小さな「ペスト」シリーズ三点がある。イタリアでは中高生が団体で見学する博物館であり、動物→人間→性→生→死とたどりつつ引率教師の説明を聴くうちに「自分とはいったい何者なのか？」という疑問が自然にわいてくる仕組みになっている。

### ⑲〜㉔聖堂

大理石象嵌の観点から見るべき聖堂は、メディチ家以前から、一三世紀のサン・ミニアート・アル・モンテ聖堂の床面や一四〜一五世紀のサンタ・マリア・デル・フィオーレ大聖堂の側面など枚挙にいとまがない。一五世紀の⑲サンタ・マリア・ノヴェッラ聖堂ファサードは幾何学模様の傑作であり、本文で触れたように一六世紀にエニャツィオ・ダンティ

［図248］筆者撮影…エニャツィオ・ダンティ《四分儀》。一五七二年。サンタ・マリア・ノヴェッラ聖堂のファサード。

が《四分儀》を設置した［図248］。

貴石象嵌については、フェルディナンド枢機卿（大公フェルディナンド一世）と同時代にローマからフィレンツェに技術を移植した建築家のひとりジョヴァンニ・アントニオ・ドジオ（一五三三〜一六〇九年以降）が、象嵌職人ジュリオ・バルシメッリを用いて、サンタ・マリア・ノヴェッラ聖堂ガッディ礼拝堂（一五七五〜七六年）と⑳サンタ・クローチェ聖堂ニッコリーニ礼拝堂（一五七九〜八九年）［図249］に象嵌装飾を採用したのが初期作例である。その影響はすぐに㉑サン・マルコ聖堂サルヴィアーティ礼拝堂や㉒サント・スピリト聖堂の主祭壇［図250］、㉓オニサンティ聖堂の主祭壇、㉔サンタ・トリニタ聖堂ウジンバルディ礼拝堂にもあらわれた。聖堂によく見られる「ＩＨＳ」の文字は、ギリシア語で「イエス」の最初の三文字を表す略号であるが、同時にラテン語では「救い主イエス」「この（十字の）印によりて汝は勝利を得ん」「この十字架に救いあり」などを意味する頭文字でもある。

なお、ジュリオ・バルシメッリの息子（か親戚）と思われるアレッサンドロ・バルシメッリとジュリアーノ・バルシメッリは大公直轄工房でプリンチピ礼拝堂の仕事をした一方、大公直轄工房の職人ウルバノ・ディ・シモーネ・フェッルッチは大公の許可を得て上記サント・スピリト聖堂の仕事をした。このように腕のある職人は大公直轄工房に入り、

［図249］ジュリオ・バルシメッリ《祭壇の祭台》（部分）。一五八四〜八五年。フィレンツェ、サンタ・クローチェ聖堂ニッコリーニ礼拝堂。

大公直轄工房はプリンチピ礼拝堂以外の仕事もこなしたのである。

## 郊外

### ㉕スティッベルト博物館（Museo Stibbert）

郊外のスティッベルト通り26番地にはバスで行く。フレデリック・スティッベルト（一八三八～一九〇六年）の邸宅と蒐集品を市が一九〇八年に譲り受けて開館。一万六〇〇〇点の蒐集品のなかでも、とりわけ武具甲冑が質量ともに見応え十分。個人コレクションの趣味が反映しているためか、展示方法には前近代的な「驚異」を演出する要素があり、いにしえの「驚異の部屋」はこうでもあったろうかと想像させられる。コジモ一世の父で有名な傭兵隊長だった「黒隊のジョヴァンニ」の黒い甲冑が展示されているし、何より日本以外では世界最大のコレクションを誇る日本の鎧の多さに驚かされる。

［図250］大公直轄工房《主祭壇》（部分）。一五九九～一六〇七年。フィレンツェ、サント・スピリト聖堂。

## 【付録2】宝石のいろいろ

本書で「貴石」と表記した語について少し説明しておきたい。これはイタリア語の「ピエトラ・ドゥーラ（硬石）」、英語の「セミ・プレシャス・ストーン（半貴石）」の訳語である。硬い石ほど貴重な石であり、当然、加工も高い技術を必要とする。現代の鉱物学では、一九世紀に考案されたモース硬度にしたがって、ダイヤモンドの一〇度から滑石の一度まで硬度を一〇段階に分類している。

鉱物のなかでも宝石は、（一）特別に色が美しいこと、（二）稀少価値が高いこと、（三）硬度が高く耐久性があること、という三条件を満たすものをいう。宝石も硬度が七・五以上あって価値の高いものを「貴石」（エメラルドなど）、硬度が七以下で、やや価値の低いものを「半貴石」（アメジストなど）と区分するが、厳密な区分でないうえに本書の範囲の一八世紀まではそのような区分は存在しなかったので、わざわざ「半貴石」と表記する意味はなく、美しく、稀少で、硬い石を「貴石」と総称することにした。また鉱石以外の真珠や象牙や珊瑚といった有機系の稀少品も広義の宝石に分類される。

以下、本書に登場する宝石を硬度順に一覧にしておいた。

| 和名（読み） | 英名 | 英語表記 | イタリア語表記 | 硬度 |
|---|---|---|---|---|
| 金剛石（こんごうせき） | ダイヤモンド | diamond | diamante | 10 |
| 紅玉（こうぎょく） | ルビー | ruby | rubino | 9 |
| 青玉（せいぎょく） | サファイア | sapphire | zaffiro | 9 |
| 黄玉（こうぎょく） | トパーズ | topaz | topazio | 8 |
| 翠玉（すいぎょく） | エメラルド | emerald | smeraldo | 7.5 ～ 8 |
| 藍玉（らんぎょく） | アクアマリン | aquamarine | acquamarina | 7.5 ～ 8 |
| 柘榴石（ざくろいし） | ガーネット | garnet | granato | 7.5 |
| 風信子石（ひやしんすいし） | ジルコン | zircon | giacinto | 7.5 |
| 紫水晶（むらさきすいしょう） | アメジスト | amethyst | amesista | 7 |
| 碧玉（へきぎょく） | ジャスパー | jusper | diaspro | 7 |
| 玉髄（ぎょくずい） | カルセドニー | chalcedony | calcedonio | 7 |
| 紅玉髄（べにぎょくずい） | カーネリアン | cornelian | corniola | 7 |
| 瑪瑙（めのう） | アゲート | agate | agata | 7 |
| 縞瑪瑙（しまめのう） | オニックス | onyx | onice | 7 |
| 赤縞瑪瑙（あかしまめのう） | サードニックス | sardonyx | sardonice | 7 |
| 水晶（すいしょう） | クリスタル | crystal | cristallo | 7 |
| 翡翠（ひすい） | ジェード | jade | giada | 6 ～ 7 |
| 蛋白石（たんぱくせき） | オパール | opal | opale | 5.5 ～ 6.5 |
| トルコ石（とるこいし） | ターコイズ | turquoise | turchese | 5 ～ 6 |
| 瑠璃（るり） | ラピスラズリ | lapis lazuli | lapislazzuli | 5 ～ 5.5 |
| 石灰石（せっかいせき） | ライムストーン | limestone | alberese | 4 |
| 斑岩（はんがん） | ポーフィリー | porphyry | porfido | 3.5 ～ 4 |
| 蛇紋石（じゃもんせき） | サーペンティン | serpentine | serpentino | 3.5 ～ 4 |
| 珊瑚（さんご） | コーラル | coral | corallo | 3.5 |
| 大理石（だいりせき） | マーブル | marble | marmo | 3 |
| 真珠（しんじゅ） | パール | pearl | perla | 3 |
| 象牙（ぞうげ） | アイヴォリー | ivory | avorio | 2.5 |
| 貝殻（かいがら） | シェル | shell | conchiglia | 2.5 |
| 琥珀（こはく） | アンバー | amber | ambra | 2 ～ 2.5 |
| 雪花石膏（せっかせっこう） | アラバスター | alabaster | alabastro | 2 |

# 参考文献


AA. VV., *Palazzo Vecchio: committenza e collezionismo medicei,* Firenze, 1980.

AA. VV., *Le Arti del Principato Mediceo*, Firenze, 1980.

AA. VV., *Firenze e la Toscana dei Medici nell'Europa del '500*, Firenze, 1983.

AA. VV., *Magnificenza alla Corte dei Medici: Arte a Firenze alla fine del Cinquecento*, Milano, 1997.

AA. VV., *The Medici, Michelangelo, and the Art of Late Renaissance Florence*, Milano, 2002.

AA. VV., *Il Museo degli Argenti: Collezioni e collezionisti*, Firenze, 2004.

AA. VV., *Pontormo, Bronzino, and the Medici*, Philadelphia, 2004.

AA. VV., *Dalle Indie orientali alla corte di Toscana: Collezioni di arte cinese e giapponese a Palazzo Pitti*, Firenze, 2005.

AA. VV. *Le gemme dei Medici al Museo degli Argenti*, Firenze, 2007.

AA. VV. *Il Tesoro dei Medici al Museo degli Argenti*, Firenze, 2009.

AA. VV., *I vetri di Palazzo Pitti dai Medici ai Savoia*, Firenze, 2014.

AA. VV., *Nel segno dei Medici: Tesori sacri della devozione granducale*, Firenze, 2015.

Acidini, C. Scalini, M. (a cure di), *Opera d'arte della famiglia Medici*, Milano, 1997.

Alinari, A., *La porcellana dei Medici*, Ferrara, 2009.

Allegri, E., Cecchi, A., *Palazzo Vecchio e i Medici,* Firenze, 1980.

Aschengreen, C. P. (a cura di), *Il Museo degli Argenti a Firenze*, Firenze, 1967.

Barocchi, P., Bertelà, G. G., *Collezionismo mediceo: Cosimo I, Francesco I e il Cardinale Ferdinando, Documenti 1540-1587*, Modena, 1993.

Belozerskaya, M., *The Medici Giraffe and Other Tales of Exotic Animals and Power*, New York, 2006.

Belozerskaya, M., *Medusa's Gaze, The Extraordinary Journy of the Tazza Farnese*, Oxford, 2012.

Bertelà, G. G., *La Tribuna di Ferdinando I de' Medici: Inventari 1589-1631*, Modena, 1997.

Berti, L., *Il principe dello studiolo, Francesco I dei Medici e la fine del Rinascimento*, Firenze, 1967.

Camerota, F., Miniati, M. (a cure di), *I Medici e le Sienze: Strumenti e Macchine nelle Collezioni granducali*, Firenze, 2008.

Camerota, F. (a cura di), *Museo Galileo: guida ai tesori della collezione,* Firenze, 2010.

Cecchi, A. et al. (a cure di), *Jacopo Ligozzi "pittore universalissimo"*, Firenze, 2014.

Chiarini, M. (a cura di), *Palazzo Pitti*, Firenze, 1988.

Ciatti, M., Kunzelman, D. (a cure di), *Il Nano Morgante di Agnolo Bronzino. Un dipinto 《a due dritti》 restaurato*, Firenze, 2012.

Colle, E., Franci, R. (a cure di), *Il Sogno e la Gloria: L'armeria di Frederick Stibbert attraverso i suoi capolavori*, Firenze, 2015.

Conti, C., *La prima reggia di Cosimo I de' Medici nel Palazzo già della Signoria di Firenze*, Firenze, 1893.

Cosigliello, L., *Ligozzi*, Milano, 2005.

Dacos, N., Heikamp, D. et al., *Il Tesoro di Lorenzo il Magnifico: Repertorio delle gemme e dei vasi*, Firenze, 1980.

Evans, R. J. W., Marr, A. (eds), *Curiosity and Wonder from the Renaissance to the Enlightenment*, Burlington, 2006.

Fusco, L., Corti, G., *Lorenzo de' Medici: Collector and Antiquarian*, New York, 2014.

Gáldy, A. M., *Cosimo I de' Medici as collector: Antiquities and Archaeology in Sixteenth-century Florence*, Cambridge, 2009.

Gennaioli, R. (a cura di), *Pregio e bellezza: cammei e intagli dei Medici*, Firenze, 2010.

Gennaioli, R., Sframeli, *M. (a cure di), Sacri Splendori: Il Tesoro della 'Capella delle Reliquuie' in Palazzo Pitti*, Firenze, 2014.

Giusti, A. (a cura di), *Splendori di Pietre Dure: L'Arte di Corte nella Firenze dei Granduchi*, Firenze, 1989.

Giusti, A., *L'arte delle pietre dure da Firenze al'Europa*, Firenze, 2005.

Giusti, A., *Museum of the Opificio delle Pietre Dure*, Livorno, 2007.

Giusti, A., *La Fabblica delle Meraviglie: La manifattura di Pietre Dure a Firenze*, Firenze, 2015.

Gregori, M., Heikamp, D. (a cure di), *Magnificenza alla Corte dei Medici: Arte a Firenze alla fine del Cinquecento*, Milano, 1997.

Griseri, A., *Oreficeria del Rinascimento*, Novara, 1986.

Hackenbroch, Y., *Sframeli, M., I gioielli dell'Elettrice Palatina al Museo degli Argenti*, Firenze, 1988.

Heikamp, D., *Mexico and the Medici*, Firenze, 1972.

Kent, D., *Cosimo de' Medici and the Florentine Renaissance*, New Haven and London, 2006.

Lindow, J. R., *The Renaissance Palace in Florence*, Cornwall, 2007.

Luchinat, C. A. (a cura di ), *Tesori dalle Collezioni medicee*, Firenze, 1997.［一部邦訳。マリアリータ・カザローザ・グァダーニ、松本典昭訳「メディチ家の彫玉コレクション」『阪南論集　人文・自然科学編』第四四巻第二号、二〇〇九年。アンナ・マリア・マッシネッリ、松本典昭訳「コジモ一世とフランチェスコ一世時代のメディチ・コレクション」『阪南論集　人文・自然科学編』第四五巻第一号、二〇〇九年。アンナマリア・ジュスティ、松本典昭訳「フェルディナンド一世とコジモ二世時代の大公直轄工房」『阪南論集　人文・自然科学編』第五一巻第一号、二〇一五年。］

Massinelli, A. M. (a cura di), *Bronzetti e Anticaglie dalla Guardaroba di Cosimo I*, Firenze, 1991.

Massinelli, A. M., *Il Mobile toscano: 1200-1800*, Milano, 1993.

Massinelli, A. M., Tuena, F., *Il Tesoro dei Medici*, Firenze, 2000.

Massinelli, A. M., *The Gilbert Collection: Hardstones*, London, 2000.

Milanesi, G. (a cura di), *Le opere di Giorgio Vasari*, Firenze, 1981.

Mosco, M. (ed.), *Meraviglie: Precious, Rare and Curious Objects from the Medici Treasure*, Firenze, 2003.

Muccini, U., *Il Salone dei Cinquecento in Palazzo Vecchio*, Firenze, 1990.

Muccini, U., Cecchi, A., *Le stanze del principe in Palazzo Vecchio*, Firenze, 1991.

Muccini, U., *Pittura, scultura e architettura nel Palazzo Vecchio di Firenze*, Firenze, 1997.

Pacetti, P. (ed.), *The Hall of Geographical Maps in Palazzo Vecchio: caprice and invention of Duke Cosimo*, Firenze, 2014.

Piacenti, K. A., Scalini, M. (a cure di), *Di natura e d'invenzione, fantasie orafe dal Rinascimento al Barocco,* Arezzo, 1993.

Pio, R. C., *Museo Nazionale del Bargello*, Firenze, 1990.

Rossi, F., *La Pittura di Pietra: Dall'arte del mosaico allo splendore delle pietre dure*, Firenze, 2002.

Sframeli, M. (a cura di), *I gioielli dei Medici: dal vero e in ritratto*, Livorno, 2003.

Spallanzani, M., Bertelà, G. G. (a cure di), *Libro d'inventario dei beni di Lorenzo il Magnifico*, Firenze, 1992.

Spallanzani, M., *Ceramiche alla corte dei Medici nel Cinquecento*, Modena, 1994.

Spallanzani, M. (a cura di), *Inventari medicei 1417-1465*, Firenze, 1996.

Spallanzani, M., *Ceramiche Orientali a Firenze nel Rinascimento*, Firenze, 1997.

Spinelli, R. (a cura di), *Il Gran Principe Ferdinando de' Medici (1663-1713): Collezionista e mecenate*, Firenze, 2013.

Stapleford, R. (ed.), *Lorenzo de' Medici at Home: The Inventory of the Palazzo Medici in 1492,* Pennsylvania, 2013.

Trkulja, S. M., Tomasi, L. T. (a cure di), *Bartolomeo Bimbi: Un pittore di piante e animali alla corte dei Medici,* Firenze, 1998.

Tuena, F. M., *Il Tesoro dei Medici: Collezionismo a Firenze dal Quattrocento al Seicento*, Firenze, 1987.

Toderi, G., Vanni, F., *Medaglie italiane del Museo Nazionale del Bargello: secolo XVII*, II, Firenze, 2005.

Toderi, G., Vanni, F., *Medaglie italiane del Museo Nazionale del Bargello: secolo XVIII*, III, Firenze, 2006.

Vanni, T., *Le gemme dei Medici e dei Lorena nel Museo Archeologico di Firenze*, Firenze, 1996.

Verdon, T., *Il Nuovo Museo dell'Opera del Duomo*, Firenze, 2015.

秋山聰『聖遺物崇敬の心性史』講談社、二〇〇九年。

荒俣宏監修、ベカエール直美訳『ビュフォンの博物誌』工作舎、一九九一年。

池上正治『龍の百科』新潮社、二〇〇〇年。

石鍋真澄『フィレンツェの世紀――ルネサンス美術とパトロンの物語』平凡社、二〇一三年。

石鍋真澄監修『メディチ家の至宝――ルネサンスのジュエリーと名画』（展覧会カタログ）ＴＢＳテレビ、二〇一六年。

伊藤博明『ルネサンスの神秘思想』講談社、二〇一二年。

大平雅巳『西洋陶磁入門』岩波書店、二〇〇八年。

落合一泰『トランス・アトランティック物語　旅するアステカ工芸品』山川出版社、二〇一四年。

小宮正安『愉悦の蒐集　ヴンダーカンマーの謎』集英社、二〇〇七年。

遠山公一・金山弘昌編『美術コレクションを読む』慶應義塾大学出版会、二〇一二年。

戸口幸策『オペラの誕生』平凡社、二〇〇六年。

松本典昭「マニエリスム期におけるメディチ家の宝物コレクション」『阪南論集　人文・自然科学編』第五一巻第二号、二〇一六年。

松本典昭「ルネサンス期におけるメディチ家の宝物コレクション」『阪南論集　社会科学編』第五一巻第三号、二〇一六年。

松本典昭「バロック期におけるメディチ家の宝物コレクション」『阪南論集　人文・自然科学編』第五二巻第一号、二〇一六年。

前田正明・櫻庭美咲『ヨーロッパ宮廷磁器の世界』角川書店、二〇〇六年。

森貴史編『ドイツ王侯コレクションの文化史――禁断の知とモノの世界』勉誠出版、二〇一五年。

森田義之『メディチ家』講談社、一九九九年。

矢部良明『世界をときめかした伊万里焼』角川書店、二〇〇〇年。

山中由里子編『〈驚異〉の文化史――中東とヨーロパを中心に』名古屋大学出版会、二〇一五年。


ハロルド・アクトン、柴野均訳『メディチ家の黄昏』白水社、二〇一二年。

エリーザベト・シャイヒャー、松井隆夫・松下ゆう子訳『驚異の部屋――ハプスブルク家の珍宝蒐集室』平凡社、一九九〇年。

ポーラ・フィンドレン、伊藤博明・石井朗訳『自然の占有――ミュージアム、蒐集、そして初期近代イタリアの科学文化』ありな書房、二〇〇五年。

ジョン・チェリー編著、別宮貞徳訳『幻想の国に棲む動物たち』東洋書林、一九九七年。

パオルッチほか、森田義之監訳『芸術の都フィレンツェ大図鑑――美術・建築・デザイン・歴史』西村書店、二〇一五年。

ロバート・ハクスリー編著、植松靖夫訳『西洋博物学者列伝――アリストテレスからダーウィンまで』悠書館、二〇〇九年。

ホルヘ・ルイス・ボルヘス、柳瀬尚紀訳『獣幻辞典』河出書房新社、二〇一五年。

パトリック・モリエス、市川恵理訳『奇想の陳列部屋』河出書房新社、二〇一二年。

# 図版出典一覧

Luchinat, C. A.（a cura di）, *Tesori dalle Collezioni medicee*, Firenze, 1997: 図 1 左 , 図 3, 図 4, 図 5, 図 8, 図 11 左 , 図 17, 図 22 右 , 図 24 右 , 図 26, 図 28, 図 40 右 , 図 42 右 , 図 46, 図 60, 図 73, 図 99, 図 106, 図 113, 図 129, 図 134, 図 148, 図 152, 図 158, 図 170, 図 175, 図 177, 図 187, 図 194 右 , 図 201, 図 206, 図 210, 図 219, 図 220, 図 221, 図 231 上 , 図 240, 図 249.

Massinelli, A. M., Tuena, F., *Il Tesoro dei Medici*, Firenze, 2000: 図 6, 図 7, 図 12, 図 18, 図 24 左 , 図 28, 図 40 左 , 図 41, 図 42 左 , 図 54, 図 85, 図 86, 図 89, 図 91, 図 94, 図 95, 図 97, 図 128, 図 146, 図 147, 図 155, 図 163, 図 169, 図 205, 図 207, 図 225.

AA. VV., *The Medici, Michelangelo, and the Art of Late Renaissance Florence*, Milano, 2002: 図 66, 図 77, 図 78, 図 79, 図 80, 図 114 右 , 図 115, 図 138, 図 191.

AA. VV., *Magnificenza alla Corte dei Medici: Arte a Firenze alla fine del Cinquecento*, Milano, 1997: 図 103, 図 131, 図 132, 図 133, 図 136, 図 139, 図 144, 図 145 右 .

Sframeli, M.（a cura di）, *I gioielli dei Medici: dal vero e in ritratto*, Livorno, 2003: 図 59, 図 61 左 , 図 63, 図 64, 図 68, 図 90, 図 162, 図 241 右 .

Mosco, M.（ed.）, *Meraviglie: Precious, Rare and Curious Objects from the Medici Treasure*, Firenze, 2003: 図 67, 図 82, 図 98 左 , 図 166, 図 172, 図 178.

AA. VV. *Le gemme dei Medici al Museo degli Argenti*, Firenze, 2007: 図 2, 図 25, 図 27, 図 33, 図 49, 図 203 右 .

Cecchi, A. et al. (a cure di), *Jacopo Ligozzi "pittore universalissimo"*, Firenze, 2014: 図 116, 図 124, 図 125, 図 126, 図 126, 図 127.

Giusti, A., *L'arte delle pietre dure da Firenze al'Europa*, Firenze, 2005: 図 109, 図 114 左 , 図 117, 図 159 左 , 図 194 左 .

Acidini, C., Scalini, M. (a cure di), *Opera d'arte della famiglia Medici*, Milano, 1997: 図 203 左 , 図 229, 図 230, 図 231 下 , 図 232.

AA. VV., *Dalle Indie orientali alla corte di Toscana: Collezioni di arte cinese e giapponese a Palazzo Pitti*, Firenze, 2005: 図 233, 図 234, 図 257, 図 238, 図 239.

Gennaioli, R., (a cura di), *Pregio e bellezza: cammei e intagli dei Medici*, Firenze, 2010: 図 20, 図 22 左 , 図 36, 図 176.

AA. VV., *Pontormo, Bronzino, and the Medici*, Philadelphia, 2004: 図 27, 図 44, 図 45.

AA. VV., *Il Museo degli Argenti: Collezioni e collezionisti*, Firenze, 2004: 図 43, 図 156 右 .

AA. VV., *Nel segno dei Medici: Tesori sacri della devozione granducale*, Firenze, 2015: 図 66, 図 202.

Heikamp, D., *Mexico and the Medici*, Firenze, 1972: 図 119, 図 121.

Gennaioli, R., Sframeli, M. (a cure di), *Sacri Splendori: Il Tesoro della 'Capella delle Reliquie' in Palazzo Pitti*, Firenze, 2014: 図 156 左 , 図 241 左 .

Trkulja, S. M., Tomasi, L. T. (a cure di), *Bartolomeo Bimbi: Un pittore di piante e animali alla corte dei Medici*, Firenze, 1998: 図 179, 図 180.

Rossi, F., *La Pittura di Pietra: Dall'arte del mosaico allo splendore delle pietre dure*, Firenze, 2002: 図 159 右 , 図 250.

Fusco, L., Corti, G., *Lorenzo de' Medici: Collector and Antiquarian*, New York, 2014: 図 23.

Griseri, A., *Oreficeria del Rinascimento*, Novara, 1986: 図 47.

Massinelli, A. M. (a cura di), *Bronzetti e Anticaglie dalla Guardaroba di Cosimo I*, Firenze, 1991: 図 50.

Pacetti, P. (ed.), *The Hall of Geographical Maps in Palazzo Vecchio: caprice and invention of Duke Cosimo*, Firenze, 2014: 図 56.

Muccini, U., *Il Salone dei Cinquecento in Palazzo Vecchio*, Firenze, 1990: 図 61 右 .

Alinari, A., *La porcellana dei Medici*, Ferrara, 2009: 図 81.

Muccini, U., *Pittura, scultura e architettura nel Palazzo Vecchio di Firenze*, Firenze, 1997: 図 141.

Camerota, F. (a cura di), *Museo Galileo: guida ai tesori della collezione*, Firenze, 2010: 図 145 左 .

Massinelli, A. M., *The Gilbert Collection: Hardstones*, London, 2000: 図 151.

Giusti, A. (a cura di), *Splendori di Pietre Dure: L'Arte di Corte nella Firenze dei Granduchi*, Firenze, 1989: 図 186.

# あとがき

なんという豊饒な世界！　驚きの連続！　職人技はすごい！　本書を書きおえた現在の率直な感想である。

古代ギリシアの哲学者ディオゲネスは白昼ランプをかざして「ヒト」を探しまわったといわれるが、本物の「モノ」はどこにあるのか？　経済効率が最優先されるあまり大量生産・大量消費される現代社会においては、使い捨ての画一的なモノばかりがあふれかえり、本物の「モノ」がない。

本書で紹介したモノは、これすべてまぎれもなく本物のモノたちである。長年の修業で高度な技を身につけた職人が、無名性をものともせず、ときには数人がかり数年がかりで、丹誠込めて手づくりする工芸品。まことに悠長な非効率性である。実用性などというケチくさい範疇から隔絶した無用のモノだからこそ、消滅へと押し流す巨大な時間の濁流にあらがって屹立する、一本の杭のような、その立姿のなんという気高さ。

モノのもつ力を筆者に改めて実感させてくれたのは、二〇一五年に開催された「大英博物館展　一〇〇のモノが語る世界の歴史」である。文化が直線的に発展するという狭隘な西洋中心主義的発想を軽々と飛び越える時空間の拡がりがあった。空間的に長旅をしたモノや被征服地のゴミの欠片にも見入ったが、たとえば「オルドヴァイ渓谷の握り斧」にも感銘をうけた。まだ研磨することを知らないから磨製石器ではない。石片を打ち砕いただけの打製石器ながら、道具としての実用性をわずかに超えて左右対称の美しい形に仕上げられている。作り手の美意識の芽生えが感じられる。これはアフリカで出土した一四〇万～一二〇万年前のモノ。ホモ・サピエンスの出現が二〇万年ほど前のことだから、それよりはるか以前に姿を消した人類の作品である。空想のなかで作者との対話を楽しんでみる。この世にちょいと遊びに来て作品を一点残し、風のように自然に還っていったヒト……

メディチ家のコレクションに興味をもったのは、一九八〇年にEC主催で開催された「一六世紀ヨーロッパにおけるメディチ家のフィレンツェとトスカーナ」という史上最大規模の展覧会のカタログの一冊（AA. VV., *Palazzo Vecchio: committenza e collezionizmo medicei*, Firenze, 1980）を手にしたときである。欧米では展覧会が研究を大きく前進させる原動力になる。この百科全書的なカタログも、今後のメディチ研究の方向性がパトロネージとコレクションであることを指し示していた。だがその時点では筆者の関心はむしろパラッツォ・ヴェッキオという場のほうに向かっていた。

本格的にとりくむ気になったのは、ルキナート編著のカラー図版付き研究論文集（Luchinat, C. A.（a cura di）, *Tesori dalle Collezioni medicee*, Firenze, 1997）にであってからである。この本を翻訳出版しようと考え翻訳作業を進めるかたわら、翻訳に役立ちそうな関連書をかたっぱしから集めていった。翻訳作業が完了し、数本の論文の翻訳を紀要に発表してみたが、最新の関連書を瞥見するにつけても、原著の不完全さばかりが目につくようになった。説明不足や重複、欠落、文章の精粗が気になった。過去の研究論文集だと悟らざるをえず、出版を断念することにしたが、それに代わりうる決定版の一冊がない。参考文献にあげた最新の研究書（とりわけ銀器博物館シリーズ）はどれもすばらしかったが、これはこれでまた逆に膨大にすぎる。結局、筆者の思い描くコンパクトで網羅的な理想の一冊は筆者の頭のなかにしかないことがわかった。そこで非力は承知のうえながら自分で書くしかないと思い定めたしだいである。

本書の骨格は前記ルキナートの編著書を基盤にしているが、それを再編し、加筆し、訂正し、現地調査で補った。日本語で読める文献も思いのほか多く、教えられるところが多々あったが、すべてを参考文献にあげるスペースがなかった。また二〇一六年、日伊国交樹立一五〇周年記念行事の一環として東京都庭園美術館で「メディチ家の至宝　ルネサンスのジュエリーと名画」展が開催されたことも付記しておきたい。

本書執筆の過程で少なからぬ方々から協力を得ることができた。各国語については京都大学の河崎靖先生、同僚の陳力先生と細川祐史先生、CAMPANA Maurizio 氏と Carlo Edoardo POZZI 氏にご教示いただいた。国立科学博物館、大阪市立自然史博物館、大阪市立東洋陶磁美術館の学芸員のみなさん、フィレンツェの各博物館の学芸員のみなさんからも親切な助言をいただいた。専門家の意見はいちいち驚くことばかりで楽しかったが、筆者の理解不足からくる間違いもあるはずである。もちろん間違いはすべて筆者の責任である。共同作業の楽しさを分かち合ってくださったすべてのみなさんにお礼を申しあげたい。

いつものことながら研究に没頭できる環境を整えてくれ、資料収集の手伝いをしてくれたばかりか、今回は資料の下訳まで手伝ってくれた妻の松本三佳にも感謝したい。毎日の発見の驚きの、最初の聞き手が彼女だった。幸いにも彼女は忍耐強く、寛大な、バランスのとれた聞き手であった。フィレンツェの博物館や美術館をめぐりながら感想を話し合うなかで、片言隻句がしだいに輪郭のくっきりした言葉に変容していく過程も楽しかった。

本書執筆中に親しい人びとが世を去ったが、彼らは筆者のうちに生きている。いずれ筆者も彼らの側にいくが、本書が読者のうちに生きてくれるならば本望である。握り斧を媒介に一四〇万〜一二〇万年前の作者とさえ心が通じるのだから、ありえないともかぎるまい。

最後になったが、本書の意義を認めフルカラーでの出版を即断即決してくださった勉誠出版の岡田林太郎社長に、心から感謝申しあげたい。

二〇一七年二月

松本典昭

【著者略歴】

**松本典昭**（まつもと・のりあき）

阪南大学国際コミュニケーション学部教授。博士（文化史学）。主な著書に『メディチ君主国と地中海』（晃洋書房、2006年）、『パトロンたちのルネサンス――フィレンツェ美術の舞台裏』（日本放送出版協会、2007年）、『メディチ宮廷のプロパガンダ美術――パラッツォ・ヴェッキオを読み解く』（ミネルヴァ書房、2015年）、共訳書に『マキァヴェッリ全集6』（筑摩書房、2000年）、G・スピーニ『ミケランジェロと政治――メディチに抵抗した《市民＝芸術家》』（刀水書房、2003年）、G・ブラッカー『ルネサンス都市フィレンツェ』（岩波書店、2011年）など。

フルカラー
**メディチ家《け》の至宝《しほう》　驚異《きょうい》の工芸《こうげい》コレクション**

2017年3月25日　初版発行

著　者　松本典昭
発行者　池嶋洋次
発行所　勉誠出版株式会社
〒101-0051　東京都千代田区神田神保町3-10-2
TEL：(03)5215-9021(代)　FAX：(03)5215-9025
〈出版詳細情報〉http://bensei.jp/

印刷　太平印刷社
製本　大口製本印刷
装丁　萩原睦（志岐デザイン）
組版　トム・プライズ

ISBN 978-4-585-22169-2 C0022

## ドイツ王侯コレクションの文化史
禁断の知とモノの世界

十六〜十八世紀のドイツ諸侯が創りだした奇想天外で華やかなりしコレクション。一〇〇枚超の写真を掲載し、中世的世界観が近代知を生みだす胎動期の歴史に触れる。

森 貴史 編・本体三四〇〇円（＋税）

## モノとヒトの新史料学
古代地中海世界と前近代メディア

コイン、土器、粘土板、パピルス、羊皮紙、ガラス、モザイク、石像、建築物など、言葉や図像を刻まれたさまざまなメディアから地中海史を考察する。

豊田浩志 編・本体二七〇〇円（＋税）

## 博物館という装置
帝国・植民地・アイデンティティ

時代ごとの思想と寄り添ってきた博物館の歴史と、アイデンティティを創出する紐帯としてのあり方。双方向から「博物館」の意義と歴史的位置を捉えかえす。

石井正己 編・本体四二〇〇円（＋税）

## 古代ローマの港町
オスティア・アンティカ研究の最前線

3Dレーザー測量や考古学的調査、壁に記された文字の解読など、残された史料を復元することで、古代ローマの都市の構造や人々の生活を明らかにする。

坂口明／豊田浩志 編・本体一二〇〇〇円（＋税）

## 古代地中海の聖域と社会

キリスト教やイスラム教などの世界宗教が成立する以前の祭儀と信仰の場に注目し、人間の精神と身体に抜きがたく根付いた社会行為の痕跡を辿る。

浦野　聡 編・本体三五〇〇円（＋税）

## 描かれたザビエルと戦国日本
### 西欧画家のアジア認識

ザビエルのアジア宣教活動と戦国日本の様相を如実に語る貴重史料、ポルトガル、サン・ロケ教会所蔵「ザビエルの生涯」連作油彩画全二十点をフルカラーで公開。

鹿毛敏夫 編・本体二八〇〇円（＋税）

## 自己語りと記憶の比較都市史

自己語りと記憶が幾重にも往復・交差する近世都市という「場」を、複合的な視角から比較し、人と社会との関係性を考えるための新たな歴史研究の扉をひらく。

渡辺浩一／ヴァネッサ・ハーディング 編・本体四五〇〇円（＋税）

## 日出づる国と日沈まぬ国
### 日本・スペイン交流の400年

異文化交流により言語・思想・知識など多方面にもたらされた影響を隠れキリシタン資料をはじめとする諸資料に見出し、越境する人類史展望の可能性を探る。

上川通夫／川畑博昭 編・本体七五〇〇円（＋税）

## キリストの受難 十字架の道行き
心的巡礼による信仰の展開

十字架の道行き信仰の発生と展開を探った、ベルギー人神父の論考を初邦訳。日本においてはほぼ皆無の「十字架の道行き」研究を切り開く、重要な一書。

アメデ・テータールト・ドゥ・ゼデルヘム 著／関根浩子 訳・本体三二〇〇円（＋税）

## 女性から描く世界史
17～20世紀への新しいアプローチ

①女性視点の新しい世界史叙述、②世界各地の女性のライフイベント比較、③異文化接触地域における女性たちの可視化、三つのアプローチから新たな歴史像を探る。

水井万里子／伏見岳志／太田淳／松井洋子／杉浦未樹 編・本体三二〇〇円（＋税）

## 想起する帝国
ナチス・ドイツ「記憶」の文化史

建築や言説、祝祭、シンボル、音楽、動物観など、様々な西洋文化を無節操に利用し大衆操作を試みたナチス。そのイメージ戦略と文化政策を多角的に検証する。

溝井裕一／細川裕史／齊藤公輔 編・本体三二〇〇円（＋税）

現代ドイツへの視座―歴史学的アプローチ1

## 想起の文化とグローバル市民社会

ナチ時代の国家的メガ犯罪を忘れず、その反省の上に民主的社会を築こうという姿勢は、統一後のドイツの公的規範である。和解にむけた多様な取り組みを検討する。

石田勇治／福永美和子 編・本体五二〇〇円（＋税）